Codice dell'immigrazione

**DECRETO LEGISLATIVO 25 luglio 1998 , n. 286
DECRETO LEGISLATIVO 28 gennaio 2008 , n. 25
DECRETO LEGISLATIVO 18 agosto 2015 , n. 142**

Aggiornati com la Legge 18 dicembre 2020 , n. 173

REPUBBLICA ITALIANA

Editrice Wohnrecht

ISBN: 9798740800882
Tutti diritti riservati
wohnrecht@gmail.com

Sommario

DECRETO LEGISLATIVO 25 luglio 1998 , n. 286 - Testo unico delle disposizioni concernenti la disciplina dell'immigrazione e norme sulla condizione dello straniero.

Vigente al: 19-4-2021

TITOLO I - PRINCIPI GENERALI -

IL PRESIDENTE DELLA REPUBBLICA

Visto l'articolo 87 della Costituzione;

Visto l'articolo 47, comma 1, della legge 6 marzo 1998, n. 40, recante delega al Governo per l'emanazione di un decreto legislativo contenente il testo unico delle disposizioni concernenti gli stranieri, nel quale devono essere riunite e coordinate tra loro e con le norme della citata legge 6 marzo 1998, n. 40, con le modifiche a tal fine necessarie, le disposizioni vigenti in materia di stranieri contenute nel testo unico delle leggi di pubblica sicurezza, approvato con regio decreto 18 giugno 1931, n. 773, non compatibili con le disposizioni della predetta legge n. 40 del 1998, le disposizioni della legge 30 dicembre 1986, n. 943, e quelle dell'articolo 3, comma 13, della legge 8 agosto 1995 n. 335, compatibili con le disposizioni della medesima legge n. 40;

Vista la legge 23 agosto 1988, n. 400;

Vista la preliminare deliberazione del Consiglio dei Ministri, adottata nella riunione del 9 giugno 1998;

Udito il parere del Consiglio di Stato, espresso dalla sezione consultiva per gli atti normativi nell'adunanza del 15 giugno 1998;

Acquisito il parere delle competenti commissioni del Senato della Repubblica e della Camera dei deputati;

Viste le deliberazioni del Consiglio dei Ministri, adottate nelle riunioni del 22 luglio 1998 e del 24 luglio 1998;

Sulla proposta del Presidente del Consiglio dei Ministri, del Ministro per la solidarieta' sociale, del Ministro degli affari esteri, del Ministro dell'interno, di concerto con il Ministro di grazia e giustizia, con il Ministro del tesoro, del bilancio e della programmazione economica, con il Ministro della sanita', con il Ministro della pubblica istruzione e dell'universita' e della ricerca scientifica e tecnologica, con il Ministro del lavoro e della previdenza sociale e con il Ministro per la funzione pubblica e gli affari regionali;

EMANA

il seguente decreto legislativo:

Art. 1 - (Ambito di applicazione)
(Legge 6 marzo 1998, n. 40, art. 1)

1

1. Il presente testo unico, in attuazione dell'articolo 10, secondo comma, della Costituzione, si applica, salvo che sia diversamente disposto, ai cittadini di Stati non appartenenti all'Unione europea e agli apolidi, di seguito indicati come stranieri.

((2. Il presente testo unico non si applica ai cittadini degli Stati membri dell'Unione europea, salvo quanto previsto dalle norme di attuazione dell'ordinamento comunitario)).

3. Quando altre disposizioni di legge fanno riferimento a istituti concernenti persone di cittadinanza diversa da quella italiana ovvero ad apolidi, il riferimento deve intendersi agli istituti previsti dal presente testo unico. Sono fatte salve le disposizioni interne, comunitarie e internazionali piu' favorevoli comunque vigenti nel territorio dello Stato.

4. Nelle materie di competenza legislativa delle regioni, le disposizioni del presente testo unico costituiscono principi fondamentali ai sensi dell'articolo 117 della Costituzione. Per le materie di competenza delle regioni a statuto speciale e delle province autonome, esse hanno il valore di norme fondamentali di riforma economico-sociale della Repubblica.

5. Le disposizioni del presente testo unico non si applicano qualora sia diversamente previsto dalle norme vigenti per lo stato di guerra.

6. Il regolamento di attuazione del presente testo unico, di seguito denominato regolamento di attuazione, e' emanato ai sensi dell'articolo 17, comma 1, della legge 23 agosto 1988, n. 400, su proposta del Presidente del Consiglio dei Ministri, entro centottanta giorni dalla data di entrata in vigore della presente legge 6 marzo 1998, n. 40.

7. Prima dell'emanazione, lo schema del regolamento di cui al comma 6 e' trasmesso al Parlamento per l'acquisizione del parere delle Commissioni competenti per materia, che si esprimono entro trenta giorni. Decorso tale termine, il regolamento e' emanato anche in mancanza del parere.

Art. 2 (Diritti e doveri dello straniero)
(Legge 6 marzo 1998, n. 40, art. 2 legge 30 dicembre 1986, n. 943, art. 1)

1. Allo straniero comunque presente alla frontiera o nel territorio dello Stato sono riconosciuti i diritti fondamentali della persona umana previsti dalle norme di diritto interno, dalle convenzioni internazionali in vigore e dai principi di diritto internazionale generalmente riconosciuti.

2. Lo straniero regolarmente soggiornante nel territorio dello Stato gode dei diritti in materia civile attribuiti al cittadino italiano, salvo che le convenzioni internazionali in vigore per l'Italia e il presente testo unico dispongano diversamente. Nei casi in cui il presente testo unico o le convenzioni internazionali prevedano la condizione di reciprocita', essa e' accertata secondo i criteri e le modalita' previste dal regolamento di attuazione.

3. La Repubblica italiana, in attuazione della convenzione dell'OIL n. 143 del 24 giugno 1975, ratificata con legge 10 aprile 1981, **n.** 158, garantisce a tutti i lavoratori stranieri regolarmente soggiornanti nel suo territorio e alle loro famiglie parita' di trattamento e piena uguaglianza di diritti rispetto ai lavoratori italiani.

4. Lo straniero regolarmente soggiornante partecipa alla vita pubblica locale.

5. Allo straniero e' riconosciuta parita' di trattamento con il cittadino relativamente alla tutela giurisdizionale dei diritti e degli interessi legittimi, nei rapporti con la pubblica amministrazione e nell'accesso ai pubblici servizi, nei limiti e nei modi previsti dalla legge.

6. Ai fini della comunicazione allo straniero dei provvedimenti concernenti l'ingresso, il soggiorno e l'espulsione, gli atti sono tradotti, anche sinteticamente, in una lingua comprensibile al destinatario, ovvero, quando cio' non sia possibile, nelle lingue francese, inglese o spagnola, con preferenza per quella indicata dall'interessato.

7. La protezione diplomatica si esercita nei limiti e nelle forme previsti dalle norme di diritto internazionale. Salvo che vi ostino motivate e gravi ragioni attinenti alla amministrazione della giustizia e alla tutela dell'ordine pubblico e della sicurezza nazionale, ogni straniero presente in Italia ha diritto di prendere contatto con le autorita' del Paese di cui e' cittadino e di essere in cio' agevolato da ogni pubblico ufficiale interessato al procedimento. L'autorita' giudiziaria, l'autorita' di pubblica sicurezza e ogni altro pubblico ufficiale hanno l'obbligo di informare, nei modi e nei termini previsti dal regolamento di attuazione, la rappresentanza diplomatica o consolare piu' vicina del Paese a cui appartiene lo straniero in ogni caso in cui esse abbiano proceduto ad adottare nei confronti di costui provvedimenti in materia di liberta' personale, di allontanamento dal territorio dello Stato, di tutela dei minori di status personale ovvero in caso di decesso dello straniero o di ricovero ospedaliero urgente e hanno altresi' l'obbligo di far pervenire a tale rappresentanza documenti e oggetti appartenenti allo straniero che non debbano essere trattenuti per motivi previsti dalla legge. Non si fa luogo alla predetta informazione quando si tratta di stranieri che abbiano presentato una domanda di asilo, di stranieri ai quali sia stato riconosciuto lo status di rifugiato, ovvero di stranieri nei cui confronti sono state adottate misure di protezione temporanea per motivi umanitari.

8. Gli accordi internazionali stipulati per le finalita' di cui all'articolo 11, comma 4, possono stabilire situazioni giuridiche piu' favorevoli per i cittadini degli Stati interessati a speciali programmi di cooperazione per prevenire o limitare le immigrazioni clandestine.

9. Lo straniero presente nel territorio italiano e' comunque tenuto all'osservanza degli obblighi previsti dalla normativa vigente.

Art. 2-bis *((((Comitato per il coordinamento e il monitoraggio)))*

(((1. E' istituito il Comitato per il coordinamento e il monitoraggio delle disposizioni del presente testo unico, di seguito denominato "Comitato".

2. Il Comitato e' presieduto dal Presidente o dal Vice Presidente del Consiglio dei ministri o da un Ministro delegato dal Presidente del Consiglio dei ministri, ed e' composto dai Ministri interessati ai temi trattati in ciascuna riunione in numero non inferiore a quattro e da un presidente di regione o di provincia autonoma designato dalla Conferenza dei presidenti delle regioni e delle province autonome.

3

3. Per l'istruttoria delle questioni di competenza del Comitato, e' istituito un gruppo tecnico di lavoro presso il Ministero dell'interno, composto dai rappresentanti dei Dipartimenti per gli affari regionali, per le pari opportunita', per il coordinamento delle politiche comunitarie, per l'innovazione e le tecnologie, e dei Ministeri degli affari esteri, dell'interno, della giustizia, delle attivita' produttive, dell'istruzione, dell'universita' e della ricerca, del lavoro e delle politiche sociali, della difesa, dell'economia e delle finanze, della salute, delle politiche agricole e forestali, per i beni e le attivita' culturali, delle comunicazioni, oltre che da un rappresentante del Ministro per gli italiani nel mondo e da tre esperti designati dalla Conferenza unificata di cui all'articolo 8 del decreto legislativo 28 agosto 1997, n. 281. Alle riunioni, in relazione alle materie oggetto di esame, possono essere invitati anche rappresentanti di ogni altra pubblica amministrazione interessata all'attuazione delle disposizioni del presente testo unico, nonche' degli enti e delle associazioni nazionali e delle organizzazioni dei lavoratori e dei datori di lavoro di cui all'articolo 3, comma 1.

4. Con regolamento, da emanare ai sensi dell'articolo 17, comma 1, della legge 23 agosto 1988, n. 400, e successive modificazioni, su proposta del Presidente del Consiglio dei ministri, di concerto con il Ministro degli affari esteri, con il Ministro dell'interno e con il Ministro per le politiche comunitarie, sono definite le modalita' di coordinamento delle attivita' del gruppo tecnico con le strutture della Presidenza del Consiglio dei ministri.))

Art. 3 Politiche migratorie
(Legge 6 marzo 1998, n. 40, art. 3)

1. Il Presidente del Consiglio dei Ministri, sentiti i Ministri interessati, il Consiglio nazionale dell'economia e del lavoro, la Conferenza permanente per i rapporti tra lo Stato, le regioni e le province autonome di Trento e di Bolzano, la Conferenza Stato-citta' e autonomie locali, gli enti e le associazioni nazionali maggiormente attivi nell'assistenza e nell'integrazione degli immigrati e le organizzazioni dei lavoratori e dei datori di lavoro maggiormente rappresentative sul piano nazionale, predispone ogni tre anni salva la necessita' di un termine piu' breve il documento programmatico relativo alla politica dell'immigrazione e degli stranieri nel territorio dello Stato, che e' approvato dal Governo e trasmesso al Parlamento. Le competenti Commissioni parlamentari esprimono il loro parere entro trenta giorni dal ricevimento del documento programmatico. Il documento programmatico e' emanato, tenendo conto dei pareri ricevuti, con decreto del Presidente della Repubblica ed e' pubblicato nella Gazzetta Ufficiale della Repubblica italiana. Il Ministro dell'Interno presenta annualmente al Parlamento una relazione sui risultati raggiunti attraverso i provvedimenti attuativi del documento programmatico.

2. Il documento programmatico indica le azioni e gli interventi che lo Stato italiano, anche in cooperazione con gli altri Stati membri dell'Unione europea, con le organizzazioni internazionali, con le istituzioni comunitarie e con organizzazioni non governative, si propone di svolgere in materia di immigrazione, anche mediante la conclusione di accordi con i Paesi di origine.

Esso indica altresi' le misure di carattere economico e sociale nei confronti degli stranieri soggiornanti nel territorio dello Stato, nelle materie che non debbono essere disciplinate con legge.

3. Il documento individua inoltre i criteri generali per la definizione dei flussi di ingresso nel territorio dello Stato, delinea gli interventi pubblici volti a favorire le relazioni familiari, l'inserimento sociale e l'integrazione culturale degli stranieri residenti in Italia, nel rispetto delle diversita' e delle identita' culturali delle persone, purche' non confliggenti con l'ordinamento giuridico, e prevede ogni possibile strumento per un positivo reinserimento nei Paesi di origine.

4. Con decreto del Presidente del Consiglio dei ministri, sentiti il Comitato di cui all'articolo 2-bis, comma 2, la Conferenza unificata di cui all'articolo 8 del decreto legislativo 28 agosto 1997, n. 281, e le competenti Commissioni parlamentari, sono annualmente definite, entro il termine del 30 novembre dell'anno precedente a quello di riferimento del decreto, sulla base dei criteri generali individuati nel documento programmatico, le quote massime di stranieri da ammettere nel territorio dello Stato per lavoro subordinato, anche per esigenze di carattere stagionale, e per lavoro autonomo, tenuto conto dei ricongiungimenti familiari e delle misure di protezione temporanea eventualmente disposte ai sensi dell'articolo 20. Qualora se ne ravvisi l'opportunita', ulteriori decreti possono essere emanati durante l'anno. I visti di ingresso ed i permessi di soggiorno per lavoro subordinato, anche per esigenze di carattere stagionale, e per lavoro autonomo, sono rilasciati entro il limite delle quote predette. In caso di mancata pubblicazione del decreto di programmazione annuale, il Presidente del Consiglio dei ministri puo' provvedere in via transitoria, con proprio decreto *((...))*.

5. Nell'ambito delle rispettive attribuzioni e dotazioni di bilancio, le regioni, le province, i comuni e gli altri enti locali adottano i provvedimenti concorrenti al perseguimento dell'obiettivo di rimuovere gli ostacoli che di fatto impediscono il pieno riconoscimento dei diritti e degli interessi riconosciuti agli stranieri nel territorio dello Stato, con particolare riguardo a quelli inerenti all'alloggio, alla lingua, all'integrazione sociale, nel rispetto dei diritti fondamentali della persona umana.

6. Con decreto del Presidente del Consiglio dei Ministri, da adottare di concerto con il Ministro dell'interno, si provvede all'istituzione di Consigli territoriali per l'immigrazione, in cui siano rappresentati le competenti amministrazioni locali dello Stato, la Regione, gli enti locali, gli enti e le associazioni localmente attivi nel soccorso e nell'assistenza agli immigrati, le organizzazioni dei lavoratori e dei datori di lavoro, con compiti di analisi delle esigenze e di promozione degli interventi da attuare a livello locale.

6-bis. Fermi restando i trattamenti dei dati previsti per il perseguimento delle proprie finalita' istituzionali, il Ministero dell'interno espleta, nell'ambito del Sistema statistico nazionale e senza oneri aggiuntivi a carico del bilancio dello Stato, le attivita' di raccolta di dati a fini statistici sul fenomeno dell'immigrazione extracomunitaria per tutte le pubbliche amministrazioni interessate alle politiche migratorie.

7. Nella prima applicazione delle disposizioni del presente articolo, il documento programmatico di cui al comma 1 e' predisposto entro novanta giorni dalla data di entrata in vigore della legge 6 marzo 1998, n. 40. Lo stesso documento indica la data entro cui sono adottati i decreti di cui al comma 4.

8. Lo schema del documento programmatico di cui al comma 7 e' trasmesso al Parlamento per l'acquisizione del parere delle Commissioni competenti per materia, che si esprimono entro trenta giorni. Decorso tale termine, il decreto e' emanato anche in mancanza del parere.

TITOLO II - DISPOSIZIONI SULL'INGRESSO, IL SOGGIORNO E L'ALLONTANAMENTO - DAL TERRITORIO DELLO STATO –

CAPO I - DISPOSIZIONI SULL'INGRESSO E IL - SOGGIORNO -

Art. 4 Ingresso nel territorio dello Stato
(Legge 6 marzo 1998, n. 40, art. 4)

1. L'ingresso nel territorio dello Stato e' consentito allo straniero in possesso di passaporto valido o documento equipollente e del visto d'ingresso, salvi i casi di esenzione, e puo' avvenire, salvi i casi di forza maggiore, soltanto attraverso i valichi di frontiera appositamente istituiti.

2. Il visto di ingresso e' rilasciato dalle rappresentanze diplomatiche o consolari italiane nello Stato di origine o di stabile residenza dello straniero. Per soggiorni non superiori a tre mesi sono equiparati ai visti rilasciati dalle rappresentanze diplomatiche e consolari italiane quelli emessi, sulla base di specifici accordi, dalle autorita' diplomatiche o consolari di altri Stati.

Contestualmente al rilascio del visto di ingresso l'autorita' diplomatica o consolare italiana consegna allo straniero una comunicazione scritta in lingua a lui comprensibile o, in mancanza, in inglese, francese, spagnolo o arabo, che illustri i diritti e i doveri dello straniero relativi all'ingresso ed al soggiorno in Italia. Qualora non sussistano i requisiti previsti dalla normativa in vigore per procedere al rilascio del visto, l'autorita' diplomatica o consolare comunica il diniego allo straniero in lingua a lui comprensibile, o, in mancanza, in inglese, francese, spagnolo o arabo. In deroga a quanto stabilito dalla legge 7 agosto 1990, **n.** 241, e successive modificazioni, per motivi di sicurezza o di ordine pubblico il diniego non deve essere motivato, salvo quando riguarda le domande di visto presentate ai sensi degli articoli 22, 24, 26, 27, 28, 29, 36 e 39. La presentazione di documentazione falsa o contraffatta o di false attestazioni a sostegno della domanda di visto comporta automaticamente, oltre alle relative responsabilita' penali, l'inammissibilita' della domanda. Per lo straniero in possesso di permesso di soggiorno e' sufficiente, ai fini del reingresso nel territorio dello Stato, una preventiva comunicazione all'autorita' di frontiera.

3. Ferme restando le disposizioni di cui all'articolo 3, comma 4, l'Italia, in armonia con gli obblighi assunti con l'adesione a specifici accordi internazionali, consentira' l'ingresso nel proprio territorio allo straniero che dimostri di essere in possesso di idonea documentazione atta a confermare lo scopo e le condizioni del soggiorno, nonche' la disponibilita' di mezzi di sussistenza sufficienti per la durata del soggiorno e, fatta eccezione per i permessi di soggiorno per motivi di lavoro, anche per il ritorno nel Paese di provenienza. I mezzi di sussistenza sono definiti con apposita direttiva emanata dal Ministro dell'interno, sulla base dei criteri indicati nel documento di programmazione di cui all'articolo 3, comma 1. Non e' ammesso in Italia lo straniero che non soddisfi tali requisiti o che sia considerato una minaccia per l'ordine pubblico o la sicurezza dello Stato o di uno dei Paesi con i quali l'Italia abbia sottoscritto accordi per la soppressone dei controlli alle frontiere interne e la libera circolazione delle persone o che risulti condannato, anche con sentenza non definitiva, compresa quella adottata a seguito di applicazione della pena su richiesta ai sensi dell'articolo 444 del codice di procedura penale, per reati previsti dall'articolo 380, commi 1 e 2, del codice di procedura penale ovvero per reati inerenti gli stupefacenti, la liberta' sessuale, il favoreggiamento dell'immigrazione clandestina verso l'Italia e dell'emigrazione clandestina dall'Italia verso altri Stati o per reati diretti al reclutamento di persone da destinare alla prostituzione o allo sfruttamento della prostituzione o di minori da impiegare in attivita' illecite. Impedisce l'ingresso dello straniero in Italia anche la condanna, con sentenza irrevocabile, per uno dei reati previsti dalle disposizioni del titolo III, capo III, sezione II, della legge 22 aprile 1941, n. 633, relativi alla tutela del diritto di autore, e degli articoli 473 e 474 del codice penale *((, nonche' dall'articolo 1 del decreto legislativo 22 gennaio 1948, n. 66, e dall'articolo 24 del regio decreto 18 giugno 1931, n. 773.))*.
Lo straniero per il quale e' richiesto il ricongiungimento familiare, ai sensi dell'articolo 29, non e' ammesso in Italia quando rappresenti una minaccia concreta e attuale per l'ordine pubblico o la sicurezza dello Stato o di uno dei Paesi con i quali l'Italia abbia sottoscritto accordi per la soppressione dei controlli alle frontiere interne e la libera circolazione delle persone.

4. L'ingresso in Italia puo' essere consentito con visti per soggiorni di breve durata, validi fino a 90 giorni, e per soggiorni di lunga durata che comportano per il titolare la concessione di un permesso di soggiorno in Italia con motivazione identica a quella menzionata nel visto. Per soggiorni inferiori a tre mesi saranno considerati validi anche i motivi esplicitamente indicati in visti rilasciati da autorita' diplomatiche o consolari di altri Stati in base a specifici accordi internazionali sottoscritti e ratificati dall'Italia ovvero a norme comunitarie.

5. Il Ministero degli affari esteri adotta, dandone tempestiva comunicazione alle competenti Commissioni parlamentari, ogni opportuno provvedimento di revisione o modifica dell'elenco dei Paesi i cui cittadini siano soggetti ad obbligo di visto, anche in attuazione di obblighi derivanti da accordi internazionali in vigore.

6. Non possono fare ingresso nel territorio dello Stato e sono respinti dalla frontiera gli stranieri espulsi, salvo che abbiano ottenuto la speciale autorizzazione o che sia trascorso il periodo di divieto di ingresso, gli stranieri che debbono essere espulsi e quelli segnalati, anche in base ad accordi o convenzioni internazionali in vigore in Italia, ai fini del respingimento o della non ammissione per gravi motivi di ordine pubblico, di sicurezza nazionale e di tutela delle relazioni internazionali.

6-bis. Nei casi di cui all'articolo 24, paragrafo 2, lettera b), del regolamento (CE) n. 1987/2006 del Parlamento europeo e del Consiglio del 20 dicembre 2006, la decisione di inserimento della segnalazione nel sistema di informazione Schengen, ai fini del rifiuto di ingresso ai sensi dell'articolo 24, paragrafo 1, del predetto regolamento, e' adottata dal direttore della Direzione centrale della Polizia di prevenzione del Ministero dell'interno, su parere del comitato di analisi strategica antiterrorismo di cui all'articolo 12, comma 3, della legge 3 agosto 2007, n. 124.

7. L'ingresso e' comunque subordinato al rispetto degli adempimenti e delle formalita' prescritti con il regolamento di attuazione.

Art. 4-bis (Accordo di integrazione).

1. Ai fini di cui al presente testo unico, si intende con integrazione quel processo finalizzato a promuovere la convivenza dei cittadini italiani e di quelli stranieri, nel rispetto dei valori sanciti dalla Costituzione italiana, con il reciproco impegno a partecipare alla vita economica, sociale e culturale della societa'.

1-bis. Nell'ambito delle attivita' preordinate alla realizzazione del processo di integrazione di cui al comma 1, sono fornite le informazioni sui diritti conferiti allo straniero con il permesso di soggiorno di cui all'articolo 5, comma 8.1.

2. Entro centottanta giorni dalla data di entrata in vigore del presente articolo, con regolamento, adottato ai sensi dell'articolo 17, comma 1, della legge 23 agosto 1988,n. 400, su proposta del Presidente del Consiglio dei ministri e del Ministro dell'interno, di concerto con il Ministro dell'istruzione, dell'universita' e della ricerca e il Ministro del lavoro, della salute e delle politiche sociali, sono stabiliti i criteri e le modalita' per la sottoscrizione, da parte dello straniero, contestualmente alla presentazione della domanda di rilascio del permesso di soggiorno ai sensi dell'articolo 5, di un Accordo di integrazione, articolato per crediti, con l'impegno a sottoscrivere specifici obiettivi di integrazione, da conseguire nel periodo di validita' del permesso di soggiorno. La stipula dell'Accordo di integrazione rappresenta condizione necessaria per il rilascio del permesso di soggiorno. La perdita integrale dei crediti determina la revoca del permesso di soggiorno e l'espulsione dello straniero dal territorio dello Stato, eseguita dal questore secondo le modalita' di cui all'articolo 13, comma 4, ad eccezione dello straniero titolare di permesso di soggiorno per asilo, *((per protezione sussidiaria, per i motivi di cui all'articolo 32, comma 3, del decreto legislativo 28 gennaio 2008, n. 25,))* per motivi familiari, di permesso di soggiorno UE per soggiornanti di lungo periodo, di carta di soggiorno per familiare straniero di cittadino dell'Unione europea, nonche' dello straniero

8

titolare di altro permesso di soggiorno che ha esercitato il diritto al ricongiungimento familiare.

3. All'attuazione del presente articolo si provvede con le risorse umane, strumentali e finanziarie disponibili a legislazione vigente, senza nuovi o maggiori oneri per la finanza pubblica.

Art. 5 Permesso di soggiorno
(Legge 6 marzo 1998, n. 40, art. 5)

1. Possono soggiornare nel territorio dello Stato gli stranieri entrati regolarmente ai sensi dell'articolo 4, che siano muniti di carta di soggiorno o di permesso di soggiorno rilasciati, e in corso di validita', a norma del presente testo unico o che siano in possesso di permesso di soggiorno o titolo equipollente rilasciato dalla competente autorita' di uno Stato appartenente all'Unione europea, nei limiti ed alle condizioni previsti da specifici accordi.

((1-bis. Nei casi di cui all'articolo 38-bis, possono soggiornare nel territorio dello Stato gli studenti stranieri che sono entrati secondo le modalita' e alle condizioni previste dall'articolo 4 e che sono in possesso del visto per motivi di studio rilasciato per l'intera durata del corso di studio e della relativa dichiarazione di presenza)). ((80))

2. Il permesso di soggiorno deve essere richiesto, secondo le modalita' previste nel regolamento di attuazione, al questore della provincia in cui lo straniero si trova entro otto giorni lavorativi dal suo ingresso nel territorio dello Stato ed e' rilasciato per le attivita' previste dal visto d'ingresso o dalle disposizioni vigenti. Il regolamento di attuazione puo' prevedere speciali modalita' di rilascio relativamente ai soggiorni brevi per motivi di turismo, di giustizia, di attesa di emigrazione in altro Stato e per l'esercizio delle funzioni di ministro di culto nonche' ai soggiorni in case di cura, ospedali, istituti civili e religiosi e altre convivenze. (76)

2-bis. Lo straniero che richiede il permesso di soggiorno e' sottoposto a rilievi fotodattiloscopici. (6)

2-ter. La richiesta di rilascio e di rinnovo del permesso di soggiorno e' sottoposta al versamento di un contributo, il cui importo e' fissato fra un minimo di 80 e un massimo di 200 euro con decreto del Ministro dell'economia e delle finanze, di concerto con il Ministro dell'interno, che stabilisce altresi' le modalita' del versamento nonche' le modalita' di attuazione della disposizione di cui all'articolo 14-bis, comma 2. Non e' richiesto il versamento del contributo per il rilascio ed il rinnovo del permesso di soggiorno per asilo, per richiesta di asilo, per protezione sussidiaria, per cure mediche nonche' dei permessi di soggiorno di cui agli articoli 18, 18-bis, 20-bis, 22, comma 12-quater, e 42-bis, e del permesso di soggiorno rilasciato ai sensi dell'articolo 32, comma 3, del decreto legislativo 28 gennaio 2008, n. 25.

3. La durata del permesso di soggiorno non rilasciato per motivi di lavoro e' quella prevista dal visto d'ingresso, nei limiti stabiliti dal presente testo unico o in attuazione degli accordi e delle convenzioni internazionali in vigore. La durata non puo' comunque essere:
a) superiore a tre mesi, per visite, affari e turismo;

9

b) LETTERA ABROGATA DALLA L. 30 LUGLIO 2002, N. 189;

c) inferiore al periodo di frequenza, anche pluriennale, di un corso di studio di istituzioni scolastiche, istituti tecnici superiori, istituzioni universitarie e dell'alta formazione artistica, musicale e coreutica o per formazione debitamente certificata, fatta salva la verifica annuale di profitto; secondo le previsioni del regolamento di attuazione. Il permesso puo' essere prolungato per ulteriori dodici mesi oltre il termine del percorso formativo compiuto, secondo quanto disposto dall'articolo 39-bis. 1;
(49)

d) LETTERA ABROGATA DALLA L. 30 LUGLIO 2002, N. 189;

e) superiore alle necessita' specificamente documentate, negli altri casi consentiti dal presente testo unico o dal regolamento di attuazione.

3-bis. Il permesso di soggiorno per motivi di lavoro e' rilasciato a seguito della stipula del contratto di soggiorno per lavoro di cui all'articolo 5-bis. La durata del relativo permesso di soggiorno per lavoro e' quella prevista dal contratto di soggiorno e comunque non puo' superare:

a) in relazione ad uno o piu' contratti di lavoro stagionale, la durata complessiva di nove mesi;

b) in relazione ad un contratto di lavoro subordinato a tempo determinato, la durata di un anno;

c) in relazione ad un contratto di lavoro subordinato a tempo indeterminato, la durata di due anni.

3-ter. Allo straniero che dimostri di essere venuto in Italia almeno una volta nei cinque anni precedenti per prestare lavoro stagionale e' rilasciato, qualora si tratti di impieghi ripetitivi, un permesso pluriennale, a tale titolo, fino a tre annualita', con indicazione del periodo di validita' per ciascun anno. Il predetto permesso di soggiorno e' revocato se lo straniero non si presenta all'ufficio di frontiera esterna al termine della validita' annuale e alla data prevista dal visto di ingresso per il rientro nel territorio nazionale. Il relativo visto di ingresso e' rilasciato sulla base del nulla osta rilasciato ai sensi dell'articolo 24, comma 11.

3-quater. Possono inoltre soggiornare nel territorio dello Stato gli stranieri muniti di permesso di soggiorno per lavoro autonomo rilasciato sulla base della certificazione della competente rappresentanza diplomatica o consolare italiana della sussistenza dei requisiti previsti dall'articolo 26 del presente testo unico. Il permesso di soggiorno non puo' avere validita' superiore ad un periodo di due anni.

3-quinquies. La rappresentanza diplomatica o consolare italiana che rilascia il visto di ingresso per motivi di lavoro, ai sensi dei commi 2 e 3 dell'articolo 4, ovvero il visto di ingresso per lavoro autonomo, ai sensi del comma 5 dell'articolo 26, ne da' comunicazione anche in via telematica al Ministero dell'interno e all'INPS nonche' all'INAIL per l'inserimento nell'archivio previsto dal comma 9 dell'articolo 22 entro trenta giorni dal ricevimento della documentazione. Uguale comunicazione e' data al Ministero dell'interno per i visti di ingresso per ricongiungimento familiare di cui all'articolo 29 entro trenta giorni dal ricevimento della documentazione.

3-sexies. Nei casi di ricongiungimento familiare, ai sensi dell'articolo 29, la durata del permesso di soggiorno non puo' essere superiore a due anni.

4. Il rinnovo del permesso di soggiorno e' richiesto dallo straniero al questore della provincia in cui dimora, almeno sessanta giorni prima della scadenza, ed e' sottoposto alla verifica delle condizioni previste per il rilascio e delle diverse condizioni previste dal presente testo unico. Fatti salvi i diversi termini previsti dal presente testo unico e dal regolamento di attuazione, il permesso di soggiorno e' rinnovato per una durata non superiore a quella stabilita con rilascio iniziale. (76)

4-bis. Lo straniero che richiede il rinnovo del permesso di soggiorno e' sottoposto a rilievi fotodattiloscopici.

5. Il permesso di soggiorno o il suo rinnovo sono rifiutati e, se il permesso di soggiorno e' stato rilasciato, esso e' revocato quando mancano o vengono a mancare i requisiti richiesti per l'ingresso e il soggiorno nel territorio dello Stato, fatto salvo quanto previsto dall'articolo 22, comma 9, e sempre che non siano sopraggiunti nuovi elementi che ne consentano il rilascio e che non si tratti di irregolarita' amministrative sanabili. Nell'adottare il provvedimento di rifiuto del rilascio, di revoca o di diniego di rinnovo del permesso di soggiorno dello straniero che ha esercitato il diritto al ricongiungimento familiare ovvero del familiare ricongiunto, ai sensi dell'articolo 29, si tiene anche conto della natura e della effettivita' dei vincoli familiari dell'interessato e dell'esistenza di legami familiari e sociali con il suo Paese d'origine, nonche', per lo straniero gia' presente sul territorio nazionale, anche della durata del suo soggiorno nel medesimo territorio nazionale. (47)

5-bis. Nel valutare la pericolosita' dello straniero per l'ordine pubblico e la sicurezza dello Stato o di uno dei Paesi con i quali l'Italia abbia sottoscritto accordi per la soppressione dei controlli alle frontiere interne e la libera circolazione delle persone ai fini dell'adozione del provvedimento di revoca o di diniego di rinnovo del permesso di soggiorno per motivi familiari, si tiene conto anche di eventuali condanne per i reati previsti dagli articoli 380, commi 1 e 2, e 407, comma 2, lettera a), del codice di procedura penale, ovvero per i reati di cui all'articolo 12, commi 1 e 3.

5-ter. Il permesso di soggiorno e' rifiutato o revocato quando si accerti la violazione del divieto di cui all'articolo 29, comma 1-ter.

6. Il rifiuto o la revoca del permesso di soggiorno possono essere altresi' adottati sulla base di convenzioni o accordi internazionali, resi esecutivi in Italia, quando lo straniero non soddisfi le condizioni di soggiorno applicabili in uno degli Stati contraenti ((, *fatto salvo il rispetto degli obblighi costituzionali o internazionali dello Stato italiano))*. ((80))

7. Gli stranieri muniti del permesso di soggiorno o di altra autorizzazione che conferisce il diritto a soggiornare, rilasciati dall'autorita' di uno Stato membro dell'Unione europea e validi per il soggiorno in Italia, sono tenuti a dichiarare la loro presenza al questore entro il termine di cui al comma 2. Agli stessi e' rilasciata idonea ricevuta della dichiarazione di soggiorno. Ai contravventori si applica la sanzione amministrativa del pagamento di una somma da euro 103 a euro 309.

11

7-bis. Allo straniero di cui al comma 7, che si e' trattenuto nel territorio nazionale oltre i tre mesi dall'ingresso, il questore intima di recarsi immediatamente, e comunque non oltre sette giorni dalla notifica dell'intimazione, nello Stato membro dell'Unione europea che ha rilasciato il permesso di soggiorno o altra autorizzazione che conferisce il diritto di soggiornare, in corso di validita'.

7-ter. Nei confronti dello straniero che ha violato l'intimazione di cui al comma 7-bis e' adottato il provvedimento di espulsione ai sensi dell'articolo 13, comma 2. In presenza di accordi o intese bilaterali con altri Stati membri dell'Unione europea entrati in vigore in data anteriore al 13 gennaio 2009, l'allontanamento e' eseguito verso lo Stato membro che ha rilasciato il permesso di soggiorno o altra autorizzazione al soggiorno. Qualora sussistano i presupposti per l'adozione del provvedimento di espulsione ai sensi dell'articolo 13, comma 1, ovvero dell'articolo 3, comma 1, del decreto-legge 27 luglio 2005, n. 144, convertito, con modificazioni, dalla legge 31 luglio 2005, n. 155, il provvedimento di espulsione e' adottato sentito lo Stato membro che ha rilasciato il permesso di soggiorno o altra autorizzazione e l'allontanamento e' eseguito con destinazione fuori del territorio dell'Unione europea.

7-quater. E' autorizzata la riammissione nel territorio nazionale dello straniero espulso da altro Stato membro dell'Unione europea, in possesso di un permesso di soggiorno o di altra autorizzazione che conferisca il diritto di soggiornare rilasciati dall'Italia e in corso di validita', a condizione che non costituisca un pericolo per l'ordine pubblico o la sicurezza dello Stato.

8. Il permesso di soggiorno e la carta di soggiorno di cui all'articolo 9 sono rilasciati mediante utilizzo di mezzi a tecnologia avanzata con caratteristiche anticontraffazione conformi ai modelli da approvare con decreto del Ministro dell'interno, di concerto con il Ministro per l'innovazione e le tecnologie, in attuazione del regolamento (CE) n. 1030/2002 del Consiglio, del 13 giugno 2002, riguardante l'adozione di un modello uniforme per i permessi di soggiorno rilasciati a cittadini di Paesi terzi. Il permesso di soggiorno e la carta di soggiorno rilasciati in conformita' ai predetti modelli recano inoltre i dati personali previsti, per la carta di identita' e gli altri documenti elettronici, dall'articolo 36 del testo unico delle disposizioni legislative e regolamentari in materia di documentazione amministrativa, di cui al decreto del Presidente della Repubblica 28 dicembre 2000, n. 445.

8.1. Nel permesso di soggiorno che autorizza l'esercizio di attivita' lavorativa secondo le norme del presente testo unico e del regolamento di attuazione e' inserita la dicitura: "perm. unico lavoro".

8.2. La disposizione di cui al comma 8.1 non si applica:

a) agli stranieri di cui agli articoli 9 e 9-ter;

b) agli stranieri di cui all'articolo 24;

c) agli stranieri di cui all'articolo 26;

d) agli stranieri di cui all'articolo 27, comma 1, lettere a), g), h), i) e r);

e) agli stranieri che soggiornano a titolo di protezione temporanea e nei casi di cui agli articoli 18, 18-bis, 20-bis, 22, comma 12-quater, e del permesso di soggiorno rilasciato ai sensi dell'articolo 32, comma 3, del decreto legislativo 28 gennaio 2008, n. 25, ovvero hanno richiesto il permesso di soggiorno a tale titolo e sono in attesa di una decisione su tale richiesta;

f) agli stranieri che soggiornano a titolo di protezione internazionale come definita dall'articolo 2, comma 1, lettera a), del decreto legislativo 19 novembre 2007, n. 251, ovvero hanno chiesto il riconoscimento della protezione e sono in attesa di una decisione su tale richiesta;

g) agli stranieri che soggiornano per motivi di studio o formazione.

g-bis) agli stranieri di cui all'articolo 42-bis.

8-bis. Chiunque contraffa' o altera un visto di ingresso o reingresso, un permesso di soggiorno, un contratto di soggiorno o una carta di soggiorno, ovvero contraffa' o altera documenti al fine di determinare il rilascio di un visto di ingresso o di reingresso, di un permesso di soggiorno, di un contratto di soggiorno o di una carta di soggiorno oppure utilizza uno di tali documenti contraffatti o alterati, e' punito con la reclusione da uno a sei anni. Se la falsita' concerne un atto o parte di un atto che faccia fede fino a querela di falso la reclusione e' da tre a dieci anni. La pena e' aumentata se il fatto e' commesso da un pubblico ufficiale.

9. Il permesso di soggiorno e' rilasciato, rinnovato o convertito entro sessanta giorni dalla data in cui e' stata presentata la domanda, se sussistono i requisiti e le condizioni previsti dal presente testo unico e dal regolamento di attuazione per il permesso di soggiorno richiesto ovvero, in mancanza di questo, per altro tipo di permesso da rilasciare in applicazione del presente testo unico. (13)

9-bis. In attesa del rilascio o del rinnovo del permesso di soggiorno, anche ove non venga rispettato il termine di sessanta giorni di cui al precedente comma, il lavoratore straniero puo' legittimamente soggiornare nel territorio dello Stato e svolgere temporaneamente l'attivita' lavorativa fino ad eventuale comunicazione dell'Autorita' di pubblica sicurezza, da notificare anche al datore di lavoro, con l'indicazione dell'esistenza dei motivi ostativi al rilascio o al rinnovo del permesso di soggiorno.

L'attivita' di lavoro di cui sopra puo' svolgersi alle seguenti condizioni:

a) che la richiesta del rilascio del permesso di soggiorno per motivi di lavoro sia stata effettuata dal lavoratore straniero all'atto della stipula del contratto di soggiorno, secondo le modalita' previste nel regolamento d'attuazione, ovvero, nel caso di rinnovo, la richiesta sia stata presentata prima della scadenza del permesso, ai sensi del precedente comma 4, e dell'articolo 13 del decreto del Presidente della Repubblica del 31 agosto 1999 n. 394, o entro sessanta giorni dalla scadenza dello stesso;

b) che sia stata rilasciata dal competente ufficio la ricevuta attestante l'avvenuta presentazione della richiesta di rilascio o di rinnovo del permesso.

AGGIORNAMENTO (6)

Il D.L. 9 settembre 2002, n. 195, convertito con modificazioni dalla L. 9 ottobre 2002, n. 222, ha disposto (con l'art. 2, comma 3) che "In deroga a quanto previsto dall'articolo 5, comma 2-bis, del testo unico approvato con decreto legislativo 25 luglio 1998, n. 286, come modificato dall'articolo 5, comma 1, lettera b), della legge 30 luglio 2002, n. 189, i lavoratori estracomunitari che stipulano il contratto di soggiorno per lavoro subordinato ai sensi dell'articolo 1, comma 5, ovvero altro contratto di lavoro, sono sottoposti a rilievi fotodattiloscopici entro un anno dalla data di rilascio del permesso di soggiorno e, comunque, in sede di rinnovo dello stesso".

AGGIORNAMENTO (13)

Il D.L. 27 luglio 2005, n. 144, convertito con modificazioni dalla L. 31 luglio 2005, n. 155, ha disposto (con l'art. 1, comma 1) che "in deroga a quanto previsto dall'articolo 5 del decreto legislativo n. 286 del 1998, quando, nel corso di operazioni di polizia, di indagini o di un procedimento relativi a delitti commessi per finalita' di terrorismo, anche internazionale, o di eversione dell'ordine democratico, vi e' l'esigenza di garantire la permanenza nel territorio dello Stato dello straniero che abbia offerto all'autorita' giudiziaria o agli organi di polizia una collaborazione avente le caratteristiche di cui al comma 3 dell'articolo 9 del citato decreto-legge n. 8 del 1991, il questore, autonomamente o su segnalazione dei responsabili di livello almeno provinciale delle Forze di polizia ovvero dei direttori dei Servizi informativi e di sicurezza, ovvero quando ne e' richiesto dal procuratore della Repubblica, rilascia allo straniero uno speciale permesso di soggiorno, di durata annuale e rinnovabile per eguali periodi".

AGGIORNAMENTO (47)

La Corte Costituzionale, con sentenza 3 - 18 luglio 2013, n. 202 (in G.U. 1a s.s. 24/7/2013, n. 30), ha dichiarato "l'illegittimita' costituzionale dell'art. 5, comma 5, del decreto legislativo 25 luglio 1998 n. 286 (Disposizioni sull'ingresso, il soggiorno e l'allontanamento dal territorio dello Stato), nella parte in cui prevede che «la valutazione discrezionale in esso stabilita si applichi solo allo straniero che «ha esercitato il diritto al ricongiungimento familiare» o al «familiare ricongiunto», e non anche allo straniero «che abbia legami familiari nel territorio dello Stato»".

AGGIORNAMENTO (49)

Il D.L. 12 settembre 2013, n. 104, convertito con modificazioni dalla L. 8 novembre 2013, n. 128 ha disposto (con l'art. 9, comma 2) che "Entro sei mesi dalla data di entrata in vigore della legge di conversione del presente decreto, si provvede all'adeguamento del regolamento di cui al decreto del Presidente della Repubblica 31 agosto 1999, n. 394, adottato ai sensi dell'articolo 1, comma 6, del testo unico di cui al decreto legislativo 25 luglio 1998, n. 286. La disposizione di cui al comma 1 si applica a decorrere dal quindicesimo giorno successivo all'entrata in vigore delle predette norme regolamentari di adeguamento".

AGGIORNAMENTO (76)

14

L'aggiornamento in calce, precedentemente disposto dall'art. 9, comma 1, lettera b) del D.L. 2 marzo 2020, n. 9, e' stato eliminato; la modifica ha perso efficacia per effetto dell'abrogazione del D.L. medesimo ad opera della L. 24 aprile 2020, n. 27, la quale ne ha contestualmente fatti salvi gli effetti.

AGGIORNAMENTO (80)

Il D.L. 21 ottobre 2020, n. 130, convertito con modificazioni dalla L. 18 dicembre 2020, n. 173, ha disposto (con l'art. 15, comma 1) che le presenti modifiche si applicano anche ai procedimenti pendenti alla data di entrata in vigore del D.L. medesimo avanti alle commissioni territoriali, al questore e alle sezioni specializzate dei tribunali, con esclusione dell'ipotesi prevista dall'articolo 384, comma 2, del codice di procedura civile.

Art. 5-bis *(((Contratto di soggiorno per lavoro subordinato)))*

((1. Il contratto di soggiorno per lavoro subordinato stipulato fra un datore di lavoro italiano o straniero regolarmente soggiornante in Italia e un prestatore di lavoro, cittadino di uno Stato non appartenente all'Unione europea o apolide, contiene:
a) la garanzia da parte del datore di lavoro della disponibilita' di un alloggio per il lavoratore che rientri nei parametri minimi previsti dalla legge per gli alloggi di edilizia residenziale pubblica;
b) l'impegno al pagamento da parte del datore di lavoro delle spese di viaggio per il rientro del lavoratore nel Paese di provenienza.
2. Non costituisce titolo valido per il rilascio del permesso di soggiorno il contratto che non contenga le dichiarazioni di cui alle lettere a) e b) del comma 1.
3. Il contratto di soggiorno per lavoro e' sottoscritto in base a quanto previsto dall'articolo 22 presso lo sportello unico per l'immigrazione della provincia nella quale risiede o ha sede legale il datore di lavoro o dove avra' luogo la prestazione lavorativa secondo le modalita' previste nel regolamento di attuazione)).

Art. 6 Facolta' ed obblighi inerenti al soggiorno
(Legge 6 marzo 1998, n. 40, art. 6; r.d. 18 giugno 1931, n. 773, artt. 144, comma 2 e 148)

1. Il permesso di soggiorno rilasciato per motivi di lavoro subordinato, lavoro autonomo e familiari puo' essere utilizzato anche per le altre attivita' consentite. Quello rilasciato per motivi di studio e formazione puo' essere convertito, comunque prima della sua scadenza, e previa stipula del contratto di soggiorno per lavoro ovvero previo rilascio della certificazione attestante la sussistenza dei requisiti previsti dall'articolo 26, in permesso di soggiorno per motivi di lavoro nell'ambito delle quote stabilite a norma dell'articolo 3, comma 4, secondo le modalita' previste dal regolamento di attuazione.

((1-bis.)) Sono convertibili in permesso di soggiorno per motivi di lavoro, ove ne ricorrano i requisiti, i seguenti permessi di soggiorno:

a) permesso di soggiorno per protezione speciale, di cui all'articolo 32, comma 3, del decreto legislativo 28 gennaio 2008, **n.** 25, ad eccezione dei casi per i quali siano state applicate le cause di diniego ed esclusione della protezione internazionale, di cui agli articoli 10, comma 2, 12, comma 1, lettere b) e c), *((e 16))* del decreto legislativo 19 novembre 2007, n. 251;

b) permesso di soggiorno per calamita', di cui all'articolo 20-bis;

c) permesso di soggiorno per residenza elettiva, di cui all'articolo 11, comma 1, lettera c-quater), del decreto del Presidente della Repubblica 31 agosto 1999, n. 394;

d) permesso di soggiorno per acquisto della cittadinanza o dello stato di apolide, di cui all'articolo 11, comma 1, lettera c), del decreto del Presidente della Repubblica 31 agosto 1999, n. 394, ad eccezione dei casi in cui lo straniero era precedentemente in possesso di un permesso *((per richiesta di asilo))*;

e) permesso di soggiorno per attivita' sportiva, di cui all'articolo 27, comma 1, lettera p);

f) permesso di soggiorno per lavoro di tipo artistico, di cui all'articolo 27, comma 1, lettere m), n) ed o);

g) permesso di soggiorno per motivi religiosi, di cui all'articolo 5, comma 2;

h) permesso di soggiorno *((per assistenza di minori))*, di cui all'articolo 31, comma 3.

((h-bis) permesso di soggiorno per cure mediche, di cui all'articolo 19, comma 2, lettera d-bis))).

2. Fatta eccezione per i provvedimenti riguardanti attivita' sportive e ricreative a carattere temporaneo , per quelli inerenti all'accesso alle prestazioni sanitarie di cui all'articolo 35 e per quelli attinenti alle prestazioni scolastiche obbligatorie, i documenti inerenti al soggiorno di cui all'articolo 5, comma 8, devono essere esibiti agli uffici della pubblica amministrazione ai fini del rilascio di licenze, autorizzazioni, iscrizioni ed altri provvedimenti di interesse dello straniero comunque denominati.

3. Lo straniero che, a richiesta degli ufficiali e agenti di pubblica sicurezza, non ottempera, senza giustificato motivo, all'ordine di esibizione del passaporto o di altro documento di identificazione e del permesso di soggiorno o di altro documento attestante la regolare presenza nel territorio dello Stato e' punito con l'arresto fino ad un ann o e con l'ammenda fino ad euro 2.000.

4. Qualora vi sia motivo di dubitare della idenlita' personale dello straniero, questi e' sottoposto a rilievi fotodattiloscopici e segnaletici.

5. Per le verifiche previste dal presente testo unico o dal regolamento di attuazione, l'autorita' di pubblica sicurezza, quando vi siano fondate ragioni, richiede agli stranieri informazioni e atti comprovanti la disponibilita' di un reddito da lavoro o da altra fonte legittima, sufficiente al sostentamento proprio e dei familiari conviventi nel territorio dello Stato.

6. Salvo quanto e' stabilito nelle leggi militari, il Prefetto puo' vietare agli stranieri il soggiorno in comuni o in localita' che comunque interessano la difesa militare dello Stato. Tale divieto e' comunicato agli stranieri per mezzo della

autorita' locale di pubblica sicurezza o col mezzo di pubblici avvisi. Gli stranieri, che trasgrediscono al divieto, possono essere allontanati per mezzo della forza pubblica.

7. Le iscrizioni e variazioni anagrafiche dello straniero regolarmente soggiornante sono effettuate alle medesime condizioni dei cittadini italiani con le modalita' previste dal regolamento di attuazione. In ogni caso la dimora dello straniero si considera abituale anche in caso di documentata ospitalita' da piu' di tre mesi presso un centro di accoglienza. Dell'avvenuta iscrizione o variazione l'ufficio da' comunicazione alla questura territorialmente competente.

8. Fuori dei casi di cui al comma 7, gli stranieri che soggiornano nel territorio dello Stato devono comunicare al questore competente per territorio, entro i quindici giorni successivi, le eventuali variazioni del proprio domicilio abituale.

9. Il documento di identificazione per stranieri e' rilasciato su modello conforme al tipo approvato con decreto del Ministro dell'interno. Esso non e' valido per l'espatrio, salvo che sia diversamente disposto dalle convenzioni o dagli accordi internazionali.

10. Contro i provvedimenti di cui all'articolo 5 e al presente articolo e' ammesso ricorso al tribunale amministrativo regionale competente.

Art. 7 Obblighi dell'ospitante e del datore di lavoro (R.d. 18 giugno 1931, n. 773, art. 147)

1. Chiunque, a qualsiasi titolo, da alloggio ovvero ospita uno straniero o apolide, anche se parente o affine, *((. . .))* ovvero cede allo stesso la proprieta' o il godimento di beni immobili, rustici o urbani, posti nel territorio dello Stato, e' tenuto a darne comunicazione scritta, entro quarantotto ore, all'autorita' locale di pubblica sicurezza.

2. La comunicazione comprende, oltre alle generalita' del denunciante, quelle dello straniero o apolide, gli estremi del passaporto o del documento di identificazione che lo riguardano, l'esatta ubicazione dell'immobile ceduto o in cui la persona e' alloggiata, ospitata o presta servizio ed il titolo per il quale la comunicazione e' dovuta.

2-bis. Le violazioni delle disposizioni di cui al presente articolo sono soggette alla sanzione amministrativa del pagamento di una somma da 160 a 1.100 euro.

Art. 8 (Disposizioni particolari) (R.d. 18 giugno 1931, n. 773, art. 149)

1. Le disposizioni del presente capo non si applicano ai componenti del sacro collegio e del corpo diplomatico e consolare.

Art. 9 Permesso di soggiorno UE per soggiornanti di lungo periodo

1. Lo straniero in possesso, da almeno cinque anni, di un permesso di soggiorno in corso di validita', che dimostra la disponibilita' di un reddito non inferiore all'importo annuo dell'assegno sociale e, nel caso di richiesta relativa ai familiari, di un reddito sufficiente secondo i parametri indicati nell'articolo 29, comma 3, lettera b) e di un alloggio idoneo che rientri nei parametri minimi

17

previsti dalla legge regionale per gli alloggi di edilizia residenziale pubblica ovvero che sia fornito dei requisiti di idoneita' igienico-sanitaria accertati dall'Azienda unita' sanitaria locale competente per territorio, puo' chiedere al questore il rilascio del permesso di soggiorno UE per soggiornanti di lungo periodo, per se' e per i familiari di cui all'articolo 29, comma 1.

(24) (29)

1-bis. Il permesso di soggiorno UE per soggiornanti di lungo periodo rilasciato allo straniero titolare di protezione internazionale come definita dall'articolo 2, comma 1, lettera a), del decreto legislativo 19 novembre 2007, n. 251, reca, nella rubrica "annotazioni", la dicitura "protezione internazionale riconosciuta da [nome dello Stato membro] il [data]". Se, successivamente al rilascio del permesso di soggiorno UE per soggiornante di lungo periodo allo straniero titolare di protezione internazionale, la responsabilita' della protezione internazionale, secondo le norme internazionali e nazionali che ne disciplinano il trasferimento, e' trasferita ad altro Stato membro prima del rilascio, da parte di tale Stato membro, del permesso di soggiorno UE per soggiornanti di lungo periodo, su richiesta dello stesso Stato, la dicitura "protezione internazionale riconosciuta da [nome dello Stato membro] il [data]" e' aggiornata, entro tre mesi dalla richiesta, con l'indicazione dello Stato membro a cui la stessa e' stata trasferita e la data del trasferimento. Se, successivamente al rilascio del permesso di soggiorno UE per soggiornante di lungo periodo, un altro Stato membro riconosce al soggiornante la protezione internazionale prima del rilascio, da parte di tale Stato membro, del permesso di soggiorno UE per soggiornanti di lungo periodo, su richiesta dello stesso Stato, entro tre mesi dalla richiesta, nella rubrica "annotazioni" e' apposta la dicitura "protezione internazionale riconosciuta da [nome dello Stato membro] il [data]".

1-ter. Ai fini del rilascio del permesso di soggiorno UE per soggiornanti di lungo periodo di cui al comma 1-bis, non e' richiesta allo straniero titolare di protezione internazionale ed ai suoi familiari la documentazione relativa all'idoneita' dell'alloggio di cui al comma 1, ferma restando la necessita' di indicare un luogo di residenza ai sensi dell'articolo 16, comma 2, lettera c), del regolamento di attuazione. Per gli stranieri titolari di protezione internazionale che si trovano nelle condizioni di vulnerabilita' di cui all'articolo 8, comma 1, del decreto legislativo 30 maggio 2005, n. 140, la disponibilita' di un alloggio concesso a titolo gratuito, a fini assistenziali o caritatevoli, da parte di enti pubblici o privati riconosciuti, concorre figurativamente alla determinazione del reddito cui al comma 1 nella misura del quindici per cento del relativo importo.

2. Il permesso di soggiorno UE per soggiornanti di lungo periodo e' a tempo indeterminato ed e' rilasciato entro novanta giorni dalla richiesta.

2-bis. Il rilascio del permesso di soggiorno UE per soggiornanti di lungo periodo e' subordinato al superamento, da parte del richiedente, di un test di conoscenza della lingua italiana, le cui modalita' di svolgimento sono determinate con decreto del Ministro dell'interno, di concerto con il Ministro dell'istruzione, dell'universita' e della ricerca.nel caso di permesso di soggiorno CE rilasciato per lo svolgimento di attivita' di ricerca presso le universita' e gli enti vigilati dal Ministero dell'istruzione, dell'universita' e della ricerca di cui al

18

decreto legislativo 31 dicembre 2009, n. 213, non e' richiesto il superamento del test di cui al primo periodo.

2-ter. La disposizione di cui al comma 2-bis non si applica allo straniero titolare di protezione internazionale.

3. La disposizione di cui al comma 1 non si applica agli stranieri che:

a) soggiornano per motivi di studio o formazione professionale;

b) soggiornano a titolo di protezione temporanea *((, per cure mediche o sono titolari dei permessi di soggiorno di cui agli articoli 18, 18-bis, 20-bis, 22, comma 12-quater, e 42-bis nonche' del permesso di soggiorno rilasciato ai sensi dell'articolo 32, comma 3, del decreto legislativo 28 gennaio 2008, n. 25.))* ovvero hanno chiesto il permesso di soggiorno a tale titolo e sono in attesa di una decisione su tale richiesta;

c) hanno chiesto la protezione internazionale come definita dall'articolo 2, comma 1, lettera a), del decreto legislativo 19 novembre 2007, n. 251 e sono ancora in attesa di una decisione definitiva circa tale richiesta;

d) sono titolari di un permesso di soggiorno di breve durata previsto dal presente testo unico e dal regolamento di attuazione;

e)godono di uno status giuridico previsto dalla convenzione di Vienna del 1961 sulle relazioni diplomatiche, dalla convenzione di Vienna del 1963 sulle relazioni consolari, dalla convenzione del 1969 sulle missioni speciali o dalla convenzione di Vienna del 1975 sulla rappresentanza degli Stati nelle loro relazioni con organizzazioni internazionali di carattere universale.

4. Il permesso di soggiorno UE per soggiornanti di lungo periodo non puo' essere rilasciato agli stranieri pericolosi per l'ordine pubblico o la sicurezza dello Stato. Nel valutare la pericolosita' si tiene conto anche dell'appartenenza dello straniero ad una delle categorie indicate nell'articolo 1 della legge 27 dicembre 1956, n. 1423, come sostituito dall'articolo 2 della legge 3 agosto 1988, n. 327, o nell'articolo 1 della legge 31 maggio 1965, n. 575, come sostituito dall'articolo 13 della legge 13 settembre 1982, n. 646, ovvero di eventuali condanne anche non definitive, per i reati previsti dall'articolo 380 del codice di procedura penale, nonche', limitatamente ai delitti non colposi, dall'articolo 381 del medesimo codice. Ai fini dell'adozione di un provvedimento di diniego di rilascio del permesso di soggiorno di cui al presente comma il questore tiene conto altresi' della durata del soggiorno nel territorio nazionale e dell'inserimento sociale, familiare e lavorativo dello straniero.

4-bis. Salvo i casi di cui ai commi 4 e 7, il permesso di soggiorno UE per soggiornanti di lungo periodo di cui al comma 1-bis e' rifiutato ovvero revocato nei casi di revoca o cessazione dello status di rifugiato o di protezione sussidiaria previsti dagli articoli 9, 13, 15 e 18 del decreto legislativo 19 novembre 2007, n. 251. Nei casi di cessazione di cui agli articoli 9 e 15 del medesimo decreto legislativo, allo straniero e' rilasciato un permesso di soggiorno UE per soggiornanti di lungo periodo, aggiornato con la cancellazione dell'annotazione di cui al comma 1-bis ovvero un permesso di

19

soggiorno ad altro titolo in presenza dei requisiti previsti dal presente testo unico.

5. Ai fini del calcolo del periodo di cui al comma 1, non si computano i periodi di soggiorno per i motivi indicati nelle lettere d) ed e) del comma 3.

5-bis. Il calcolo del periodo di soggiorno di cui al comma 1, per il rilascio del permesso di soggiorno UE per soggiornanti di lungo periodo di cui al comma 1-bis, e' effettuato a partire dalla data di presentazione della domanda di protezione internazionale in base alla quale la protezione internazionale e' stata riconosciuta.

6. Le assenze dello straniero dal territorio nazionale non interrompono la durata del periodo di cui al comma 1 e sono incluse nel computo del medesimo periodo quando sono inferiori a sei mesi consecutivi e non superano complessivamente dieci mesi nel quinquennio, salvo che detta interruzione sia dipesa dalla necessita' di adempiere agli obblighi militari, da gravi e documentati motivi di salute ovvero da altri gravi e comprovati motivi.

7. Il permesso di soggiorno di cui al comma 1 e' revocato:

a) se e' stato acquisito fraudolentemente;

b) in caso di espulsione, di cui al comma 9;

c) quando mancano o vengano a mancare le condizioni per il rilascio, di cui al comma 4;

d) in caso di assenza dal territorio dell'Unione per un periodo di dodici mesi consecutivi;

e) in caso di conferimento di permesso di soggiorno di lungo periodo da parte di altro Stato membro dell'Unione europea, previa comunicazione da parte di quest'ultimo, e comunque in caso di assenza dal territorio dello Stato per un periodo superiore a sei anni.

8. Lo straniero al quale e' stato revocato il permesso di soggiorno ai sensi delle lettere d) ed e) del comma 7, puo' riacquistarlo, con le stesse modalita' di cui al presente articolo. In tal caso, il periodo di cui al comma 1, e' ridotto a tre anni.

9. Allo straniero, cui sia stato revocato il permesso di soggiorno UE per soggiornanti di lungo periodo e nei cui confronti non debba essere disposta l'espulsione e' rilasciato un permesso di soggiorno per altro tipo in applicazione del presente testo unico.

10. Nei confronti del titolare del permesso di soggiorno UE per soggiornanti di lungo periodo, l'espulsione puo' essere disposta:

a) per gravi motivi di ordine pubblico o sicurezza dello Stato;

b) nei casi di cui all'articolo 3, comma 1, del decreto-legge 27 luglio 2005, n. 144, convertito, con modificazioni, dalla legge 31 luglio 2005, n. 155;

c) quando lo straniero appartiene ad una delle categorie indicate all'articolo 1 della legge 27 dicembre 1956, n. 1423, ovvero all'articolo 1 della legge 31 maggio 1965, n. 575, sempre che sia stata applicata, anche in via cautelare, una delle misure di cui all'articolo 14 della legge 19 marzo 1990, n. 55.

10-bis. L'espulsione del rifugiato o dello straniero ammesso alla protezione sussidiaria e titolare del permesso di soggiorno UE per soggiornanti di lungo periodo di cui al comma 1-bis, e' disciplinata dall'articolo 20 del decreto legislativo 19 novembre 2007, n. 251.

11. Ai fini dell'adozione del provvedimento di espulsione di cui al comma 10, si tiene conto anche dell'eta' dell'interessato, della durata del soggiorno sul territorio nazionale, delle conseguenze dell'espulsione per l'interessato e i suoi familiari, dell'esistenza di legami familiari e sociali nel territorio nazionale e dell'assenza di tali vincoli con il Paese di origine.

11-bis. Nei confronti dello straniero, il cui permesso di soggiorno UE per soggiornanti di lungo periodo riporta l'annotazione relativa alla titolarita' di protezione internazionale, e dei suoi familiari, l'allontanamento e' effettuato verso lo Stato membro che ha riconosciuto la protezione internazionale, previa conferma da parte di tale Stato della attualita' della protezione. Nel caso ricorrano i presupposti di cui all'articolo 20 del decreto legislativo 19 novembre 2007, n. 251, l'allontanamento puo' essere effettuato fuori dal territorio dell'Unione europea, sentito lo Stato membro che ha riconosciuto la protezione internazionale, fermo restando il rispetto del principio di cui all'articolo 19, comma 1.

12. Oltre a quanto previsto per lo straniero regolarmente soggiornante nel territorio dello Stato, il titolare del permesso di soggiorno UE per soggiornanti di lungo periodo puo':

a) fare ingresso nel territorio nazionale in esenzione di visto e circolare liberamente sul territorio nazionale salvo quanto previsto dall'articolo 6, comma 6;

b) svolgere nel territorio dello Stato ogni attivita' lavorativa subordinata o autonoma salvo quelle che la legge espressamente riserva al cittadino o vieta allo straniero. Per lo svolgimento di attivita' di lavoro subordinato non e' richiesta la stipula del contratto di soggiorno di cui all'articolo 5-bis;

c) usufruire delle prestazioni di assistenza sociale, di previdenza sociale, di quelle relative ad erogazioni in materia sanitaria, scolastica e sociale, di quelle relative all'accesso a beni e servizi a disposizione del pubblico, compreso l'accesso alla procedura per l'ottenimento di alloggi di edilizia residenziale pubblica, salvo che sia diversamente disposto e sempre che sia dimostrata l'effettiva residenza dello straniero sul territorio nazionale;

d) partecipare alla vita pubblica locale, con le forme e nei limiti previsti dalla vigente normativa.

13. E' autorizzata la riammissione sul territorio nazionale dello straniero espulso da altro Stato membro dell'Unione europea titolare del permesso di soggiorno UE per soggiornanti di lungo periodo di cui al comma 1 che non costituisce un pericolo per l'ordine pubblico e la sicurezza dello Stato.

13-bis. E' autorizzata, altresi', la riammissione sul territorio nazionale dello straniero titolare del permesso di soggiorno UE per soggiornanti di lungo periodo titolare di protezione internazionale allontanato da altro Stato membro dell'Unione europea e dei suoi familiari, quando nella rubrica 'annotazioni' del medesimo permesso e' riportato che la protezione internazionale e' stata riconosciuta dall'Italia. Entro trenta giorni dal ricevimento della relativa richiesta di informazione, si provvede a comunicare allo Stato membro richiedente se lo straniero beneficia ancora della protezione riconosciuta dall'Italia.

21

AGGIORNAMENTO (24)
La Corte costituzionale, con sentenza 29-30 luglio 2008, n. 306 (in G.U. 1a s.s. 6/8/2008, n. 33) ha dichiarato l'illegittimita' costituzionale del comma 1, nella parte in cui esclude che l'indennita' di accompagnamento, di cui all'art. 1 della legge 11
febbraio 1980, n. 18, possa essere attribuita agli stranieri extracomunitari soltanto perche' essi non risultano in possesso dei requisiti di reddito gia' stabiliti per la carta di soggiorno ed ora previsti, per effetto del decreto legislativo 8 gennaio 2007, n. 3
(Attuazione della direttiva 2003/109/CE relativa allo status di cittadini di Paesi terzi soggiornanti di lungo periodo) per il permesso di soggiorno CE per soggiornanti di lungo periodo.

AGGIORNAMENTO (29)
La Corte Costituzionale, con sentenza 14-23 gennaio 2009, n. 11 (in G.U. 1a s.s. 28/1/2009, n. 4) ha dichiarato l'illegittimita' costituzionale del comma 1 del presente articolo 9, "nella parte in cui esclude che la pensione di inabilita', di cui all'art. 12 della legge 30 marzo 1971, n. 118 (Conversione in legge del d.l. 30 gennaio 1971, n. 5 e nuove norme in favore dei mutilati ed invalidi civili), possa essere attribuita agli stranieri extracomunitari soltanto perche' essi non risultano in possesso dei requisiti di reddito gia' stabiliti per la carta di soggiorno ed ora previsti, per effetto del D.Lgs. n. 3 del 2007, per il permesso di soggiorno CE per soggiornanti di lungo periodo".

Art. 9-bis Stranieri in possesso di un *((permesso di soggiorno UE per soggiornanti di lungo periodo))* rilasciato da altro Stato membro

1. Lo straniero, titolare di un *((permesso di soggiorno UE per soggiornanti di lungo periodo))* rilasciato da altro Stato membro dell'Unione europea e in corso di validita', puo' chiedere di soggiornare sul territorio nazionale per un periodo superiore a tre mesi, al fine di:
a) esercitare un'attivita' economica in qualita' di lavoratore subordinato o autonomo, ai sensi degli articoli 5, comma 3-bis, 22 e 26. Le certificazioni di cui all'articolo 26 sono rilasciate dallo Sportello unico per l'immigrazione;
b) frequentare corsi di studio o di formazione professionale, ai sensi della vigente normativa;
c) soggiornare per altro scopo lecito previa dimostrazione di essere in possesso di mezzi di sussistenza non occasionali, di importo superiore al doppio dell'importo minimo previsto dalla legge per l'esenzione dalla partecipazione alla spesa sanitaria e di una assicurazione sanitaria per il periodo del soggiorno.
2. Allo straniero di cui al comma 1 e' rilasciato un permesso di soggiorno secondo le modalita' previste dal presente testo unico e dal regolamento di attuazione.
3. Ai familiari dello straniero titolare del *((permesso di soggiorno UE per soggiornanti di lungo periodo))* e in possesso di un valido titolo di soggiorno rilasciato dallo Stato membro di provenienza, e' rilasciato un permesso di soggiorno per motivi di famiglia, ai sensi dell'articolo 30, commi 2, 3 e 6, previa

dimostrazione di aver risieduto in qualita' di familiari del soggiornante di lungo periodo nel medesimo Stato membro e di essere in possesso dei requisiti di cui all'articolo 29, comma 3.

4. Per soggiorni inferiori a tre mesi, allo straniero di cui ai commi 1 e 3 si applica l'articolo 5, comma 7, con esclusione del quarto periodo.

5. Agli stranieri di cui ai commi 1 e 3 e' consentito l'ingresso nel territorio nazionale in esenzione di visto e si prescinde dal requisito dell'effettiva residenza all'estero per la procedura di rilascio del nulla osta di cui all'articolo 22.

6. Il permesso di soggiorno di cui ai commi 2 e 3 e' rifiutato e, se rilasciato, e' revocato, agli stranieri pericolosi per l'ordine pubblico o la sicurezza dello Stato. Nel valutare la pericolosita' si tiene conto anche dell'appartenenza dello straniero ad una delle categorie indicate nell'articolo 1 della legge 27 dicembre 1956, **n.** 1423, come sostituito dall'articolo 2 della legge 3 agosto 1988, **n.** 327, o nell'articolo 1 della legge 31 maggio 1965, n. 575, come sostituito dall'articolo 13 della legge 13 settembre 1982, n. 646, ovvero di eventuali condanne, anche non definitive, per i reati previsti dall'articolo 380 del codice di procedura penale, nonche', limitatamente ai delitti non colposi, dall'articolo 381 del medesimo codice. Nell'adottare il provvedimento si tiene conto dell'eta' dell'interessato, della durata del soggiorno sul territorio nazionale, delle conseguenze dell'espulsione per l'interessato e i suoi familiari, dell'esistenza di legami familiari e sociali nel territorio nazionale e dell'assenza di tali vincoli con il Paese di origine.

7. Nei confronti degli stranieri di cui al comma 6 e' adottato il provvedimento di espulsione ai sensi dell'articolo 13, comma 2, lettera b), e l'allontanamento e' effettuato verso lo Stato membro dell'Unione europea che ha rilasciato il permesso di soggiorno. Nel caso sussistano i presupposti per l'adozione del provvedimento di espulsione ai sensi dell'articolo 13, comma 1, e dell'articolo 3, comma 1, del decreto-legge 27 luglio 2005, n. 144, convertito, con modificazioni, dalla legge 31 luglio 2005, n. 155, l'espulsione e' adottata sentito lo Stato membro che ha rilasciato il permesso di soggiorno e l'allontanamento e' effettuato fuori dal territorio dell'Unione europea. *((Nei confronti dello straniero il cui permesso di soggiorno UE per soggiornanti di lungo periodo rilasciato da un altro Stato membro dell'Unione europea riporta l'annotazione relativa alla titolarita' di protezione internazionale, come definita dall'articolo 2, comma 1, lettera a), del decreto legislativo 19 novembre 2007, n. 251, e dei suoi familiari l'allontanamento e' effettuato verso lo Stato membro che ha riconosciuto la protezione internazionale, previa conferma da parte di tale Stato della attualita' della protezione. Nel caso ricorrano i presupposti di cui all'articolo 20 del decreto legislativo 19 novembre 2007, n. 251, l'allontanamento puo' essere effettuato fuori dal territorio dell'Unione europea, sentito lo Stato membro che ha riconosciuto la protezione internazionale, fermo restando il rispetto del principio di cui all'articolo 19, comma 1.))*

8. Allo straniero di cui ai commi 1 e 3, in possesso dei requisiti di cui all'articolo 9, e' rilasciato, entro novanta giorni dalla richiesta, un *((permesso di soggiorno UE per soggiornanti di lungo periodo))*. Dell'avvenuto rilascio e'

informato lo Stato membro che ha rilasciato il precedente *((permesso di soggiorno UE per soggiornanti di lungo periodo))* . *((Se il precedente permesso di soggiorno UE per soggiornanti di lungo periodo rilasciato da altro Stato membro riporta, nella rubrica 'annotazioni', la titolarita' di protezione internazionale come definita dall'articolo 2, comma 1, lettera a), del decreto legislativo 19 novembre 2007, n. 251, il permesso di soggiorno UE per soggiornanti di lungo periodo rilasciato ai sensi del presente comma riporta la medesima annotazione precedentemente inserita. A tal fine, si richiede allo Stato membro che ha rilasciato il precedente permesso di soggiorno UE per soggiornanti di lungo periodo di confermare se lo straniero benefici ancora della protezione internazionale ovvero se tale protezione sia stata revocata con decisione definitiva. Se, successivamente al rilascio del permesso di soggiorno UE per soggiornante di lungo periodo, e' trasferita all'Italia la responsabilita' della protezione internazionale, secondo le norme internazionali e nazionali che ne disciplinano il trasferimento, la rubrica 'annotazioni' del permesso di soggiorno UE per soggiornanti di lungo periodo e' aggiornata entro tre mesi in conformita' a tale trasferimento.))*

((8-bis. Entro trenta giorni dalla relativa richiesta, sono fornite agli altri Stati membri dell'Unione europea le informazioni in merito allo status di protezione internazionale riconosciuta dall'Italia agli stranieri che hanno ottenuto un permesso di soggiorno UE per soggiornanti di lungo periodo in tali Stati membri.

8-ter. Entro trenta giorni dal riconoscimento della protezione internazionale ovvero dal trasferimento all'Italia della responsabilita' della protezione internazionale di uno straniero titolare di un permesso di soggiorno UE per soggiornanti di lungo periodo rilasciato da altro Stato membro dell'Unione europea, si provvede a richiedere a tale Stato membro l'inserimento ovvero la modifica della relativa annotazione sul permesso di soggiorno UE per soggiornanti di lungo periodo.))

Art. 9-ter   (Status di soggiornante di lungo periodo-CE per i titolari di Carta blu UE)

1. Lo straniero titolare di Carta blu UE rilasciata da un altro Stato membro ed autorizzato al soggiorno in Italia alle condizioni previste dall'articolo 27-quater, puo' chiedere al Questore il rilascio del *((permesso di soggiorno UE per soggiornanti di lungo periodo))*, di cui all'articolo 9.

2. La disposizione di cui al comma 1 si applica agli stranieri che dimostrino:

a) di aver soggiornato, legalmente ed ininterrottamente, per cinque anni nel territorio dell'Unione in quanto titolari di Carta blu UE;

b) di essere in possesso, da almeno due anni, di un permesso Carta blu UE ai sensi dell'articolo 27-quater. Le assenze dello straniero dal territorio dell'Unione non interrompono la durata del periodo di cui al presente comma e sono incluse nel computo del medesimo periodo quando sono inferiori a dodici mesi consecutivi e non superano complessivamente i diciotto mesi nel periodo di cui alla lettera a).

24

3. Ai titolari di Carta blu UE, in possesso dei requisiti previsti al comma 2, e' rilasciato dal questore un *((permesso di soggiorno UE per soggiornanti di lungo periodo))*, recante la dicitura, nella rubrica 'annotazioni', 'Ex titolare di Carta blu UE'.

4. Il permesso di soggiorno di cui al comma 1 e' revocato nelle ipotesi previste all'articolo 9, comma 7, lettere a), b), c) ed e), nonche' nel caso di assenza dal territorio dell'Unione per un periodo di ventiquattro mesi consecutivi.

5. Ai familiari dello straniero titolare di un *((permesso di soggiorno UE per soggiornanti di lungo periodo))*, concesso ai sensi del presente articolo, in possesso di un valido documento, e' rilasciato un permesso di soggiorno per motivi di famiglia ai sensi degli articoli 5, comma 3-sexies, e 30, commi 2 e 6, previa dimostrazione di essere in possesso dei requisiti di cui all'articolo 29, comma 3.

6. Ai familiari dello straniero titolare di un *((permesso di soggiorno UE per soggiornanti di lungo periodo))* concesso ai sensi del presente articolo, in possesso dei requisiti di cui all'articolo 9, comma 1, e' rilasciato il *((permesso di soggiorno UE per soggiornanti di lungo periodo))* qualora abbiano soggiornato, legalmente ed ininterrottamente, per cinque anni nel territorio dell'Unione di cui gli ultimi due nel territorio nazionale.

TITOLO II - DISPOSIZIONI SULL'INGRESSO, IL SOGGIORNO E L'ALLONTANAMENTO DAL TERRITORIO DELLO STATO

CAPO II - CONTROLLO DELLE FRONTIERE, - RESPINGIMENTO ED ESPULSIONE -

Art. 10 Respingimento   (Legge 6 marzo 1998, n. 40, art. 8)

1. La polizia di frontiera respinge gli stranieri che si presentano ai valichi di frontiera senza avere i requisiti richiesti dal presente testo unico per l'ingresso nel territorio dello Stato.

2. Il respingimento con accompagnamento alla frontiera e' altresi' disposto dal questore nei confronti degli stranieri:

a) che entrando nel territorio dello Stato sottraendosi ai controlli di frontiera, sono fermati all'ingresso o subito dopo;

b) che, nelle circostanze di cui al comma 1, sono stati temporaneamente ammessi nel territorio per necessita' di pubblico soccorso.

((2-bis. Al provvedimento di respingimento di cui al comma 2 si applicano le procedure di convalida e le disposizioni previste dall'articolo 13, commi 5-bis, 5-ter, 7 e 8.

2-ter. Lo straniero destinatario del provvedimento di respingimento di cui al comma 2 non puo' rientrare nel territorio dello Stato senza una speciale autorizzazione del Ministro dell'interno. In caso di trasgressione lo straniero e' punito con la reclusione da uno a quattro anni ed e' espulso con accompagnamento immediato alla frontiera. Si applicano altresi' le disposizioni di cui all'articolo 13, comma 13, terzo periodo.

2-quater. Allo straniero che, gia' denunciato per il reato di cui al comma 2-ter ed espulso, abbia fatto reingresso nel territorio dello Stato si applica la pena della reclusione da uno a cinque anni.

2-quinquies. Per i reati previsti dai commi 2-ter e 2-quater e' obbligatorio l'arresto dell'autore del fatto anche fuori dei casi di flagranza e si procede con rito direttissimo.

2-sexies. Il divieto di cui al comma 2-ter opera per un periodo non inferiore a tre anni e non superiore a cinque anni, la cui durata e' determinata tenendo conto di tutte le circostanze concernenti il singolo caso)).

3. Il vettore che ha condotto alla frontiera uno straniero privo dei documenti di cui all'articolo 4, o che deve essere comunque respinto a norma del presente articolo, e' tenuto a prenderlo immediatamente a carico ed a ricondurlo nello Stato di provenienza, o in quello che ha rilasciato il documento di viaggio eventualmente in possesso dello straniero. Tale disposizione si applica anche quando l'ingresso e' negato allo straniero in transito, qualora il vettore che avrebbe dovuto trasportarlo nel Paese di destinazione rifiuti di imbarcarlo o le autorita' dello Stato di destinazione gli abbiano negato l'ingresso o lo abbiano rinviato nello Stato.

4. Le disposizioni dei commi 1, 2 e 3 e quelle dell'articolo 4, commi 3 e 6, non si applicano nei casi previsti dalle disposizioni vigenti che disciplinano l'asilo politico, il riconoscimento dello status di rifugiato, ovvero l'adozione di misure di protezione temporanea per motivi umanitari.

5. Per lo straniero respinto e' prevista l'assistenza necessaria presso i valichi di frontiera.

6. I respingimenti di cui al presente articolo sono registrati dall'autorita' di pubblica sicurezza.

((6-bis. Il divieto di cui al comma 2-ter e' inserito, a cura dell'autorita' di pubblica sicurezza, nel sistema di informazione Schengen di cui al regolamento (CE) n. 1987/2006 del Parlamento europeo e del Consiglio, del 20 dicembre 2006, e comporta il divieto di ingresso e soggiorno nel territorio degli Stati membri dell'Unione europea, nonche' degli Stati non membri cui si applica l'acquis di Schengen)).

Art. 10-bis (Ingresso e soggiorno illegale nel territorio dello Stato).

1. Salvo che il fatto costituisca piu' grave reato, lo straniero che fa ingresso ovvero si trattiene nel territorio dello Stato, in violazione delle disposizioni del presente testo unico nonche' di quelle di cui all'articolo 1 della legge 28 maggio 2007, n. 68, e' punito con l'ammenda da 5.000 a 10.000 euro. Al reato di cui al presente comma non si applica l'articolo 162 del codice penale.

2. Le disposizioni di cui al comma 1 non si applicano allo straniero destinatario del provvedimento di respingimento ai sensi dell'articolo 10, comma 1 ovvero allo straniero identificato durante i controlli della polizia di frontiera, in uscita dal territorio nazionale.

3. Al procedimento penale per il reato di cui al comma 1 si applicano le disposizioni di cui agli articoli 20-bis, 20-ter e 32-bis del decreto legislativo 28 agosto 2000, n. 274.

4. Ai fini dell'esecuzione dell'espulsione dello straniero denunciato ai sensi del comma 1 non e' richiesto il rilascio del nulla osta di cui all'articolo 13, comma 3, da parte dell'autorita' giudiziaria competente all'accertamento del medesimo reato. Il questore comunica l'avvenuta esecuzione dell'espulsione ovvero del respingimento di cui all'articolo 10, comma 2, all'autorita' giudiziaria competente all'accertamento del reato.

5. Il giudice, acquisita la notizia dell'esecuzione dell'espulsione o del respingimento ai sensi dell'articolo 10, comma 2, pronuncia sentenza di non luogo a procedere. Se lo straniero rientra illegalmente nel territorio dello Stato prima del termine previsto dall'articolo 13, comma 14, si applica l'articolo 345 del codice di procedura penale.

6. Nel caso di presentazione di una domanda di protezione internazionale di cui al decreto legislativo 19 novembre 2007, **n.** 251, il procedimento e' sospeso. Acquisita la comunicazione del riconoscimento della protezione internazionale di cui al decreto legislativo 19 novembre 2007, n. 251, ovvero del rilascio del permesso di soggiorno nelle ipotesi *((di cui all'articolo 32, comma 3, del decreto legislativo 28 gennaio 2008, n. 25, nonche' nelle ipotesi di cui agli articoli 18, 18-bis, 20-bis, 22, comma 12-quater, 42-bis del presente testo unico e nelle ipotesi di cui all'articolo 10 della legge 7 aprile 2017, n. 47,))* il giudice pronuncia sentenza di non luogo a procedere.

Art. 10-ter (Disposizioni per l'identificazione dei cittadini stranieri rintracciati in posizione di irregolarita' sul territorio nazionale o soccorsi nel corso di operazioni di salvataggio in mare).

1. Lo straniero rintracciato in occasione dell'attraversamento irregolare della frontiera interna o esterna ovvero giunto nel territorio nazionale a seguito di operazioni di salvataggio in mare e' condotto per le esigenze di soccorso e di prima assistenza appositi punti di crisi allestiti nell'ambito delle strutture di cui al decreto-legge 30 ottobre 1995, n. 451, convertito, con modificazioni, dalla legge 29 dicembre 1995, n. 563, e delle strutture di cui all'articolo 9 del decreto legislativo 18 agosto 2015, n. 142. Presso i medesimi punti di crisi sono altresi' effettuate le operazioni di rilevamento fotodattiloscopico e segnaletico, anche ai fini di cui agli articoli 9 e 14 del regolamento UE n. 603/2013 del Parlamento europeo e del Consiglio del 26 giugno 2013 ed e' assicurata l'informazione sulla procedura di protezione internazionale, sul programma di ricollocazione in altri Stati membri dell'Unione europea e sulla possibilita' di ricorso al rimpatrio volontario assistito.

2. Le operazioni di rilevamento fotodattiloscopico e segnaletico sono eseguite, in adempimento degli obblighi di cui agli articoli 9 e 14 del regolamento UE n. 603/2013 del Parlamento europeo e del Consiglio del 26 giugno 2013, anche nei confronti degli stranieri rintracciati in posizione di irregolarita' sul territorio nazionale.

3. Il rifiuto reiterato dello straniero di sottoporsi ai rilievi di cui ai commi 1 e 2 configura rischio di fuga ai fini del trattenimento nei centri di cui all'articolo 14. Il trattenimento e' disposto caso per caso, con provvedimento del questore, e conserva la sua efficacia per una durata massima di trenta giorni dalla sua adozione, salvo che non cessino prima le esigenze per le quali e' stato disposto. Si applicano le disposizioni di cui al medesimo articolo 14, commi 2, 3 e 4. Se il trattenimento e' disposto nei confronti di un richiedente protezione internazionale, come definita dall'articolo 2, comma 1, lettera a), del decreto legislativo 19
novembre 2007, n. 251, e' competente alla convalida il Tribunale sede della sezione specializzata in materia di immigrazione, protezione internazionale e libera circolazione dei cittadini dell'Unione europea. *((Lo straniero e' tempestivamente informato dei diritti e delle facolta' derivanti dal procedimento di convalida del decreto di trattenimento in una lingua da lui conosciuta, ovvero, ove non sia possibile, in lingua francese, inglese o spagnola.))*
4. L'interessato e' informato delle conseguenze del rifiuto di sottoporsi ai rilievi di cui ai commi 1 e 2.

Art. 11 Potenziamento e coordinamento dei controlli di frontiera
(Legge 6 marzo 1998, n. 40, art. 9)

1. Il Ministro dell'interno e il Ministro degli affari esteri adottano il piano generale degli interventi per il potenziamento e il perfezionamento, anche attraverso l'automazione delle procedure, delle misure di controllo di rispettiva competenza, nell'ambito delle compatibilita' con i sistemi informativi di livello extranazionale previsti dagli accordi o convenzioni internazionali in vigore e delle disposizioni vigenti in materia di protezione dei dati personali.
1-bis. Il Ministro dell'interno, sentito, ove necessario, il Comitato nazionale per l'ordine e la sicurezza pubblica, emana le misure necessarie per il coordinamento unificato dei controlli sulla frontiera marittima e terrestre italiana. Il Ministro dell'interno promuove altresi' apposite misure di coordinamento tra le autorita' italiane competenti in materia di controlli sull'immigrazione e le autorita' europee competenti in materia di controlli sull'immigrazione ai sensi dell'Accordo di Schengen, ratificato ai sensi della legge 30 settembre 1993, n. 388.
1-ter.*((COMMA ABROGATO DAL D.L. 21 OTTOBRE 2020, N. 130)).*
2. Delle parti di piano che riguardano sistemi informativi automatizzati e dei relativi contratti e' data comunicazione all'Autorita' per l'informatica nella pubblica amministrazione.
3. Nell'ambito e in attuazione delle direttive adottate dal Ministro dell'interno, i prefetti delle province di confine terrestre e i prefetti dei capoluoghi delle regioni interessate alla frontiera marittima promuovono le misure occorrenti per il coordinamento dei controlli di frontiera e della vigilanza marittima e terrestre, d'intesa con i prefetti delle altre province interessate, sentiti i questori e i dirigenti delle zone di polizia di frontiera, nonche' le autorita' marittime e militari e i responsabili degli organi di polizia, di livello non inferiore a quello

provinciale, eventualmente interessati, e sovrintendono all'attuazione delle direttive emanate in materia.

4. Il Ministero degli affari esteri e il Ministero dell'interno promuovono le iniziative occorrenti, d'intesa con i Paesi interessati, al fine di accelerare l'espletamento degli accertamenti e il rilascio dei documenti eventualmente necessari per migliorare l'efficacia dei provvedimenti previsti dal presente testo unico, e per la reciproca collaborazione a fini di contrasto dell'immigrazione clandestina. A tale scopo, le intese di collaborazione possono prevedere la cessione a titolo gratuito alle autorita' dei Paesi interessati di beni mobili ed apparecchiature specificamente individuate, nei limiti delle compatibilita' funzionali e finanziarie definite dal Ministro dell'interno, di concerto con il Ministro del tesoro, del bilancio e della programmazione economica e, se si tratta di beni, apparecchiature o servizi accessori forniti da altre amministrazioni, con il Ministro competente.

5. Per le finalita' di cui al comma 4, il Ministro dell'interno predispone uno o piu' programmi pluriennali di interventi straordinari per l'acquisizione degli impianti e mezzi tecnici e logistici necessari, per acquistare o ripristinare i beni mobili e le apparecchiature in sostituzione di quelli ceduti ai Paesi interessati, ovvero per fornire l'assistenza e altri servizi accessori. Se si tratta di beni, apparecchiature o servizi forniti da altre amministrazioni, i programmi sono adottati di concerto con il Ministro competente.

5-bis. Il Ministero dell'interno, nell'ambito degli interventi di sostegno alle politiche preventive di contrasto all'immigrazione clandestina dei Paesi di accertata provenienza, contribuisce, per gli anni 2004 e 2005, alla realizzazione, nel territorio dei Paesi, interessati, di strutture, utili ai fini del contrasto di flussi irregolari di popolazione migratoria verso il territorio italiano.

6. Presso i valichi di frontiera sono previsti sevizi di accoglienza al fine di fornire informazioni e assistenza agli stranieri che intendano presentare domanda di asilo o fare ingresso in Italia per un soggiorno di durata superiore a tre mesi. Tali servizi sono messi a disposizione, ove possibile, all'interno della zona di transito.

Art. 12 Disposizioni contro le immigrazioni clandestine
(Legge 6 marzo 1998, n. 40, art. 10)

1. Salvo che il fatto costituisca piu' grave reato, chiunque, in violazione delle disposizioni del presente testo unico, promuove, dirige, organizza, finanzia o effettua il trasporto di stranieri nel territorio dello Stato ovvero compie altri atti diretti a procurarne illegalmente l'ingresso nel territorio dello Stato, ovvero di altro Stato del quale la persona non e' cittadina o non ha titolo di residenza permanente, e' punito con la reclusione da uno a cinque anni e con la multa di 15.000 euro per ogni persona.

2. Fermo restando quanto previsto dall'articolo 54 del codice penale, non costituiscono reato le attivita' di soccorso e assistenza umanitaria prestate in Italia nei confronti degli stranieri in condizioni di bisogno comunque presenti nel territorio dello Stato.

3. Salvo che il fatto costituisca piu' grave reato, chiunque, in violazione delle disposizioni del presente testo unico, promuove, dirige, organizza, finanzia o effettua il trasporto di stranieri nel territorio dello Stato ovvero compie altri atti diretti a procurarne illegalmente l'ingresso nel territorio dello Stato, ovvero di altro Stato del quale la persona non e' cittadina o non ha titolo di residenza permanente, e' punito con la reclusione da cinque a quindici anni e con la multa di 15.000 euro per ogni persona nel caso in cui:

a) il fatto riguarda l'ingresso o la permanenza illegale nel territorio dello Stato di cinque o piu' persone;

b) la persona trasportata e' stata esposta a pericolo per la sua vita o per la sua incolumita' per procurarne l'ingresso o la permanenza illegale;

c) la persona trasportata e' stata sottoposta a trattamento inumano o degradante per procurarne l'ingresso o la permanenza illegale;

d) il fatto e' commesso da tre o piu' persone in concorso tra loro o utilizzando servizi internazionali di trasporto ovvero documenti contraffatti o alterati o comunque illegalmente ottenuti;

e) gli autori del fatto hanno la disponibilita' di armi o materie esplodenti.

3-bis. Se i fatti di cui al comma 3 sono commessi ricorrendo due o piu' delle ipotesi di cui alle lettere a), b), c), d) ed e) del medesimo comma, la pena ivi prevista e' aumentata.

3-ter. La pena detentiva e' aumentata da un terzo alla meta' e si applica la multa di 25.000 euro per ogni persona se i fatti di cui ai commi 1 e 3:

a) sono commessi al fine di reclutare persone da destinare alla prostituzione o comunque allo sfruttamento sessuale o lavorativo ovvero riguardano l'ingresso di minori da impiegare in attivita' illecite al fine di favorirne lo sfruttamento;

b) sono commessi al fine di trarne profitto, anche indiretto.

3-quater. Le circostanze attenuanti, diverse da quelle previste dagli articoli 98 e 114 del codice penale, concorrenti con le aggravanti di cui ai commi 3-bis e 3-ter, non possono essere ritenute equivalenti o prevalenti rispetto a queste e le diminuzioni di pena si operano sulla quantita' di pena risultante dall'aumento conseguente alle predette aggravanti.

3-quinquies. Per i delitti previsti dai commi precedenti le pene sono diminuite fino alla meta' nei confronti dell'imputato che si adopera per evitare che l'attivita' delittuosa sia portata a conseguenze ulteriori, aiutando concretamente l'autorita' di polizia o l'autorita' giudiziaria nella raccolta di elementi di prova decisivi per la ricostruzione dei fatti, per l'individuazione o la cattura di uno o piu' autori di reati e per la sottrazione di risorse rilevanti alla consumazione dei delitti.

3-sexies. All'articolo 4-bis, comma 1, terzo periodo, della legge 26 luglio 1975, n. 354, e successive modificazioni, dopo le parole: "609-octies del codice penale" sono inserite le seguenti: "nonche' dall'articolo 12, commi 3, 3-bis e 3-ter, del testo unico di cui al decreto legislativo 25 luglio 1998, n. 286,".

3-septies. COMMA ABROGATO DALLA L. 16 MARZO 2006, N. 146

4. Nei casi previsti dai commi 1 e 3 e' obbligatorio l'arresto in flagranza.

4-bis. Quando sussistono gravi indizi di colpevolezza in ordine ai reati previsti dal comma 3, e' applicata la custodia cautelare in carcere, salvo che siano acquisiti elementi dai quali risulti che non sussistono esigenze cautelari. (41)
4-ter. Nei casi previsti dai commi 1 e 3 e' sempre disposta la confisca del mezzo di trasporto utilizzato per commettere il reato, anche nel caso di applicazione della pena su richiesta delle parti.
5. Fuori dei casi previsti dai commi precedenti, e salvo che il fatto non costituisca piu' grave reato, chiunque, al fine di trarre un ingiusto profitto dalla condizione di illegalita' dello straniero o nell'ambito delle attivita' punite a norma del presente articolo, favorisce la permanenza di questi nel territorio dello Stato in violazione delle norme del presente testo unico, e' punito con la reclusione fino a quattro anni e con la multa fino a lire trenta milioni. Quando il fatto e' commesso in concorso da due o piu' persone, ovvero riguarda la permanenza di cinque o piu' persone, la pena e' aumentata da un terzo alla meta'.
5-bis. Salvo che il fatto costituisca piu' grave reato, chiunque a titolo oneroso, al fine di trarre ingiusto profitto, da' alloggio ovvero cede, anche in locazione, un immobile ad uno straniero che sia privo di titolo di soggiorno al momento della stipula o del rinnovo del contratto di locazione, e' punito con la reclusione da sei mesi a tre anni. La condanna con provvedimento irrevocabile ovvero l'applicazione della pena su richiesta delle parti a norma dell'articolo 444 del codice di procedura penale, anche se e' stata concessa la sospensione condizionale della pena, comporta la confisca dell'immobile, salvo che appartenga a persona estranea al reato. Si osservano, in quanto applicabili, le disposizioni vigenti in materia di gestione e destinazione dei beni confiscati. Le somme di denaro ricavate dalla vendita, ove disposta, dei beni confiscati sono destinate al potenziamento delle attivita' di prevenzione e repressione dei reati in tema di immigrazione clandestina.
6. Il vettore aereo, marittimo o terrestre e' tenuto ad accertarsi che lo straniero trasportato sia in possesso dei documenti richiesti per l'ingresso nel territorio dello Stato, nonche' a riferire all'organo di polizia di frontiera dell'eventuale presenza a bordo dei rispettivi mezzi di trasporto di stranieri in posizione irregolare. In caso di inosservanza anche di uno solo degli obblighi di cui al presente comma, si applica la sanzione amministrativa del pagamento di una somma da euro 3.500 a euro 5.500 per ciascuno degli stranieri trasportati. Nei casi piu' gravi e' disposta la sospensione da uno a dodici mesi, ovvero la revoca della licenza, autorizzazione o concessione rilasciato dall'autorita' amministrativa italiana, inerenti all'attivita' professionale svolta e al mezzo di trasporto utilizzato. Si osservano le disposizioni di cui alla legge 24 novembre 1981, n. 689.
6-bis. COMMA ABROGATO DAL D.L. 21 OTTOBRE 2020, N. 130, CONVERTITO CON MODIFICAZIONI DALLA L. 18 DICEMBRE 2020, N. 173.
6-ter. COMMA ABROGATO DAL D.L. 21 OTTOBRE 2020, N. 130, CONVERTITO CON MODIFICAZIONI DALLA L. 18 DICEMBRE 2020, N. 173.

6-quater. COMMA ABROGATO DAL D.L. 21 OTTOBRE 2020, N. 130, CONVERTITO CON MODIFICAZIONI DALLA L. 18 DICEMBRE 2020, N. 173.

7. Nel corso di operazioni di polizia finalizzate al contrasto delle immigrazioni clandestine, disposte nell'ambito delle direttive di cui all'articolo 11, comma 3, gli ufficiali e agenti di pubblica sicurezza operanti nelle province di confine e nelle acque territoriali possono procedere al controllo e alle ispezioni dei mezzi di trasporto e delle cose trasportate, ancorche' soggetti a speciale regime doganale, quando, anche in relazione a specifiche circostanze di luogo e di tempo, sussistono fondati motivi di ritenere che possano essere utilizzati per uno dei reati previsti dal presente articolo. Dell'esito dei controlli e delle ispezioni e' redatto processo verbale in appositi moduli, che e' trasmesso entro quarantotto ore al procuratore della Repubblica il quale, se ne ricorrono i presupposti, lo convalida nelle successive quarantotto ore. Nelle medesime circostanze gli ufficiali di polizia giudiziaria possono altresi' procedere a perquisizioni, con l'osservanza delle disposizioni di cui all'articolo 352, commi 3 e 4, del codice di procedura penale.

8. I beni sequestrati nel corso di operazioni di polizia finalizzate alla prevenzione e repressione dei reati previsti dal presente articolo, sono affidati dall'autorita' giudiziaria procedente in custodia giudiziale, salvo che vi ostino esigenze processuali, agli organi di polizia che ne facciano richiesta per l'impiego in attivita' di polizia ovvero ad altri organi dello Stato o ad altri enti pubblici per finalita' di giustizia, di protezione civile o di tutela ambientale *((o a enti del Terzo settore, disciplinati dal codice del Terzo settore, di cui al decreto legislativo 3 luglio 2017, n. 117, che ne abbiano fatto espressamente richiesta per fini di interesse generale o per finalita' sociali o culturali, i quali provvedono con oneri a proprio carico allo smaltimento delle imbarcazioni eventualmente loro affidate, previa autorizzazione dell'autorita' giudiziaria competente. Fino all'operativita' del Registro unico nazionale del Terzo settore, istituito dall'articolo 45 del citato codice di cui al decreto legislativo n. 117 del 2017, si considerano enti del Terzo settore gli enti di cui all'articolo 104, comma 1, del medesimo codice)).* I mezzi di trasporto non possono essere in alcun caso alienati. Si applicano, in quanto compatibili, le disposizioni dell'articolo 100, commi 2 e 3, del testo unico delle leggi in materia di disciplina degli stupefacenti e sostanze psicotrope, approvato con decreto del Presidente della Repubblica 9 ottobre 1990, n. 309.

8-bis. Nel caso che non siano state presentate istanze di affidamento per mezzi di trasporto sequestrati, si applicano le disposizioni dell'articolo 301-bis, comma 3, del testo unico delle disposizioni legislative in materia doganale, di cui al decreto del Presidente della Repubblica 23 gennaio 1973, n. 43, e successive modificazioni.

8-ter. La distruzione puo' essere direttamente disposta dal Presidente del Consiglio dei Ministri o dalla autorita' da lui delegata, previo nullaosta dell'autorita' giudiziaria procedente.

8-quater. Con il provvedimento che dispone la distruzione ai sensi del comma 8-ter sono altresi' fissate le modalita' di esecuzione.

8-quinquies. I beni acquisiti dallo Stato a seguito di provvedimento definitivo di confisca sono, a richiesta, assegnati *((in via prioritaria))* all'amministrazione o trasferiti all'ente *((o, in subordine, agli enti del Terzo settore di cui al comma 8))* che ne abbiano avuto l'uso ai sensi del comma 8 ovvero sono alienati o distrutti. *((Resta fermo che gli enti del Terzo settore di cui al comma 8 provvedono con oneri a proprio carico allo smaltimento delle imbarcazioni eventualmente loro trasferite, previa autorizzazione dell'autorita' giudiziaria competente))*. I mezzi di trasporto non assegnati, o trasferiti per le finalita' di cui al comma 8, sono comunque distrutti. Si osservano, in quanto applicabili, le disposizioni vigenti in materia di gestione e destinazione dei beni confiscati. Ai fini della determinazione dell'eventuale indennita', si applica il comma 5 dell'articolo 301-bis del citato testo unico di cui al decreto del Presidente della Repubblica 23 gennaio 1973, **n.** 43, e successive modificazioni.

9. Le somme di denaro confiscate a seguito di condanna per uno dei reati previsti dal presente articolo, nonche' le somme di denaro ricavate dalla vendita, ove disposta, dei beni confiscati, sono destinate al potenziamento delle attivita' di prevenzione e repressione dei medesimi reati, anche a livello internazionale mediante interventi finalizzati alla collaborazione e alla assistenza tecnico-operativa con le forze di polizia dei Paesi interessati. A tal fine, le somme affluiscono ad apposito capitolo dell'entrata del bilancio dello Stato per essere assegnate, sulla base di specifiche richieste, ai pertinenti capitoli dello stato di previsione del Ministero dell'interno, rubrica "Sicurezza pubblica".

9-bis. La nave italiana in servizio di polizia, che incontri nel mare territoriale o nella zona contigua, una nave, di cui si ha fondato motivo di ritenere che sia adibita o coinvolta nel trasporto illecito di migranti, puo' fermarla, sottoporla ad ispezione e, se vengono rinvenuti elementi che confermino il coinvolgimento della nave in un traffico di migranti, sequestrarla conducendo la stessa in un porto dello Stato.

9-ter. Le navi della Marina militare, ferme restando le competenze istituzionali in materia di difesa nazionale, possono essere utilizzate per concorrere alle attivita' di cui al comma 9-bis.

9-quater. I poteri di cui al comma 9-bis possono essere esercitati al di fuori delle acque territoriali, oltre che da parte delle navi della Marina militare, anche da parte delle navi in servizio di polizia, nei limiti consentiti dalla legge, dal diritto internazionale o da accordi bilaterali o multilaterali, se la nave batte la bandiera nazionale o anche quella di altro Stato, ovvero si tratti di una nave senza bandiera o con bandiera di convenienza.

9-quinquies. Le modalita' di intervento delle navi della Marina militare nonche' quelle di raccordo con le attivita' svolte dalle altre unita' navali in servizio di polizia sono definite con decreto interministeriale dei Ministri dell'interno, della difesa, dell'economia e delle finanze e delle infrastrutture e dei trasporti.

9-sexies. Le disposizioni di cui ai commi 9-bis e 9-quater si applicano, in quanto compatibili, anche per i controlli concernenti il traffico aereo.

9-septies. Il Dipartimento della pubblica sicurezza del Ministero dell'interno assicura, nell'ambito delle attivita' di contrasto dell'immigrazione irregolare, la gestione e il monitoraggio, con modalita' informatiche, dei procedimenti amministrativi riguardanti le posizioni di ingresso e soggiorno irregolare anche attraverso il Sistema Informativo Automatizzato. A tal fine sono predisposte le necessarie interconnessioni con il Centro elaborazione dati interforze di cui all'articolo 8 della legge 1° aprile 1981, n. 121, con il Sistema informativo Schengen di cui al regolamento CE 1987/2006 del 20 dicembre 2006 nonche' con il Sistema Automatizzato di Identificazione delle Impronte ed e' assicurato il tempestivo scambio di informazioni con il Sistema gestione accoglienza del Dipartimento per le liberta' civili e l'immigrazione del medesimo Ministero dell'interno.

AGGIORNAMENTO (41)
La Corte Costituzionale, con sentenza 12 - 16 dicembre 2011, n. 331 (in G.U. 1a s.s. 21/12/2011, n. 53) ha dichiarato "l'illegittimita' costituzionale dell'art. 12, comma 4-bis, del decreto legislativo 25 luglio 1998, n. 286 (Testo unico delle disposizioni concernenti la disciplina dell'immigrazione e norme sulla condizione dello straniero), aggiunto dall'art. 1, comma 26, lettera f), della legge 15 luglio 2009, n. 94 (Disposizioni in materia di sicurezza pubblica), nella parte in cui - nel prevedere che, quando sussistono gravi indizi di colpevolezza in ordine ai reati previsti dal comma 3 del medesimo articolo, e' applicata la custodia cautelare in carcere, salvo che siano acquisiti elementi dai quali risulti che non sussistono esigenze cautelari - non fa salva, altresi', l'ipotesi in cui siano acquisiti elementi specifici, in relazione al caso concreto, dai quali risulti che le esigenze cautelari possono essere soddisfatte con altre misure".

Art. 13
Espulsione amministrativa
(Legge 6 marzo 1998, n. 40, art. 11)

1. Per motivi di ordine pubblico o di sicurezza dello Stato, il Ministro dell'interno puo' disporre l'espulsione dello straniero anche non residente nel territorio dello Stato, dandone preventiva notizia al Presidente del Consiglio dei ministri e al Ministro degli affari esteri.
2. L'espulsione e' disposta dal prefetto, caso per caso, quando lo straniero:
a) e' entrato nel territorio dello Stato sottraendosi ai controlli di frontiera e non e' stato respinto ai sensi dell'articolo 10;
b) si e' trattenuto nel territorio dello Stato in assenza della comunicazione di cui all'articolo 27, comma 1-bis, o senza avere richiesto il permesso di soggiorno nel termine prescritto, salvo che il ritardo sia dipeso da forza maggiore, ovvero quando il permesso di soggiorno e' stato revocato o annullato o rifiutato ovvero e' scaduto da piu' di sessanta giorni e non ne e' stato chiesto il rinnovo ovvero se lo straniero si e' trattenuto sul territorio dello Stato in violazione dell'articolo 1, comma 3, della legge 28 maggio 2007, **n.** 68; (76)
c) appartiene a taluna delle categorie indicate negli articoli 1, 4 e 16, del decreto legislativo 6 settembre 2011, n. 159.

2-bis. Nell'adottare il provvedimento di espulsione ai sensi del comma 2, lettere a) e b), nei confronti dello straniero che ha esercitato il diritto al ricongiungimento familiare ovvero del familiare ricongiunto, ai sensi dell'articolo 29, si tiene anche conto della natura e della effettivita' dei vincoli familiari dell'interessato, della durata del suo soggiorno nel territorio nazionale nonche' dell'esistenza di legami familiari, culturali o sociali con il suo Paese d'origine.

2-ter. L'espulsione non e' disposta, ne' eseguita coattivamente qualora il provvedimento sia stato gia' adottato, nei confronti dello straniero identificato in uscita dal territorio nazionale durante i controlli di polizia alle frontiere esterne.

3. L'espulsione e' disposta in ogni caso con decreto motivato immediatamente esecutivo, anche se sottoposto a gravame o impugnativa da parte dell'interessato. Quando lo straniero e' sottoposto a procedimento penale e non si trova in stato di custodia cautelare in carcere, il questore, prima di eseguire l'espulsione, richiede il nulla osta all'autorita' giudiziaria, che puo' negarlo solo in presenza di inderogabili esigenze processuali valutate in relazione all'accertamento della responsabilita' di eventuali concorrenti nel reato o imputati in procedimenti per reati connessi, e all'interesse della persona offesa. In tal caso l'esecuzione del provvedimento e' sospesa fino a quando l'autorita' giudiziaria comunica la cessazione delle esigenze processuali. Il questore, ottenuto il nulla osta, provvede all'espulsione con le modalita' di cui al comma 4. Il nulla osta si intende concesso qualora l'autorita' giudiziaria non provveda entro sette giorni dalla data di ricevimento della richiesta. In attesa della decisione sulla richiesta di nulla osta, il questore puo' adottare la misura del trattenimento presso un centro di permanenza temporanea, ai sensi dell'articolo 14. (14a)

3-bis. Nel caso di arresto in flagranza o di fermo, il giudice rilascia il nulla osta all'atto della convalida, salvo che applichi la misura della custodia cautelare in carcere ai sensi dell'articolo 391, comma 5, del codice di procedura penale, o che ricorra una delle ragioni per le quali il nulla osta puo' essere negato ai sensi del comma 3.

3-ter. Le disposizioni di cui al comma 3 si applicano anche allo straniero sottoposto a procedimento penale, dopo che sia stata revocata o dichiarata estinta per qualsiasi ragione la misura della custodia cautelare in carcere applicata nei suoi confronti. Il giudice, con lo stesso provvedimento con il quale revoca o dichiara l'estinzione della misura, decide sul rilascio del nulla osta all'esecuzione dell'espulsione. Il provvedimento e' immediatamente comunicato al questore.

3-quater. Nei casi previsti dai commi 3, 3-bis e 3-ter, il giudice, acquisita la prova dell'avvenuta espulsione, se non e' ancora stato emesso il provvedimento che dispone il giudizio, pronuncia sentenza di non luogo a procedere. E' sempre disposta la confisca delle cose indicate nel secondo comma dell'articolo 240 del codice penale. Si applicano le disposizioni di cui ai commi 13, 13-bis, 13-ter e 14. (74)

3-quinquies. Se lo straniero espulso rientra illegalmente nel territorio dello Stato prima del termine previsto dal comma 14 ovvero, se di durata superiore, prima del termine di prescrizione del reato piu' grave per il quale si era proceduto nei suoi confronti, si applica l'articolo 345 del codice di procedura penale. Se lo straniero era stato scarcerato per decorrenza dei termini di durata massima della custodia cautelare, quest'ultima e' ripristinata a norma dell'articolo 307 del codice di procedura penale.

3-sexies. COMMA ABROGATO DAL D.L. 27 LUGLIO 2005, N. 144, CONVERTITO CON MODIFICAZIONI DALLA L. 31 LUGLIO 2005, N. 155.

3-septies. Nei confronti dello straniero sottoposto alle pene della permanenza domiciliare o del lavoro di pubblica utilita' per i reati di cui all'articolo 10-bis o all'articolo 14, commi 5-ter e 5-quater, l'espulsione prevista dal presente articolo e' eseguita in ogni caso e i giorni residui di permanenza domiciliare o di lavoro di pubblica utilita' non eseguiti si convertono nella corrispondente pena pecuniaria secondo i criteri di ragguaglio indicati nei commi 2 e 6 dell'articolo 55 del decreto legislativo 28 agosto 2000, n. 274.

4. L'espulsione e' eseguita dal questore con accompagnamento alla frontiera a mezzo della forza pubblica:

a) nelle ipotesi di cui ai commi 1 e 2, lettera c), del presente articolo ovvero all'articolo 3, comma 1, del decreto-legge 27 luglio 2005, n. 144, convertito, con modificazioni, dalla legge 31 luglio 2005, n. 155;

b) quando sussiste il rischio di fuga, di cui al comma 4-bis;

c) quando la domanda di permesso di soggiorno e' stata respinta in quanto manifestamente infondata o fraudolenta;

d) qualora, senza un giustificato motivo, lo straniero non abbia osservato il termine concesso per la partenza volontaria, di cui al comma 5;

e) quando lo straniero abbia violato anche una delle misure di cui al comma 5.2 e di cui all'articolo 14, comma 1-bis;

f) nelle ipotesi di cui agli articoli 15 e 16 e nelle altre ipotesi in cui sia stata disposta l'espulsione dello straniero come sanzione penale o come conseguenza di una sanzione penale;

g) nell'ipotesi di cui al comma 5.1.

4-bis. Si configura il rischio di fuga di cui al comma 4, lettera b), qualora ricorra almeno una delle seguenti circostanze da cui il prefetto accerti, caso per caso, il pericolo che lo straniero possa sottrarsi alla volontaria esecuzione del provvedimento di espulsione:

a) mancato possesso del passaporto o di altro documento equipollente, in corso di validita';

b) mancanza di idonea documentazione atta a dimostrare la disponibilita' di un alloggio ove possa essere agevolmente rintracciato;

c) avere in precedenza dichiarato o attestato falsamente le proprie generalita';

d) non avere ottemperato ad uno dei provvedimenti emessi dalla competente autorita', in applicazione dei commi 5 e 13, nonche' dell'articolo 14;

e) avere violato anche una delle misure di cui al comma 5.2.

5. Lo straniero, destinatario di un provvedimento d'espulsione, qualora non ricorrano le condizioni per l'accompagnamento immediato alla frontiera di cui al comma 4, puo' chiedere al prefetto, ai fini dell'esecuzione dell'espulsione, la concessione di un periodo per la partenza volontaria, anche attraverso

programmi di rimpatrio volontario ed assistito, di cui all'articolo 14-ter. Il prefetto, valutato il singolo caso, con lo stesso provvedimento di espulsione, intima lo straniero a lasciare volontariamente il territorio nazionale, entro un termine compreso tra 7 e 30 giorni. Tale termine puo' essere prorogato, ove necessario, per un periodo congruo, commisurato alle circostanze specifiche del caso individuale, quali la durata del soggiorno nel territorio nazionale, l'esistenza di minori che frequentano la scuola ovvero di altri legami familiari e sociali, nonche' l'ammissione a programmi di rimpatrio volontario ed assistito, di cui all'articolo 14-ter. La questura, acquisita la prova dell'avvenuto rimpatrio dello straniero,avvisa l'autorita' giudiziaria competente per l'accertamento del reato previsto dall'articolo 10-bis, ai fini di cui al comma 5 del medesimo articolo. Le disposizioni del presente comma non si applicano, comunque, allo straniero destinatario di un provvedimento di respingimento, di cui all'articolo 10.

5.1. Ai fini dell'applicazione del comma 5, la questura provvede a dare adeguata informazione allo straniero della facolta' di richiedere un termine per la partenza volontaria, mediante schede informative plurilingue. In caso di mancata richiesta del termine, l'espulsione e' eseguita ai sensi del comma 4.

5.2. Laddove sia concesso un termine per la partenza volontaria, il questore chiede allo straniero di dimostrare la disponibilita' di risorse economiche sufficienti derivanti da fonti lecite, per un importo proporzionato al termine concesso, compreso tra una e tre mensilita' dell'assegno sociale annuo. Il questore dispone, altresi', una o piu' delle seguenti misure: a) consegna del passaporto o altro documento equipollente in corso di validita', da restituire al momento della partenza; b) obbligo di dimora in un luogo preventivamente individuato, dove possa essere agevolmente rintracciato; c) obbligo di presentazione, in giorni ed orari stabiliti, presso un ufficio della forza pubblica territorialmente competente. Le misure di cui al secondo periodo sono adottate con provvedimento motivato, che ha effetto dalla notifica all'interessato, disposta ai sensi dell'articolo 3, commi 3 e 4 del regolamento, recante l'avviso che lo stesso ha facolta' di presentare personalmente o a mezzo di difensore memorie o deduzioni al giudice della convalida. Il provvedimento e' comunicato entro 48 ore dalla notifica al giudice di pace competente per territorio. Il giudice, se ne ricorrono i presupposti, dispone con decreto la convalida nelle successive 48 ore. Le misure, su istanza dell'interessato, sentito il questore, possono essere modificate o revocate dal giudice di pace.

Il contravventore anche solo ad una delle predette misure e' punito con la multa da 3.000 a 18.000 euro. In tale ipotesi, ai fini dell'espulsione dello straniero, non e' richiesto il rilascio del nulla osta di cui al comma 3 da parte dell'autorita' giudiziaria competente all'accertamento del reato. Il questore esegue l'espulsione, disposta ai sensi del comma 4, anche mediante le modalita' previste all'articolo 14.

5-bis. Nei casi previsti al comma 4 il questore comunica immediatamente e, comunque, entro quarantotto ore dalla sua adozione, al giudice di pace territorialmente competente il provvedimento con il quale e' disposto l'accompagnamento alla frontiera. L'esecuzione del provvedimento del questore di allontanamento dal territorio nazionale e' sospesa fino alla decisione sulla convalida. L'udienza per la convalida si svolge in camera di consiglio con la partecipazione necessaria di un difensore tempestivamente avvertito. L'interessato e' anch'esso tempestivamente informato e condotto nel luogo in cui il giudice tiene l'udienza. Lo straniero e' ammesso all'assistenza legale da parte di un difensore di fiducia munito di procura speciale. Lo straniero e' altresi' ammesso al gratuito patrocinio a spese dello Stato, e, qualora sia sprovvisto di un difensore, e' assistito da un difensore designato dal giudice nell'ambito dei soggetti iscritti nella tabella di cui all'articolo 29 delle norme di attuazione, di coordinamento e transitorie del codice di procedura penale, di cui al decreto legislativo 28 luglio 1989, n. 271, nonche', ove necessario, da un interprete. L'autorita' che ha adottato il provvedimento puo' stare in giudizio personalmente anche avvalendosi di funzionari appositamente delegati. Il giudice provvede alla convalida, con decreto motivato, entro le quarantotto ore successive, verificata l'osservanza dei termini, la sussistenza dei requisiti previsti dal presente articolo e sentito l'interessato, se comparso. In attesa della definizione del procedimento di convalida, lo straniero espulso e' trattenuto in uno dei centri di identificazione ed espulsione, di cui all'articolo 14, salvo che il procedimento possa essere definito nel luogo in cui e' stato adottato il provvedimento di allontanamento anche prima del trasferimento in uno dei centri disponibili, ovvero salvo nel caso in cui non vi sia disponibilita' di posti nei Centri di cui all'articolo 14 ubicati nel circondario del Tribunale competente. In tale ultima ipotesi il giudice di pace, su richiesta del questore, con il decreto di fissazione dell'udienza di convalida, puo' autorizzare la temporanea permanenza dello straniero, sino alla definizione del procedimento di convalida in strutture diverse e idonee nella disponibilita' dell'Autorita' di pubblica sicurezza. Qualora le condizioni di cui al periodo precedente permangono anche dopo l'udienza di convalida, il giudice puo' autorizzare la permanenza, in locali idonei presso l'ufficio di frontiera interessato, sino all'esecuzione dell'effettivo allontanamento e comunque non oltre le quarantotto ore successive all'udienza di convalida. Le strutture ed i locali di cui ai periodi precedenti garantiscono condizioni di trattenimento che assicurino il rispetto della dignita' della persona. *((Si applicano le disposizioni di cui all'articolo 14, comma 2.))* Quando la convalida e' concessa, il provvedimento di accompagnamento alla frontiera diventa esecutivo. Se la convalida non e' concessa ovvero non e' osservato il termine per la decisione, il provvedimento del questore perde ogni effetto. Avverso il decreto di convalida e' proponibile ricorso per cassazione. Il relativo ricorso non sospende l'esecuzione dell'allontanamento dal territorio nazionale. Il termine di quarantotto ore entro il quale il giudice di pace deve provvedere alla convalida decorre dal momento della comunicazione del provvedimento alla cancelleria. (37)

5-ter. Al fine di assicurare la tempestivita' del procedimento di convalida dei provvedimenti di cui ai commi 4 e 5, ed all'articolo 14, comma 1, le questure forniscono al giudice di pace, nei limiti delle risorse disponibili, il supporto occorrente e la disponibilita' di un locale idoneo.

6. COMMA ABROGATO DALLA L. 30 LUGLIO 2002, N. 189.

7. Il decreto di espulsione e il provvedimento di cui al comma 1

dell'articolo 14, nonche' ogni altro atto concernente l'ingresso, il soggiorno e l'espulsione, sono comunicati all'interessato unitamente all'indicazione delle modalita' di impugnazione e ad una traduzione in una lingua da lui conosciuta, ovvero, ove non sia possibile, in lingua francese, inglese o spagnola.

8. Avverso il decreto di espulsione puo' essere presentato ricorso all'autorita' giudiziaria ordinaria. Le controversie di cui al presente comma sono disciplinate dall'articolo 18 del decreto legislativo 1° settembre 2011, n. 150. (37)

9. COMMA ABROGATO DALLA L. 30 LUGLIO 2002, N. 189.

10. COMMA ABROGATO DALLA L. 30 LUGLIO 2002, N. 189.

11. Contro il decreto ministeriale di cui al comma 1 la tutela giurisdizionale davanti al giudice amministrativo e' disciplinata dal codice del processo amministrativo.

12. Fatto salvo quanto previsto dall'articolo 19, lo straniero espulso e' rinviato allo Stato di appartenenza, ovvero, quando cio' non sia possibile, allo Stato di provenienza.

13. Lo straniero destinatario di un provvedimento di espulsione non puo' rientrare nel territorio dello Stato senza una speciale autorizzazione del Ministro dell'interno. In caso di trasgressione lo straniero e' punito con la reclusione da uno a quattro anni ed e' nuovamente espulso con accompagnamento immediato alla frontiera. La disposizione di cui al primo periodo del presente comma non si applica nei confronti dello straniero gia' espulso ai sensi dell'articolo 13, comma 2, lettere a) e b), per il quale e' stato autorizzato il ricongiungimento, ai sensi dell'articolo 29.

13-bis. Nel caso di espulsione disposta dal giudice, il trasgressore del divieto di reingresso e' punito con la reclusione da uno a quattro anni. Allo straniero che, gia' denunciato per il reato di cui al comma 13 ed espulso, abbia fatto reingresso sul territorio nazionale si applica la pena della reclusione da uno a cinque anni. (14)

13-ter. Per i reati previsti dai commi 13 e 13-bis e' obbligatorio l'arresto dell'autore del fatto anche fuori dei casi di flagranza e si procede con rito direttissimo.

14. Il divieto di cui al comma 13 opera per un periodo non inferiore a tre anni e non superiore a cinque anni, la cui durata e' determinata tenendo conto di tutte le circostanze pertinenti il singolo caso. Nei casi di espulsione disposta ai sensi dei commi 1 e 2, lettera c), del presente articolo ovvero ai sensi dell'articolo 3, comma 1, del decreto-legge 27 luglio 2005, n. 144, convertito, con modificazioni, dalla legge 31 luglio 2005, n. 155, puo' essere previsto un termine superiore a cinque anni, la cui durata e' determinata tenendo conto di tutte le circostanze pertinenti il singolo caso. Per i provvedimenti di espulsione di cui al comma 5, il divieto previsto al comma 13 decorre dalla scadenza del termine assegnato e puo' essere revocato, su istanza dell'interessato, a condizione che fornisca la prova di avere lasciato il territorio nazionale entro il termine di cui al comma 5.

14-bis. Il divieto di cui al comma 13 e' registrato dall'autorita' di pubblica sicurezza e inserito nel sistema di informazione Schengen, di cui al regolamento (CE) n. 1987/2006 del Parlamento europeo e del Consiglio del 20 dicembre 2006 e comporta il divieto di ingresso e soggiorno nel territorio degli Stati membri della Unione europea, nonche' degli Stati non membri cui si applica l'acquis di Schengen.

14-ter. In presenza di accordi o intese bilaterali con altri Stati membri dell'Unione europea entrati in vigore in data anteriore al 13
gennaio 2009, lo straniero che si trova nelle condizioni di cui al comma 2 puo' essere rinviato verso tali Stati.

15. Le disposizioni di cui al comma 5 non si applicano allo straniero che dimostri sulla base di elementi obiettivi di essere giunto nel territorio dello Stato prima della data di entrata in vigore della legge 6 marzo 1998, n. 40. In tal caso, il questore puo' adottare la misura di cui all'articolo 14, comma 1.

16. L'onere derivante dal comma 10 del presente articolo e' valutato in lire 4 miliardi per l'anno 1997 e in lire 8 miliardi annui a decorrere dall'anno 1998.

AGGIORNAMENTO (9)
La Corte costituzionale, con sentenza 8-15 luglio 2004, n. 222 (in G.U. 1a s.s. 21/7/2004, n. 28) ha dichiarato l'illegittimita' costituzionale del comma 5-bis del presente articolo "nella parte in cui non prevede che il giudizio di convalida debba svolgersi in contraddittorio prima dell'esecuzione del provvedimento di accompagnamento alla frontiera, con le garanzie della difesa".

AGGIORNAMENTO (14)
La Corte costituzionale, con sentenza 14-28 dicembre 2005, n. 466
(in G.U. 1a s.s. 4/1/2006, n. 1) ha dichiarato l'illegittimita' costituzionale del comma 13-bis, secondo periodo del presente articolo.

AGGIORNAMENTO (14a)
Il D.Lgs. 6 febbraio 2007, n. 30, come modificato dal D.Lgs. 28
febbraio 2008, n. 32, ha disposto (con l'art. 20-bis, comma 2) che "Il nulla osta di cui all'articolo 13, comma 3, del decreto legislativo 25 luglio 1998, n. 286, si intende concesso qualora l'autorita' giudiziaria non provveda entro quarantotto ore dalla data di ricevimento della richiesta".

AGGIORNAMENTO (24)
La Corte costituzionale, con sentenza 9-16 luglio 2008, n. 278 (in G.U. 1a s.s. 23/7/2008, n. 31) ha dichiarato l'illegittimita' costituzionale del comma 8 del presente articolo "nella parte in cui non consente l'utilizzo del servizio postale per la proposizione diretta, da parte dello straniero, del ricorso avverso il decreto prefettizio di espulsione, quando sia stata accertata l'identita' del ricorrente in applicazione della normativa vigente".

AGGIORNAMENTO (37)
Il D.Lgs. 1 settembre 2011, n. 150 ha disposto (con l'art. 36, comma 1) che "Le norme del presente decreto si applicano ai procedimenti instaurati successivamente alla data di entrata in vigore dello stesso."

Ha inoltre disposto (con l'art. 36, comma 2) che "Le norme abrogate o modificate dal presente decreto continuano ad applicarsi alle controversie pendenti alla data di entrata in vigore dello stesso".

AGGIORNAMENTO (74)

La Corte Costituzionale, con sentenza 6 novembre - 13 dicembre 2019, n. 270 (in G.U. 1ª s.s. 18/12/2019, n. 51) ha dichiarato "l'illegittimita' costituzionale dell'art. 13, comma 3-quater, del decreto legislativo 25 luglio 1998, n. 286 (Testo unico delle disposizioni concernenti la disciplina dell'immigrazione e norme sulla condizione dello straniero), nella parte in cui non prevede che, nei casi di decreto di citazione diretta a giudizio ai sensi dell'art. 550 del codice di procedura penale, il giudice possa rilevare, anche d'ufficio, che l'espulsione dell'imputato straniero e' stata eseguita prima che sia stato emesso il provvedimento che dispone il giudizio e che ricorrono tutte le condizioni per pronunciare sentenza di non luogo a procedere".

AGGIORNAMENTO (76)

L'aggiornamento in calce, precedentemente disposto dall'art. 9, comma 1, lettera b) del D.L. 2 marzo 2020, n. 9, e' stato eliminato;
la modifica ha perso efficacia per effetto dell'abrogazione del D.L.
medesimo ad opera della L. 24 aprile 2020, n. 27, la quale ne ha contestualmente fatti salvi gli effetti.

Art. 13-bis **((ARTICOLO ABROGATO DAL D.LGS. 1 SETTEMBRE 2011, N. 150)) ((37))**

AGGIORNAMENTO (37)

Il D.Lgs. 1 settembre 2011, n. 150 ha disposto (con l'art. 36, comma 1) che "Le norme del presente decreto si applicano ai procedimenti instaurati successivamente alla data di entrata in vigore dello stesso."
Ha inoltre disposto (con l'art. 36, comma 2) che "Le norme abrogate o modificate dal presente decreto continuano ad applicarsi alle controversie pendenti alla data di entrata in vigore dello stesso."

Art. 14 Esecuzione dell'espulsione
(Legge 6 marzo 1998, n. 40, art. 12)

1. Quando non e' possibile eseguire con immediatezza l'espulsione mediante accompagnamento alla frontiera o il respingimento, a causa di situazioni transitorie che ostacolano la preparazione del rimpatrio o l'effettuazione dell'allontanamento, il questore dispone che lo straniero sia trattenuto per il tempo strettamente necessario presso il centro di permanenza per i rimpatri piu' vicino, tra quelli individuati o costituiti con decreto del Ministro dell'interno, di concerto con il Ministro dell'economia e delle finanze. A tal fine effettua richiesta di assegnazione del posto alla Direzione centrale dell'immigrazione e

della polizia delle frontiere del Dipartimento della pubblica sicurezza del Ministero dell'interno, di cui all'articolo 35 della legge 30 luglio 2002, n. 189. Tra le situazioni che legittimano il trattenimento rientrano, oltre a quelle indicate all'articolo 13, comma 4-bis, anche quelle riconducibili alla necessita' di prestare soccorso allo straniero o di effettuare accertamenti supplementari in ordine alla sua identita' o nazionalita' ovvero di acquisire i documenti per il viaggio o la disponibilita' di un mezzo di trasporto idoneo.

1.1. Il trattenimento dello straniero di cui non e' possibile eseguire con immediatezza l'espulsione o il respingimento alla frontiera e' disposto con priorita' per coloro che siano considerati una minaccia per l'ordine e la sicurezza pubblica o che siano stati condannati, anche con sentenza non definitiva, per i reati di cui all'articolo 4, comma 3, terzo periodo, e all'articolo 5, comma 5-bis, nonche' per coloro che siano cittadini di Paesi terzi con i quali sono vigenti accordi di cooperazione o altre intese in materia di rimpatrio, o che provengano da essi.

1-bis. Nei casi in cui lo straniero e' in possesso di passaporto o altro documento equipollente in corso di validita' e l'espulsione non e' stata disposta ai sensi dell'articolo 13, commi 1 e 2, lettera c), del presente testo unico o ai sensi dell'articolo 3, comma 1, del decreto-legge 27 luglio 2005, n. 144, convertito, con modificazioni, dalla legge 31 luglio 2005, n. 155, il questore, in luogo del trattenimento di cui al comma 1, puo' disporre una o piu' delle seguenti misure: a) consegna del passaporto o altro documento equipollente in corso di validita', da restituire al momento della partenza; b) obbligo di dimora in un luogo preventivamente individuato, dove possa essere agevolmente rintracciato; c) obbligo di presentazione, in giorni ed orari stabiliti, presso un ufficio della forza pubblica territorialmente competente. Le misure di cui al primo periodo sono adottate con provvedimento motivato, che ha effetto dalla notifica all'interessato, disposta ai sensi dell'articolo 3, commi 3 e 4 del regolamento, recante l'avviso che lo stesso ha facolta' di presentare personalmente o a mezzo di difensore memorie o deduzioni al giudice della convalida. Il provvedimento e' comunicato entro 48 ore dalla notifica al giudice di pace competente per territorio. Il giudice, se ne ricorrono i presupposti, dispone con decreto la convalida nelle successive 48 ore. Le misure, su istanza dell'interessato, sentito il questore, possono essere modificate o revocate dal giudice di pace. Il contravventore anche solo ad una delle predette misure e' punito con la multa da 3.000 a 18.000 euro. In tale ipotesi, ai fini dell'espulsione dello straniero non e' richiesto il rilascio del nulla osta di cui all'articolo 13, comma 3, da parte dell'autorita' giudiziaria competente all'accertamento del reato. Qualora non sia possibile l'accompagnamento immediato alla frontiera, con le modalita' di cui all'articolo 13, comma 3, il questore provvede ai sensi dei commi 1 o 5-bis del presente articolo.

2. Lo straniero e' trattenuto nel centro, presso cui sono assicurati adeguati standard igienico-sanitari e abitativi, con modalita' tali da assicurare la necessaria informazione relativa al suo status, l'assistenza e il pieno rispetto della sua dignita', secondo quanto disposto dall'articolo 21, comma 8, del decreto del Presidente della Repubblica 31 agosto 1999, n. 394. Oltre a quanto

previsto dall'articolo 2, comma 6, e' assicurata in ogni caso la liberta' di corrispondenza anche telefonica con l'esterno.

((2-bis.)) Lo straniero trattenuto puo' rivolgere istanze o reclami orali o scritti, anche in busta chiusa, al *((Garante nazionale))* e ai garanti regionali o locali dei diritti delle persone *((...))* private della liberta' personale.

3. Il questore del luogo in cui si trova il centro trasmette copia degli atti al giudice di pace territorialmente competente, per la convalida , senza ritardo e comunque entro le quarantotto ore dall'adozione del provvedimento.

4. L'udienza per la convalida si svolge in camera di consiglio con la partecipazione necessaria di un difensore tempestivamente avvertito. L'interessato e' anch'esso tempestivamente informato e condotto nel luogo in cui il giudice tiene l'udienza. Lo straniero e' ammesso all'assistenza legale da parte di un difensore di fiducia munito di procura speciale. Lo straniero e' altresi' ammesso al gratuito patrocinio a spese dello Stato, e, qualora sia sprovvisto di un difensore, e' assistito da un difensore designato dal giudice nell'ambito dei soggetti iscritti nella tabella di cui all'articolo 29 delle norme di attuazione, di coordinamento e transitorie del codice di procedura penale, di cui al decreto legislativo 28 luglio 1989, n. 271, nonche', ove necessario, da un interprete. L'autorita' che ha adottato il provvedimento puo' stare in giudizio personalmente anche avvalendosi di funzionari appositamente delegati. Il giudice provvede alla convalida, con decreto motivato, entro le quarantotto ore successive, verificata l'osservanza dei termini, la sussistenza dei requisiti previsti dall'articolo 13 e dal presente articolo, escluso il requisito della vicinanza del centro di permanenza per i rimpatri di cui al comma 1, e sentito l'interessato, se comparso. Il provvedimento cessa di avere ogni effetto qualora non sia osservato il termine per la decisione. La convalida puo' essere disposta anche in occasione della convalida del decreto di accompagnamento alla frontiera, nonche' in sede di esame del ricorso avverso il provvedimento di espulsione. (37)

5. La convalida comporta la permanenza nel centro per un periodo di complessivi trenta giorni. Qualora l'accertamento dell'identita' e della nazionalita' ovvero l'acquisizione di documenti per il viaggio presenti gravi difficolta', il giudice, su richiesta del questore, puo' prorogare il termine di ulteriori trenta giorni. Anche prima di tale termine, il questore esegue l'espulsione o il respingimento, dandone comunicazione senza ritardo al giudice. Trascorso tale termine, il questore puo' chiedere al giudice di pace una o piu' proroghe qualora siano emersi elementi concreti che consentano di ritenere probabile l'identificazione ovvero sia necessario al fine di organizzare le operazioni di rimpatrio. In ogni caso il periodo massimo di trattenimento dello straniero all'interno del centro di permanenza per i rimpatri non puo' essere superiore a novanta giorni ed e' prorogabile per altri trenta giorni qualora lo straniero sia cittadino di un Paese con cui l'Italia abbia sottoscritto accordi in materia di rimpatri. Lo straniero che sia gia' stato trattenuto presso le strutture carcerarie per un periodo pari a quello di novanta giorni indicato al periodo precedente, puo' essere trattenuto presso il centro per un periodo massimo di trenta giorni *((, prorogabile))* per altri trenta giorni qualora lo straniero sia

cittadino di un Paese con cui l'Italia abbia sottoscritto accordi in materia di rimpatri. Tale termine e' prorogabile di ulteriori 15

giorni, previa convalida da parte del giudice di pace, nei casi di particolare complessita' delle procedure di identificazione e di organizzazione del rimpatrio. Nei confronti dello straniero a qualsiasi titolo detenuto, la direzione della struttura penitenziaria richiede al questore del luogo le informazioni sull'identita' e sulla nazionalita' dello stesso. Nei medesimi casi il questore avvia la procedura di identificazione interessando le competenti autorita' diplomatiche. Ai soli fini dell'identificazione, l'autorita' giudiziaria, su richiesta del questore, dispone la traduzione del detenuto presso il piu' vicino posto di polizia per il tempo strettamente necessario al compimento di tali operazioni. A tal fine il Ministro dell'interno e il Ministro della giustizia adottano i necessari strumenti di coordinamento.

5-bis. Allo scopo di porre fine al soggiorno illegale dello straniero e di adottare le misure necessarie per eseguire immediatamente il provvedimento di espulsione o di respingimento, il questore ordina allo straniero di lasciare il territorio dello Stato entro il termine di sette giorni, qualora non sia stato possibile trattenerlo in un centro di permanenza per i rimpatri, ovvero la permanenza presso tale struttura non ne abbia consentito l'allontanamento dal territorio nazionale, ovvero dalle circostanze concrete non emerga piu' alcuna prospettiva ragionevole che l'allontanamento possa essere eseguito e che lo straniero possa essere riaccolto dallo Stato di origine o di provenienza. L'ordine e' dato con provvedimento scritto, recante l'indicazione, in caso di violazione, delle conseguenze sanzionatorie. L'ordine del questore puo' essere accompagnato dalla consegna all'interessato, anche su sua richiesta, della documentazione necessaria per raggiungere gli uffici della rappresentanza diplomatica del suo Paese in Italia, anche se onoraria, nonche' per rientrare nello Stato di appartenenza ovvero, quando cio' non sia possibile, nello Stato di provenienza, compreso il titolo di viaggio.

5-ter. La violazione dell'ordine di cui al comma 5-bis e' punita, salvo che sussista il giustificato motivo, con la multa da 10.000 a 20.000 euro, in caso di respingimento o espulsione disposta ai sensi dell'articolo 13, comma 4, o se lo straniero, ammesso ai programmi di rimpatrio volontario ed assistito, di cui all'articolo 14-ter, vi si sia sottratto. Si applica la multa da 6.000 a 15.000 euro se l'espulsione e' stata disposta in base all'articolo 13, comma 5.

Valutato il singolo caso e tenuto conto dell'articolo 13, commi 4 e 5, salvo che lo straniero si trovi in stato di detenzione in carcere, si procede all'adozione di un nuovo provvedimento di espulsione per violazione all'ordine di allontanamento adottato dal questore ai sensi del comma 5-bis del presente articolo. Qualora non sia possibile procedere all'accompagnamento alla frontiera, si applicano le disposizioni di cui ai commi 1 e 5-bis del presente articolo, nonche', ricorrendone i presupposti, quelle di cui all'articolo 13, comma 3.

5-quater. La violazione dell'ordine disposto ai sensi del comma 5-ter, terzo periodo, e' punita, salvo giustificato motivo, con la multa da 15.000 a 30.000 euro. Si applicano, in ogni caso, le disposizioni di cui al comma 5-ter, quarto periodo.

5-quater.1. Nella valutazione della condotta tenuta dallo straniero destinatario dell'ordine del questore, di cui ai commi 5-ter e 5-quater, il giudice accerta anche l'eventuale consegna all'interessato della documentazione di cui al comma 5-bis, la cooperazione resa dallo stesso ai fini dell'esecuzione del provvedimento di allontanamento, in particolare attraverso l'esibizione d'idonea documentazione.

5-quinquies. Al procedimento penale per i reati di cui agli articoli 5-ter e 5-quater si applicano le disposizioni di cui agli articoli 20-bis, 20-ter e 32-bis, del decreto legislativo 28 agosto 2000, n. 274.

5-sexies. Ai fini dell'esecuzione dell'espulsione dello straniero denunciato ai sensi dei commi 5-ter e 5-quater, non e' richiesto il rilascio del nulla osta di cui all'articolo 13, comma 3, da parte dell'autorita' giudiziaria competente all'accertamento del medesimo reato. Il questore comunica l'avvenuta esecuzione dell'espulsione all'autorita' giudiziaria competente all'accertamento del reato.

5-septies. Il giudice, acquisita la notizia dell'esecuzione dell'espulsione, pronuncia sentenza di non luogo a procedere. Se lo straniero rientra illegalmente nel territorio dello Stato prima del termine previsto dall'articolo 13, comma 14, si applica l'articolo 345 del codice di procedura penale.

6. Contro i decreti di convalida e di proroga di cui al comma 5 e' proponibile ricorso per cassazione. Il relativo ricorso non sospende l'esecuzione della misura.

7. Il questore, avvalendosi della forza pubblica, adotta efficaci misure di vigilanza affinche' lo straniero non si allontani indebitamente dal centro e provvede , nel caso la misura sia violata, a ripristinare il trattenimento mediante l'adozione di un nuovo provvedimento di trattenimento. Il periodo di trattenimento disposto dal nuovo provvedimento e' computato nel termine massimo per il trattenimento indicato dal comma 5.

7-bis. Nei casi di delitti commessi con violenza alle persone o alle cose in occasione o a causa del trattenimento in uno dei centri di cui al presente articolo o durante la permanenza in una delle strutture di cui all'articolo 10-ter, per i quali e' obbligatorio o facoltativo l'arresto ai sensi degli articoli 380 e 381 del codice di procedura penale, quando non e' possibile procedere immediatamente all'arresto per ragioni di sicurezza o incolumita' pubblica, si considera in stato di flagranza ai sensi dell'articolo 382 del codice di procedura penale colui il quale, anche sulla base di documentazione video o fotografica, ((risulta essere autore)) del fatto e l'arresto e' consentito entro quarantotto ore dal fatto.

7-ter. Per i delitti indicati nel comma 7-bis si procede sempre con giudizio direttissimo, salvo che siano necessarie speciali indagini.

8. Ai fini dell'accompagnamento anche collettivo alla frontiera, possono essere stipulate convenzioni con soggetti che esercitano trasporti di linea o con organismi anche internazionali che svolgono attivita' di assistenza per stranieri.

9. Oltre a quanto previsto dal regolamento di attuazione e dalle norme in materia di giurisdizione, il Ministro dell'interno adotta i provvedimenti occorrenti per l'esecuzione di quanto disposto dal presente articolo, anche mediante convenzioni con altre amministrazioni dello Stato, con gli enti locali, con i proprietari o concessionari di aree, strutture e altre installazioni, nonche'

per la fornitura di beni e servizi. Eventuali deroghe alle disposizioni vigenti in materia finanziaria e di contabilita' sono adottate di concerto con il Ministro del tesoro del bilancio e della programmazione economica. Il Ministro dell'interno promuove inoltre le intese occorrenti per gli interventi di competenza di altri Ministri.

AGGIORNAMENTO (11)
La Corte Costituzionale, con sentenza 8-15 luglio 2004, n. 223 (in G.U. la s.s. 21/7/2004, n. 28) ha dichiarato l'illegittimita' costituzionale del comma 5-quinquies del presente articolo, nella parte in cui stabilisce che per il reato previsto dal comma 5-ter del medesimo articolo e' obbligatorio l'arresto dell'autore del fatto.

AGGIORNAMENTO (35)
La Corte Costituzionale, con sentenza 13-17 dicembre 2010, n. 359
(in G.U. la s.s. 22/12/2010, n. 51) ha dichiarato l'illegittimita' costituzionale del comma 5-quater del presente articolo, "nella parte in cui non dispone che l'inottemperanza all'ordine di allontanamento, secondo quanto gia' previsto per la condotta di cui al precedente comma 5-ter, sia punita nel solo caso che abbia luogo "senza giustificato motivo"".

AGGIORNAMENTO (37)
Il D.Lgs. 1 settembre 2011, n. 150 ha disposto (con l'art. 36, comma 1) che "Le norme del presente decreto si applicano ai procedimenti instaurati successivamente alla data di entrata in vigore dello stesso."
Ha inoltre disposto (con l'art. 36, comma 2) che "Le norme abrogate o modificate dal presente decreto continuano ad applicarsi alle controversie pendenti alla data di entrata in vigore dello stesso."

Art. 14-bis
(((Fondo rimpatri).))

((1. E' istituito, presso il Ministero dell'interno, un Fondo rimpatri finalizzato a finanziare le spese per il rimpatrio degli stranieri verso i Paesi di origine ovvero di provenienza.
2. Nel Fondo di cui al comma 1 confluiscono la meta' del gettito conseguito attraverso la riscossione del contributo di cui all'articolo 5, comma 2-ter, nonche' i contributi eventualmente disposti dall'Unione europea per le finalita' del Fondo medesimo. La quota residua del gettito del contributo di cui all'articolo 5, comma 2-ter, e' assegnata allo stato di previsione del Ministero dell'interno, per gli oneri connessi alle attivita' istruttorie inerenti al rilascio e al rinnovo del permesso di soggiorno)).
Art. 14-ter.
(((Programmi di rimpatrio assistito).

1. Il Ministero dell'interno, nei limiti delle risorse di cui al comma 7, attua, anche in collaborazione con le organizzazioni internazionali o intergovernative esperte nel settore dei rimpatri, con gli enti locali e con associazioni attive nell'assistenza agli immigrati, programmi di rimpatrio volontario ed assistito verso il Paese di origine o di provenienza di cittadini di Paesi terzi, salvo quanto previsto al comma 3.

2. Con decreto del Ministro dell'interno sono definite le linee guida per la realizzazione dei programmi di rimpatrio volontario ed assistito, fissando criteri di priorita' che tengano conto innanzitutto delle condizioni di vulnerabilita' dello straniero di cui all'articolo 19, comma 2-bis, nonche' i criteri per l'individuazione delle organizzazioni, degli enti e delle associazioni di cui al comma 1 del presente articolo.

3. Nel caso in cui lo straniero irregolarmente presente nel territorio e' ammesso ai programmi di rimpatrio di cui al comma 1, la prefettura del luogo ove egli si trova ne da' comunicazione, senza ritardo, alla competente questura, anche in via telematica. Fatto salvo quanto previsto al comma 6, e' sospesa l'esecuzione dei provvedimenti emessi ai sensi degli articoli 10, comma 2, 13, comma 2 e 14, comma 5-bis. E' sospesa l'efficacia delle misure eventualmente adottate dal questore ai sensi degli articoli 13, comma 5.2, e 14, comma 1-bis. La questura, dopo avere ricevuto dalla prefettura la comunicazione, anche in via telematica, dell'avvenuto rimpatrio dello straniero, avvisa l'autorita' giudiziaria competente per l'accertamento del reato previsto dall'articolo 10-bis, ai fini di cui al comma 5 del medesimo articolo.

4. Nei confronti dello straniero che si sottrae al programma di rimpatrio, i provvedimenti di cui al comma 3 sono eseguiti dal questore con l'accompagnamento immediato alla frontiera, ai sensi dell'articolo 13, comma 4, anche con le modalita' previste dall'articolo 14.

5. Le disposizioni del presente articolo non si applicano agli stranieri che:
a) hanno gia' beneficiato dei programmi di cui al comma 1;
b) si trovano nelle condizioni di cui all'articolo 13, comma 4, lettere a), d) e f) ovvero nelle condizioni di cui all'articolo 13, comma 4-bis, lettere d) ed e);
c) siano destinatari di un provvedimento di espulsione come sanzione penale o come conseguenza di una sanzione penale ovvero di un provvedimento di estradizione o di un mandato di arresto europeo o di un mandato di arresto da parte della Corte penale intenazionale.

6. Gli stranieri ammessi ai programmi di rimpatrio di cui al comma 1 trattenuti nei Centri di identificazione ed espulsione rimangono nel Centro fino alla partenza, nei limiti della durata massima prevista dall'articolo 14, comma 5.

7. Al finanziamento dei programmi di rimpatrio volontario assistito di cui al comma 1 si provvede nei limiti :
a) delle risorse disponibili del Fondo rimpatri, di cui all'articolo 14-bis, individuate annualmente con decreto del Ministro dell'interno;
b) delle risorse disponibili dei fondi europei destinati a tale scopo, secondo le relative modalita' di gestione.))
((38))

AGGIORNAMENTO (38)

Il D.L. 23 giugno 2011, n. 89, convertito con modificazioni dalla L. 2 agosto 2011, n. 129, ha disposto (con l'art. 3, comma 2) che "Il decreto del Ministro dell'interno di cui al comma 2 dell'articolo 14-ter del decreto legislativo 25 luglio 1998, n. 286, introdotto dal comma 1, lettera e), e' adottato entro sessanta giorni dalla data di entrata in vigore della legge di conversione del presente decreto".

Art. 15   *((Espulsione a titolo di misura di sicurezza e disposizioni per l'esecuzione dell'espulsione))*

1. Fuori dei casi previsti dal codice penale, il giudice puo' ordinare l'espulsione dello straniero che sia condannato per taluno dei delitti previsti dagli articoli 380 e 381 del codice di procedura penale, sempre che risulti socialmente pericoloso.
((1-bis. Della emissione del provvedimento di custodia cautelare o della definitiva sentenza di condanna ad una pena detentiva nei confronti di uno straniero proveniente da Paesi extracomunitari viene data tempestiva comunicazione al questore ed alla competente autorita' consolare al fine di avviare la procedura di identificazione dello straniero e consentire, in presenza dei requisiti di legge, l'esecuzione della espulsione subito dopo la cessazione del periodo di custodia cautelare o di detenzione)).

Art. 16   (Espulsione a titolo di sanzione sostitutiva o alternativa alla detenzione)

1. Il giudice, nel pronunciare sentenza di condanna per un reato non colposo o nell'applicare la pena su richiesta ai sensi dell'articolo 444 del codice di procedura penale nei confronti dello straniero che si trovi in taluna delle situazioni indicate nell'articolo 13, comma 2, quando ritiene di dovere irrogare la pena detentiva entro il limite di due anni e non ricorrono le condizioni per ordinare la sospensione condizionale della pena ai sensi dell'articolo 163 del codice penale ovvero nel pronunciare sentenza di condanna per il reato di cui all'articolo 10-bis, qualora non ricorrano le cause ostative indicate nell'articolo 14, comma 1, del presente testo unico, che impediscono l'esecuzione immediata dell'espulsione con accompagnamento alla frontiera a mezzo della forza pubblica, puo' sostituire la medesima pena con la misura dell'espulsione. Le disposizioni di cui al presente comma si applicano, in caso di sentenza di condanna, ai reati di cui all'articolo 14, commi 5-ter e 5-quater.
1-bis. In caso di sentenza di condanna per i reati di cui all'articolo 10-bis o all'articolo 14, commi 5-ter e 5-quater, la misura dell'espulsione di cui al comma 1 puo' essere disposta per la durata stabilita dall'articolo 13, comma 14. Negli altri casi di cui al comma 1, la misura dell'espulsione puo' essere disposta per un periodo non inferiore a cinque anni.

2. L'espulsione di cui al comma 1 e' eseguita dal questore anche se la sentenza non e' irrevocabile, secondo le modalita' di cui all'articolo 13, comma 4.

3. L'espulsione di cui al comma 1 non puo' essere disposta nei casi in cui la condanna riguardi uno o piu' delitti previsti dall'articolo 407, comma 2, lettera a), del codice di procedura penale, ovvero i delitti previsti dal presente testo unico, puniti con pena edittale superiore nel massimo a due anni.

4. Se lo straniero espulso a norma del comma 1 rientra illegalmente nel territorio dello Stato prima del termine previsto dall'articolo 13, comma 14, la sanzione sostitutiva e' revocata dal giudice competente.

5. Nei confronti dello straniero, identificato, detenuto, che si trova in taluna delle situazioni indicate nell'articolo 13, comma 2, che deve scontare una pena detentiva, anche residua, non superiore a due anni, e' disposta l'espulsione. Essa non puo' essere disposta nei casi di condanna per i delitti previsti dall'articolo 12, commi 1, 3, 3-bis e 3-ter, del presente testo unico, ovvero per uno o piu' delitti previsti dall'articolo 407, comma 2, lettera a) del codice di procedura penale, fatta eccezione per quelli consumati o tentati di cui agli articoli 628, terzo comma e 629, secondo comma, del codice penale. In caso di concorso di reati o di unificazione di pene concorrenti, l'espulsione e' disposta anche quando sia stata espiata la parte di pena relativa alla condanna per reati che non la consentono.

5-bis. Nei casi di cui al comma 5, all'atto dell'ingresso in carcere di un cittadino straniero, la direzione dell'istituto penitenziario richiede al questore del luogo le informazioni sulla identita' e nazionalita' dello stesso. Nei medesimi casi, il questore avvia la procedura di identificazione interessando le competenti autorita' diplomatiche e procede all'eventuale espulsione dei cittadini stranieri identificati. A tal fine, il Ministro della giustizia ed il Ministro dell'interno adottano i necessari strumenti di coordinamento.

5-ter. Le informazioni sulla identita' e nazionalita' del detenuto straniero sono inserite nella cartella personale dello stesso prevista dall'articolo 26 del decreto del Presidente della Repubblica 30 giugno 2000, n. 230.

6. Salvo che il questore comunichi che non e' stato possibile procedere all'identificazione dello straniero, la direzione dell'istituto penitenziario trasmette gli atti utili per l'adozione del provvedimento di espulsione al magistrato di sorveglianza competente in relazione al luogo di detenzione del condannato. Il magistrato decide con decreto motivato, senza formalita'. Il decreto e' comunicato al pubblico ministero, allo straniero e al suo difensore, i quali, entro il termine di dieci giorni, possono proporre opposizione dinanzi al tribunale di sorveglianza. Se lo straniero non e' assistito da un difensore di fiducia, il magistrato provvede alla nomina di un difensore d'ufficio. Il tribunale decide nel termine di 20 giorni.

7. L'esecuzione del decreto di espulsione di cui al comma 6 e' sospesa fino alla decorrenza dei termini di impugnazione o della decisione del tribunale di sorveglianza e, comunque, lo stato di detenzione permane fino a quando non siano stati acquisiti i necessari documenti di viaggio. L'espulsione e' eseguita dal questore competente per il luogo di detenzione dello straniero con la modalita' dell'accompagnamento alla frontiera a mezzo della forza pubblica.

8. La pena e' estinta alla scadenza del termine di dieci anni dall'esecuzione dell'espulsione di cui al comma 5, sempre che lo straniero non sia rientrato illegittimamente nel territorio dello Stato. In tale caso, lo stato di detenzione e' ripristinato e riprende l'esecuzione della pena.

9. L'espulsione a titolo di sanzione sostitutiva o alternativa alla detenzione non si applica ai casi di cui all'articolo 19.

((9-bis. Nei casi di cui ai commi 1 e 5, quando non e' possibile effettuare il rimpatrio dello straniero per cause di forza maggiore, l'autorita' giudiziaria dispone il ripristino dello stato di detenzione per il tempo strettamente necessario all'esecuzione del provvedimento di espulsione.))

Art. 17 Diritto di difesa (Legge 6 marzo 1998, n. 40, art. 15)

1. Lo straniero *((parte offesa ovvero))* sottoposto a procedimento penale e' autorizzato a rientrare in Italia per il tempo strettamente necessario per l'esercizio del diritto di difesa, al solo fine di partecipare al giudizio o al compimento di atti per i quali e' necessaria la sua presenza. L'autorizzazione e' rilasciata dal questore anche per il tramite di una rappresentanza diplomatica o consolare su documentata richiesta *((della parte offesa o))* dell'imputato o del difensore.

TITOLO II - DISPOSIZIONI SULL'INGRESSO, IL SOGGIORNO E L'ALLONTANAMENTO - DAL TERRITORIO DELLO STATO

CAPO III - DISPOSIZIONI DI CARATTERE UMANITARIO -

Art. 18
Soggiorno per motivi di protezione sociale
(Legge 6 marzo 1998, n. 40, art. 16)

1. Quando, nel corso di operazioni di polizia, di indagini o di un procedimento per taluno dei delitti di cui all'articolo 3 della legge 20 febbraio 1958, n. 75, o di quelli previsti dall'articolo 380 del codice di procedura penale, ovvero nel corso di interventi assistenziali dei servizi sociali degli enti locali, siano accertate situazioni di violenza o di grave sfruttamento nei confronti di uno straniero ed emergano concreti pericoli per la sua incolumita', per effetto dei tentativi di sottrarsi ai condizionamenti di un'associazione dedita ad uno dei predetti delitti o delle dichiarazioni rese nel corso delle indagini preliminari o del giudizio, il questore, anche su proposta del Procuratore della Repubblica, o con il parere favorevole della stessa autorita', rilascia uno speciale permesso di soggiorno per consentire allo straniero di sottrarsi alla violenza e ai condizionamenti

dell'organizzazione criminale e di partecipare ad un programma di assistenza ed integrazione sociale.

2. Con la proposta o il parere di cui al comma 1, sono comunicati al questore gli elementi da cui risulti la sussistenza delle condizioni ivi indicate, con particolare riferimento alla gravita' ed attualita' del pericolo ed alla rilevanza del contributo offerto dallo straniero per l'efficace contrasto dell'organizzazione criminale, ovvero per la individuazione o cattura dei responsabili dei delitti indicati nello stesso comma. Le modalita' di partecipazione al programma di assistenza ed integrazione sociale sono comunicate al Sindaco.

3. Con il regolamento di attuazione sono stabilite le disposizioni occorrenti per l'affidamento della realizzazione del programma a soggetti diversi da quelli istituzionalmente preposti ai servizi sociali dell'ente locale, e per l'espletamento dei relativi controlli. Con lo stesso regolamento sono individuati i requisiti idonei a garantire la competenza e la capacita' di favorire l'assistenza e l'integrazione sociale, nonche' la disponibilita' di adeguate strutture organizzative dei soggetti predetti.

3-bis. Per gli stranieri e per i cittadini di cui al comma 6-bis del presente articolo, vittime dei reati previsti dagli articoli 600 e 601 del codice penale, o che versano nelle ipotesi di cui al comma 1 del presente articolo si applica, sulla base del Piano nazionale d'azione contro la tratta e il grave sfruttamento degli esseri umani, di cui all'articolo 13, comma 2-bis, della legge 11 agosto 2003, n. 228, un programma unico di emersione, assistenza e integrazione sociale che garantisce, in via transitoria, adeguate condizioni di alloggio, di vitto e di assistenza sanitaria, ai sensi dell'articolo 13 della legge n. 228 del 2003 e, successivamente, la prosecuzione dell'assistenza e l'integrazione sociale, ai sensi del comma 1 di cui al presente articolo. Con decreto del Presidente del Consiglio dei ministri, di concerto con il Ministro dell'interno, il Ministro del lavoro e delle politiche sociali e il Ministro della salute, da adottarsi entro sei mesi dalla data di entrata in vigore della presente disposizione, previa intesa con la Conferenza Unificata, e' definito il programma di emersione, assistenza e di protezione sociale di cui al presente comma e le relative modalita' di attuazione e finanziamento.

4. Il permesso di soggiorno rilasciato a norma del presente articolo ((reca la *dicitura casi speciali,))* ha la durata di sei mesi e puo' essere rinnovato per un anno, o per il maggior periodo occorrente per motivi di giustizia. Esso e' revocato in caso di interruzione del programma o di condotta incompatibile con le finalita' dello stesso, segnalate dal procuratore della Repubblica o, per quanto di competenza, dal servizio sociale dell'ente locale, o comunque accertate dal questore, ovvero quando vengono meno le altre condizioni che ne hanno giustificato il rilascio.

5. Il permesso di soggiorno previsto dal presente articolo consente l'accesso ai servizi assistenziali e allo studio, nonche' l'iscrizione nelle liste di collocamento e lo svolgimento di lavoro subordinato, fatti salvi i requisiti minimi di eta'. Qualora, alla scadenza del permesso di soggiorno, l'interessato risulti avere in corso un rapporto di lavoro, il permesso puo' essere ulteriormente prorogato o rinnovato per la durata del rapporto medesimo o, se questo e' a tempo indeterminato, con le modalita' stabilite per tale motivo di soggiorno. Il

permesso di soggiorno previsto dal presente articolo puo' essere altresi' convertito in permesso di soggiorno per motivi di studio qualora il titolare sia iscritto ad un corso regolare di studi.

6. Il permesso di soggiorno previsto dal presente articolo puo' essere altresi' rilasciato, all'atto delle dimissioni dall'istituto di pena, anche su proposta del procuratore della Repubblica o del giudice di sorveglianza presso il tribunale per i minorenni, allo straniero che ha terminato l'espiazione di una pena detentiva, inflitta per reati commessi durante la minore eta', e ha dato prova concreta di partecipazione a un programma di assistenza e integrazione sociale.

6-bis. Le disposizioni del presente articolo si applicano, in quanto compatibili, anche ai cittadini di Stati membri dell'Unione europea che si trovano in una situazione di gravita' ed attualita' di pericolo.

7. L'onere derivante dal presente articolo e' valutato in lire 5 miliardi per l'anno 1997 e in lire 10 miliardi annui a decorrere dall'anno 1998.

Art. 18-bis
(Permesso di soggiorno per le vittime di violenza domestica)

1. Quando, nel corso di operazioni di polizia, di indagini o di un procedimento per taluno dei delitti previsti dagli articoli 572, 582, 583, 583-bis, 605, 609-bis e 612-bis del codice penale o per uno dei delitti previsti dall'articolo 380 del codice di procedura penale, commessi sul territorio nazionale in ambito di violenza domestica, siano accertate situazioni di violenza o abuso nei confronti di uno straniero ed emerga un concreto ed attuale pericolo per la sua incolumita', come conseguenza della scelta di sottrarsi alla medesima violenza o per effetto delle dichiarazioni rese nel corso delle indagini preliminari o del giudizio, il questore, con il parere favorevole dell'autorita' giudiziaria procedente ovvero su proposta di quest'ultima, rilascia un permesso di soggiorno *((...))* per consentire alla vittima di sottrarsi alla violenza. Ai fini del presente articolo, si intendono per violenza domestica uno o piu' atti, gravi ovvero non episodici, di violenza fisica, sessuale, psicologica o economica che si verificano all'interno della famiglia o del nucleo familiare o tra persone legate, attualmente o in passato, da un vincolo di matrimonio o da una relazione affettiva, indipendentemente dal fatto che l'autore di tali atti condivida o abbia condiviso la stessa residenza con la vittima.

((1-bis. Il permesso di soggiorno rilasciato a norma del presente articolo reca la dicitura "casi speciali", ha la durata di un anno e consente l'accesso ai servizi assistenziali e allo studio nonche' l'iscrizione nell'elenco anagrafico previsto dall'articolo 4 del regolamento di cui al decreto del Presidente della Repubblica 7
luglio 2000, n. 442, o lo svolgimento di lavoro subordinato e autonomo, fatti salvi i requisiti minimi di eta'. Alla scadenza, il permesso di soggiorno di cui al presente articolo puo' essere convertito in permesso di soggiorno per motivi di lavoro subordinato o autonomo, secondo le modalita' stabilite per tale permesso di soggiorno ovvero in permesso di soggiorno per motivi di studio qualora il titolare sia iscritto ad un corso regolare di studi.))

2. Con la proposta o il parere di cui al comma 1, sono comunicati al questore gli elementi da cui risulti la sussistenza delle condizioni ivi indicate, con particolare riferimento alla gravita' ed attualita' del pericolo per l'incolumita' personale.

3. Il medesimo permesso di soggiorno puo' essere rilasciato dal questore quando le situazioni di violenza o abuso emergano nel corso di interventi assistenziali dei centri antiviolenza, dei servizi sociali territoriali o dei servizi sociali specializzati nell'assistenza delle vittime di violenza. In tal caso la sussistenza degli elementi e delle condizioni di cui al comma 2 e' valutata dal questore sulla base della relazione redatta dai medesimi servizi sociali. Ai fini del rilascio del permesso di soggiorno e' comunque richiesto il parere dell'autorita' giudiziaria competente ai sensi del comma 1.

4. Il permesso di soggiorno di cui ai commi 1 e 3 e' revocato in caso di condotta incompatibile con le finalita' dello stesso, segnalata dal procuratore della Repubblica o, per quanto di competenza, dai servizi sociali di cui al coma 3, o comunque accertata dal questore, ovvero quando vengono meno le condizioni che ne hanno giustificato il rilascio.

4-bis. Nei confronti dello straniero condannato, anche con sentenza non definitiva, compresa quella adottata a seguito di applicazione della pena su richiesta ai sensi dell'articolo 444 del codice di procedura penale, per uno dei delitti di cui al comma 1 del presente articolo, commessi in ambito di violenza domestica, possono essere disposte la revoca del permesso di soggiorno e l'espulsione ai sensi dell'articolo 13 del presente testo unico.

5. Le disposizioni del presente articolo si applicano, in quanto compatibili, anche ai cittadini di Stati membri dell'Unione europea e ai loro familiari.

Art. 19
(Divieti di espulsione e di respingimento.
Disposizioni in materia di categorie vulnerabili.)
(Legge 6 marzo 1998, n. 40, art. 17)

1. In nessun caso puo' disporsi l'espulsione o il respingimento verso uno Stato in cui lo straniero possa essere oggetto di persecuzione per motivi di razza, di sesso, *((di orientamento sessuale, di identita' di genere,))* di lingua, di cittadinanza, di religione, di opinioni politiche, di condizioni personali o sociali, ovvero possa rischiare di essere rinviato verso un altro Stato nel quale non sia protetto dalla persecuzione. *((80))*

1.1. Non sono ammessi il respingimento o l'espulsione o l'estradizione di una persona verso uno Stato qualora esistano fondati motivi di ritenere che essa rischi di essere sottoposta a tortura o a trattamenti inumani o degradanti *((o qualora ricorrano gli obblighi di cui all'articolo 5, comma 6))*. Nella valutazione di tali motivi si tiene conto anche dell'esistenza, in tale Stato, di violazioni sistematiche e gravi di diritti umani. Non sono altresi' ammessi il respingimento o l'espulsione di una persona verso uno Stato qualora esistano fondati motivi di ritenere che l'allontanamento dal territorio nazionale comporti una violazione del diritto al rispetto della *((sua))* vita privata e familiare, a meno che esso *((sia necessario per ragioni di sicurezza nazionale, di ordine e sicurezza pubblica nonche' di protezione della salute nel rispetto della Convenzione relativa allo statuto dei rifugiati, firmata a Ginevra il 28 luglio 1951, resa esecutiva dalla legge 24* luglio *1954, n. 722, e della Carta dei diritti fondamentali dell'Unione europea))*. Ai fini della valutazione del rischio di violazione di cui al periodo precedente, si tiene conto della natura e della effettivita' dei vincoli familiari dell'interessato, del suo effettivo inserimento sociale in Italia, della durata del suo soggiorno nel territorio nazionale nonche' dell'esistenza di legami familiari, culturali o sociali con il suo Paese d'origine. *((80))*

1.2. Nelle ipotesi di rigetto della domanda di protezione internazionale, ove ricorrano i requisiti di cui ai commi 1 e 1.1., la Commissione territoriale trasmette gli atti al Questore per il rilascio di un permesso di soggiorno per protezione speciale. Nel caso in cui sia presentata una domanda di rilascio di un permesso di soggiorno, ove ricorrano i requisiti di cui ai commi 1 e 1.1, il Questore, previo parere della Commissione territoriale per il riconoscimento della protezione internazionale, rilascia un permesso di soggiorno per protezione speciale. (80)

1-bis. In nessun caso puo' disporsi il respingimento alla frontiera di minori stranieri non accompagnati.

2. Non e' consentita l'espulsione, salvo che nei casi previsti dall'articolo 13, comma 1, nei confronti:

a) degli stranieri minori di anni diciotto, salvo il diritto a seguire il genitore o l'affidatario espulsi;

b) degli stranieri in possesso della carta di soggiorno, salvo il disposto dell'articolo 9;

c) degli stranieri conviventi con parenti entro il secondo grado o con il coniuge, di nazionalita' italiana;

d) delle donne in stato di gravidanza o nei sei mesi successivi alla nascita del figlio cui provvedono. (2A)

d-bis) degli stranieri che versano in *((gravi condizioni psicofisiche o derivanti da gravi patologie))*, accertate mediante idonea documentazione rilasciata da una struttura sanitaria pubblica o da un medico convenzionato con il Servizio sanitario nazionale, tali da determinare un rilevante pregiudizio alla salute degli stessi, in caso di rientro nel Paese di origine o di provenienza. In tali ipotesi, il questore rilascia un permesso di soggiorno per cure mediche, per il tempo attestato dalla certificazione sanitaria, comunque non superiore ad un anno, rinnovabile finche' persistono le condizioni *((di cui al periodo precedente))* debitamente certificate, valido solo nel territorio nazionale *((e convertibile in permesso di soggiorno per motivi di lavoro))*. *((80))*

2-bis. Il respingimento o l'esecuzione dell'espulsione di persone affette da disabilita', degli anziani, dei minori, dei componenti di famiglie monoparentali con figli minori nonche' dei minori, ovvero delle vittime di gravi violenze psicologiche, fisiche o sessuali sono effettuate con modalita' compatibili con le singole situazioni personali, debitamente accertate.

AGGIORNAMENTO (2A)

La Corte costituzionale, con sentenza 12 - 27 luglio 2000, n. 376 (in G.U. 1a s.s. 2/08/2000, n. 32) ha dichiarato "l'illegittimita' costituzionale dell'art. 17, comma 2, lettera d) della legge 6 marzo 1998, n. 40 (Disciplina dell'immigrazione e norme sulla condizione dello straniero), ora sostituito dall'art. 19, comma 2, lett. d) del d.lgs. 25 luglio 1998, n. 286 (Testo unico delle disposizioni concernenti la disciplina dell'immigrazione e norme sulla condizione dello straniero), nella parte in cui non estende il divieto di espulsione al marito convivente della donna in stato di gravidanza o nei sei mesi successivi alla nascita del figlio".

AGGIORNAMENTO (80)

Il D.L. 21 ottobre 2020, n. 130, convertito con modificazioni dalla L. 18 dicembre 2020, n. 173, ha disposto (con l'art. 15, comma 1) che le presenti modifiche si applicano anche ai procedimenti pendenti alla data di entrata in vigore del D.L. medesimo avanti alle commissioni territoriali, al questore e alle sezioni specializzate dei tribunali, con esclusione dell'ipotesi prevista dall'articolo 384, comma 2, del codice di procedura civile.

Art. 20 (Misure straordinarie di accoglienza per eventi eccezionali)
(Legge 6 marzo 1998, n. 40, art. 18)

1. Con decreto del Presidente del Consiglio dei Ministri, adottato d'intesa con i Ministri degli affari esteri, dell'interno, per la solidarieta' sociale e con gli altri Ministri eventualmente interessati, sono stabilite, nei limiti delle risorse preordinate allo scopo nell'ambito del Fondo di cui all'articolo 45, le misure di protezione temporanea da adottarsi, anche in deroga a disposizioni del presente testo unico, per rilevanti esigenze umanitarie, in occasione di conflitti, disastri naturali o altri eventi di particolare gravita' in Paesi non appartenenti all'Unione Europea.
2. Il Presidente del Consiglio dei Ministri o un Ministro da lui delegato riferiscono annualmente al Parlamento sull'attuazione delle misure adottate.

Art. 20-bis
(Permesso di soggiorno per calamita').

1. Fermo quanto previsto dall'articolo 20, quando il Paese verso il quale lo straniero dovrebbe fare ritorno versa in una situazione di *((grave))* calamita' che non consente il rientro e la permanenza in condizioni di sicurezza, il questore rilascia un permesso di soggiorno per calamita'. *((80))*
2. Il permesso di soggiorno rilasciato a norma del presente articolo ha la durata di sei mesi, ed e' rinnovabile *((...))* se permangono le condizioni di *((grave))* calamita' di cui al comma 1; il permesso e' valido solo nel territorio nazionale e consente di svolgere attivita' lavorativa*((...))*. *((80))*

AGGIORNAMENTO (80)

55

Il D.L. 21 ottobre 2020, n. 130 ha disposto (con l'art. 15, comma 1) che le presenti modifiche si applicano anche ai procedimenti pendenti alla data di entrata in vigore del D.L. medesimo avanti alle commissioni territoriali, al questore e alle sezioni specializzate dei tribunali, con esclusione dell'ipotesi prevista dall'articolo 384, comma 2, del codice di procedura civile.

TITOLO III - DISCIPLINA DEL LAVORO -

Art. 21   Determinazione dei flussi di ingresso (Legge 6 marzo 1998, n. 40, art. 19;

legge 30 dicembre 1986, n. 943, art. 9, comma 3, e art. 10;

legge 8 agosto 1995, n. 335, art. 3, comma 13)

1. L'ingresso nel territorio dello Stato per motivi di lavoro subordinato, anche stagionale, e di lavoro autonomo, avviene nell'ambito delle quote di ingresso stabilite nei decreti di cui all'articolo 3, comma 4. *((Nello stabilire le quote i decreti prevedono restrizioni numeriche all'ingresso di lavoratori di Stati che non collaborano adeguatamente nel contrasto all'immigrazione clandestina o nella riammissione di propri cittadini destinatari di provvedimenti di rimpatrio))*. Con tali decreti sono altresi' assegnate in via preferenziale quote riservate *((ai lavoratori di origine italiana per parte di almeno uno dei genitori fino al terzo grado in linea retta di ascendenza, residenti in Paesi non comunitari, che chiedano di essere inseriti in un apposito elenco, costituito presso le rappresentanze diplomatiche o consolari, contenente le qualifiche professionali dei lavoratori stessi, nonche'))* agli Stati non appartenenti all'Unione europea, con i quali il Ministro degli affari esteri, di concerto con il Ministro dell'interno e con il Ministro del lavoro e della previdenza sociale, abbia concluso accordi finalizzati alla regolamentazione dei flussi d'ingresso e delle procedure di riammissione. Nell'ambito di tali intese possono essere definiti appositi accordi in materia di flussi per lavoro stagionale, con le corrispondenti autorita' nazionali responsabili delle politiche del mercato del lavoro dei paesi di provenienza.

2. Le intese o accordi bilaterali di cui al comma 1 possono inoltre prevedere la utilizzazione in Italia, con contratto di lavoro subordinato, di gruppi di lavoratori per l'esercizio di determinate opere o servizi limitati nel tempo; al termine del rapporto di lavoro i lavoratori devono rientrare nel paese di provenienza.

3. Gli stessi accordi possono prevedere procedure e modalita' per il rilascio delle autorizzazioni di lavoro.

4. I decreti annuali devono tenere conto delle indicazioni fornite, in modo articolato per qualifiche o mansioni, dal Ministero del lavoro e della previdenza sociale sull'andamento dell'occupazione e dei tassi di disoccupazione a livello nazionale e regionale, nonche' sul numero dei cittadini stranieri non appartenenti all'Unione europea iscritti nelle liste di collocamento.

((4-bis. Il decreto annuale ed i decreti infrannuali devono altresi' essere predisposti in base ai dati sulla effettiva richiesta di lavoro suddivisi per

regioni e per bacini provinciali di utenza, elaborati dall'anagrafe informatizzata, istituita presso il Ministero del lavoro e delle politiche sociali, di cui al comma 7. Il regolamento di attuazione prevede possibili forme di collaborazione con altre strutture pubbliche e private, nei limiti degli ordinari stanziamenti di bilancio.
4-ter. Le regioni possono trasmettere, entro il 30 novembre di ogni anno, alla Presidenza del Consiglio dei ministri, un rapporto sulla presenza e sulla condizione degli immigrati extracomunitari nel territorio regionale, contenente anche le indicazioni previsionali relative ai flussi sostenibili nel triennio successivo in rapporto alla capacita' di assorbimento del tessuto sociale e produttivo)).

5. Le intese o accordi bilaterali di cui al comma 1 possono prevedere che i lavoratori stranieri che intendono fare ingresso in Italia per motivi di lavoro subordinato, anche stagionale, si iscrivano in apposite liste, identificate dalle medesime intese, specificando le loro qualifiche o mansioni, nonche' gli altri requisiti indicati dal regolamento di attuazione. Le predette intese possono inoltre prevedere le modalita' di tenuta delle liste, per il successivo inoltro agli uffici del Ministero del lavoro e della previdenza sociale.

6. Nell'ambito delle intese o accordi di cui al presente testo unico, il Ministro degli affari esteri, d'intesa con il Ministro del lavoro e della previdenza sociale, puo' predisporre progetti integrati per il reinserimento di lavoratori extracomunitari nei Paesi di origine, laddove ne esistano le condizioni e siano fornite idonee garanzie dai governi dei Paesi di provenienza, ovvero l'approvazione di domande di enti pubblici e privati, che richiedano di predisporre analoghi progetti anche per altri Paesi.

7. Il regolamento di attuazione prevede forme di istituzione di un'anagrafe annuale informatizzata delle offerte e delle richieste di lavoro subordinato dei lavoratori stranieri e stabilisce le modalita' di collegamento con l'archivio organizzato dall'Istituto nazionale della previdenza sociale (I.N.P.S.) e con le questure.

8. L'onere derivante dal presente articolo e' valutato in lire 350 milioni annui a decorrere dall'anno 1998.

Art. 22 Lavoro subordinato a tempo determinato e indeterminato

1. In ogni provincia e' istituito presso la prefettura-ufficio territoriale del Governo uno sportello unico per l'immigrazione, responsabile dell'intero procedimento relativo all'assunzione di lavoratori subordinati stranieri a tempo determinato ed indeterminato.

2. Il datore di lavoro italiano o straniero regolarmente soggiornante in Italia che intende instaurare in Italia un rapporto di lavoro subordinato a tempo determinato o indeterminato con uno straniero residente all'estero deve presentare, previa verifica, presso il centro per l'impiego competente, della indisponibilita' di un lavoratore presente sul territorio nazionale, idoneamente documentata, allo sportello unico per l'immigrazione della provincia di residenza ovvero di quella in cui ha sede legale l'impresa, ovvero di quella ove avra' luogo la prestazione lavorativa:

a) richiesta nominativa di nulla osta al lavoro;

b) idonea documentazione relativa alle modalita' di sistemazione alloggiativa per il lavoratore straniero;

c) la proposta di contratto di soggiorno con specificazione delle relative condizioni, comprensiva dell'impegno al pagamento da parte dello stesso datore di lavoro delle spese di ritorno dello straniero nel Paese di provenienza;

d) dichiarazione di impegno a comunicare ogni variazione concernente il rapporto di lavoro.

3. Nei casi in cui non abbia una conoscenza diretta dello straniero, il datore di lavoro italiano o straniero regolarmente soggiornante in Italia puo' richiedere, presentando la documentazione di cui alle lettere b) e c) del comma 2, il nulla osta al lavoro di una o piu' persone iscritte nelle liste di cui all'articolo 21, comma 5, selezionate secondo criteri definiti nel regolamento di attuazione.

4. COMMA ABROGATO DAL D.L. 28 GIUGNO 2013, N. 76, CONVERTITO COM MODIFICAZIONI DALLA L. 9 AGOSTO 2013, N. 99.

5. Lo sportello unico per l'immigrazione, nel complessivo termine massimo di sessanta giorni dalla presentazione della richiesta, a condizione che siano state rispettate le prescrizioni di cui al comma 2 e le prescrizioni del contratto collettivo di lavoro applicabile alla fattispecie, rilascia, in ogni caso, sentito il questore, il nulla osta nel rispetto dei limiti numerici, quantitativi e qualitativi determinati a norma dell'articolo 3, comma 4, e dell'articolo 21, e, a richiesta del datore di lavoro, trasmette la documentazione, ivi compreso il codice fiscale, agli uffici consolari, ove possibile in via telematica. Il nulla osta al lavoro subordinato ha validita' per un periodo non superiore a sei mesi dalla data del rilascio.

5.1. Le istanze di nulla osta sono esaminate nei limiti numerici stabiliti con il decreto di cui all'articolo 3, comma 4. Le istanze eccedenti tali limiti possono essere esaminate nell'ambito delle quote che si rendono successivamente disponibili tra quelle stabilite con il medesimo decreto.

5-bis. Il nulla osta al lavoro e' rifiutato se il datore di lavoro risulti condannato negli ultimi cinque anni, anche con sentenza non definitiva, compresa quella adottata a seguito di applicazione della pena su richiesta ai sensi dell'articolo 444 del codice di procedura penale, per:

a) favoreggiamento dell'immigrazione clandestina verso l'Italia e dell'emigrazione clandestina dall'Italia verso altri Stati o per reati diretti al reclutamento di persone da destinare alla prostituzione o allo sfruttamento della prostituzione o di minori da impiegare in attivita' illecite;

b) intermediazione illecita e sfruttamento del lavoro ai sensi dell'articolo 603-bis del codice penale;

c) reato previsto dal comma 12.

5-ter. Il nulla osta al lavoro e', altresi', rifiutato ovvero, nel caso sia stato rilasciato, e' revocato se i documenti presentati sono stati ottenuti mediante frode o sono stati falsificati o contraffatti ovvero qualora lo straniero non si rechi presso lo sportello unico per l'immigrazione per la firma del contratto di soggiorno entro il termine di cui al comma 6, salvo che il ritardo sia dipeso da cause di forza maggiore. La revoca del nulla osta e' comunicata al Ministero degli affari esteri tramite i collegamenti telematici.

6. Gli uffici consolari del Paese di residenza o di origine dello straniero provvedono, dopo gli accertamenti di rito, a rilasciare il visto di ingresso con indicazione del codice fiscale, comunicato dallo sportello unico per l'immigrazione. Entro otto giorni dall'ingresso, lo straniero si reca presso lo sportello unico per l'immigrazione che ha rilasciato il nulla osta per la firma del contratto di soggiorno che resta ivi conservato e, a cura di quest'ultimo, trasmesso in copia all'autorita' consolare competente ed al centro per l'impiego competente.

7. COMMA ABROGATO DAL D.LGS. 16 LUGLIO 2012, N. 109.

8. Salvo quanto previsto dall'articolo 23, ai fini dell'ingresso in Italia per motivi di lavoro, il lavoratore extracomunitario deve essere munito del visto rilasciato dal consolato italiano presso lo Stato di origine o di stabile residenza del lavoratore.

9. Le questure forniscono all'INPS e all'INAIL , tramite collegamenti telematici, le informazioni anagrafiche relative ai lavoratori extracomunitari ai quali e' concesso il permesso di soggiorno per motivi di lavoro, o comunque idoneo per l'accesso al lavoro, e comunicano altresi' il rilascio dei permessi concernenti i familiari ai sensi delle disposizioni di cui al titolo IV; l'INPS, sulla base delle informazioni ricevute, costituisce un "Archivio anagrafico dei lavoratori extracomunitari", da condividere con altre amministrazioni pubbliche; lo scambio delle informazioni avviene in base a convenzione tra le amministrazioni interessate. Le stesse informazioni sono trasmesse, in via telematica, a cura delle questure, all'ufficio finanziario competente che provvede all'attribuzione del codice fiscale.

10. Lo sportello unico per l'immigrazione fornisce al Ministero del lavoro e delle politiche sociali il numero ed il tipo di nulla osta rilasciati secondo le classificazioni adottate nei decreti di cui all'articolo 3, comma 4.

11. La perdita del posto di lavoro non costituisce motivo di revoca del permesso di soggiorno al lavoratore extracomunitario ed ai suoi familiari legalmente soggiornanti. Il lavoratore straniero in possesso del permesso di soggiorno per lavoro subordinato che perde il posto di lavoro, anche per dimissioni, puo' essere iscritto nelle liste di collocamento per il periodo di residua validita' del permesso di soggiorno, e comunque, salvo che si tratti di permesso di soggiorno per lavoro stagionale, per un periodo non inferiore ad un anno ovvero per tutto il periodo di durata della prestazione di sostegno al reddito percepita dal lavoratore straniero, qualora superiore. Decorso il termine di cui al secondo periodo, trovano applicazione i requisiti reddituali di cui all'articolo 29, comma 3, lettera b). Il regolamento di attuazione stabilisce le modalita' di comunicazione ai centri per l'impiego, anche ai fini dell'iscrizione del lavoratore straniero nelle liste di collocamento con priorita' rispetto a nuovi lavoratori extracomunitari.

11-bis. COMMA ABROGATO DAL D.LGS. 11 MAGGIO 2018, N.71.

12. Il datore di lavoro che occupa alle proprie dipendenze lavoratori stranieri privi del permesso di soggiorno previsto dal presente articolo, ovvero il cui permesso sia scaduto e del quale non sia stato chiesto, nei termini di legge, il rinnovo, revocato o annullato, e' punito con la reclusione da sei mesi a tre anni e con la multa di 5000 euro per ogni lavoratore impiegato.

12-bis. Le pene per il fatto previsto dal comma 12 sono aumentate da un terzo alla meta':

a) se i lavoratori occupati sono in numero superiore a tre;

b) se i lavoratori occupati sono minori in eta' non lavorativa;

c) se i lavoratori occupati sono sottoposti alle altre condizioni lavorative di particolare sfruttamento di cui al terzo comma dell'articolo 603-bis del codice penale.

12-ter. Con la sentenza di condanna il giudice applica la sanzione amministrativa accessoria del pagamento del costo medio di rimpatrio del lavoratore straniero assunto illegalmente.

12-quater. Nelle ipotesi di particolare sfruttamento lavorativo di cui al comma 12-bis, e' rilasciato dal questore, su proposta o con il parere favorevole del procuratore della Repubblica, allo straniero che abbia presentato denuncia e cooperi nel procedimento penale instaurato nei confronti del datore di lavoro, un permesso di soggiorno *((...))*.

12-quinquies. Il permesso di soggiorno di cui al comma 12-quater ha la durata di sei mesi e puo' essere rinnovato per un anno o per il maggior periodo occorrente alla definizione del procedimento penale.

Il permesso di soggiorno e' revocato in caso di condotta incompatibile con le finalita' dello stesso, segnalata dal procuratore della Repubblica o accertata dal questore, ovvero qualora vengano meno le condizioni che ne hanno giustificato il rilascio.

((12-sexies. Il permesso di soggiorno di cui ai commi 12-quater e 12-quinquies reca la dicitura "casi speciali", consente lo svolgimento di attivita' lavorativa e puo' essere convertito, alla scadenza, in permesso di soggiorno per lavoro subordinato o autonomo.))

13. Salvo quanto previsto per i lavoratori stagionali dall'articolo 25, comma 5, in caso di rimpatrio il lavoratore extracomunitario conserva i diritti previdenziali e di sicurezza sociale maturati e puo' goderne indipendentemente dalla vigenza di un accordo di reciprocita' al verificarsi della maturazione dei requisiti previsti dalla normativa vigente, al compimento del sessantacinquesimo anno di eta', anche in deroga al requisito contributivo minimo previsto dall'articolo 1, comma 20, della legge 8 agosto 1995, n. 335.

14. Le attribuzioni degli istituti di patronato e di assistenza sociale, di cui alla legge 30 marzo 2001, n. 152, sono estese ai lavoratori extracomunitari che prestino regolare attivita' di lavoro in Italia.

15. I lavoratori italiani ed extracomunitari possono chiedere il riconoscimento di titoli di formazione professionale acquisiti all'estero; in assenza di accordi specifici, il Ministro del lavoro e delle politiche sociali, sentita la commissione centrale per l'impiego, dispone condizioni e modalita' di riconoscimento delle qualifiche per singoli casi. Il lavoratore extracomunitario puo' inoltre partecipare, a norma del presente testo unico, a tutti i corsi di formazione e di riqualificazione programmati nel territorio della Repubblica.

16. Le disposizioni di cui al presente articolo si applicano alle regioni a statuto speciale e alle province autonome di Trento e di Bolzano ai sensi degli statuti e delle relative norme di attuazione.

Art. 23 *(((Titoli di prelazione)))*

((1. Nell'ambito di programmi approvati, anche su proposta delle regioni e delle province autonome, dal Ministero del lavoro e delle politiche sociali e dal Ministero dell'istruzione, dell'universita' e della ricerca e realizzati anche in collaborazione con le regioni, le province autonome e altri enti locali, organizzazioni nazionali degli imprenditori e datori di lavoro e dei lavoratori, nonche' organismi internazionali finalizzati al trasferimento dei lavoratori stranieri in Italia ed al loro inserimento nei settori produttivi del Paese, enti ed associazioni operanti nel settore dell'immigrazione da almeno tre anni, possono essere previste attivita' di istruzione e di formazione professionale nei Paesi di origine.

2. L'attivita' di cui al comma 1 e' finalizzata:

a) all'inserimento lavorativo mirato nei settori produttivi italiani che operano all'interno dello Stato;

b) all'inserimento lavorativo mirato nei settori produttivi italiani che operano all'interno dei Paesi di origine;

c) allo sviluppo delle attivita' produttive o imprenditoriali autonome nei Paesi di origine.

3. Gli stranieri che abbiano partecipato alle attivita' di cui al comma 1 sono preferiti nei settori di impiego ai quali le attivita' si riferiscono ai fini della chiamata al lavoro di cui all'articolo 22, commi 3, 4 e 5, secondo le modalita' previste nel regolamento di attuazione del presente testo unico.

4. Il regolamento di attuazione del presente testo unico prevede agevolazioni di impiego per i lavoratori autonomi stranieri che abbiano seguito i corsi di cui al comma 1)).

Art. 24 *(((Lavoro stagionale).))*

((1. Il datore di lavoro o le associazioni di categoria per conto dei loro associati, che intendono instaurare in Italia un rapporto di lavoro subordinato a carattere stagionale nei settori agricolo e turistico/alberghiero con uno straniero, devono presentare richiesta nominativa allo sportello unico per l'immigrazione della provincia di residenza. Si applicano, ove compatibili, le disposizioni di cui all'articolo 22, ad eccezione dei commi 11 e 11-bis.

2. Lo sportello unico per l'immigrazione rilascia il nulla osta al lavoro stagionale, anche pluriennale, per la durata corrispondente a quella del lavoro stagionale richiesto, non oltre venti giorni dalla data di ricezione della richiesta del datore di lavoro.

3. Ai fini della presentazione di idonea documentazione relativa alle modalita' di sistemazione alloggiativa di cui all'articolo 22, comma 2, lettera b), se il datore di lavoro fornisce l'alloggio, esibisce al momento della sottoscrizione del contratto di soggiorno, un titolo idoneo a provarne l'effettiva disponibilita', nel quale sono specificate le condizioni a cui l'alloggio e' fornito, nonche' l'idoneita' alloggiativa ai sensi delle disposizioni vigenti.

L'eventuale canone di locazione non puo' essere eccessivo rispetto alla qualita' dell'alloggio e alla retribuzione del lavoratore straniero e, in ogni caso, non e' superiore ad un terzo di tale retribuzione. Il medesimo canone non puo' essere decurtato automaticamente dalla retribuzione del lavoratore.

4. Il nulla osta al lavoro stagionale viene rilasciato secondo le modalita' previste agli articoli 30-bis, commi da 1 a 3 e da 5 a 9, e 31 del decreto del Presidente della Repubblica n. 394 del 1999 e nel rispetto del diritto di precedenza in favore dei lavoratori stranieri di cui al comma 9 del presente articolo.

5. Il nulla osta al lavoro stagionale a piu' datori di lavoro che impiegano lo stesso lavoratore straniero per periodi di lavoro complessivamente compresi nei limiti temporali di cui al comma 7, deve essere unico, su richiesta, anche cumulativa, dei datori di lavoro, presentata contestualmente, ed e' rilasciato a ciascuno di essi. Si applicano le disposizioni di cui al comma 8.

6. Qualora lo sportello unico per l'immigrazione, decorsi i venti giorni di cui al comma 2, non comunichi al datore di lavoro il proprio diniego, la richiesta si intende accolta, nel caso in cui ricorrono congiuntamente le seguenti condizioni:

a) la richiesta riguarda uno straniero gia' autorizzato almeno una volta nei cinque anni precedenti a prestare lavoro stagionale presso lo stesso datore di lavoro richiedente;

b) il lavoratore e' stato regolarmente assunto dal datore di lavoro e ha rispettato le condizioni indicate nel precedente permesso di soggiorno.

7. Il nulla osta al lavoro stagionale autorizza lo svolgimento di attivita' lavorativa sul territorio nazionale fino ad un massimo di nove mesi in un periodo di dodici mesi.

8. Fermo restando il limite di nove mesi di cui al comma 7, il nulla osta al lavoro stagionale si intende prorogato e il permesso di soggiorno puo' essere rinnovato in caso di nuova opportunita' di lavoro stagionale offerta dallo stesso o da altro datore di lavoro fino alla scadenza del nuovo rapporto di lavoro stagionale. In tale ipotesi, il lavoratore e' esonerato dall'obbligo di rientro nello Stato di provenienza per il rilascio di ulteriore visto da parte dell'autorita' consolare. Al termine del periodo di cui al comma 7, il lavoratore deve rientrare nello Stato di provenienza, salvo che sia in possesso di permesso di soggiorno rilasciato per motivi diversi dal lavoro stagionale.

9. Il lavoratore stagionale, gia' ammesso a lavorare in Italia almeno una volta nei cinque anni precedenti, ove abbia rispettato le condizioni indicate nel permesso di soggiorno e sia rientrato nello Stato di provenienza alla scadenza del medesimo, ha diritto di precedenza per il rientro per ragioni di lavoro stagionale presso lo stesso o altro datore di lavoro, rispetto a coloro che non hanno mai fatto regolare ingresso in Italia per motivi di lavoro.

10. Il lavoratore stagionale, che ha svolto regolare attivita' lavorativa sul territorio nazionale per almeno tre mesi, al quale e' offerto un contratto di lavoro subordinato a tempo determinato o indeterminato, puo' chiedere allo sportello unico per l'immigrazione la conversione del permesso di soggiorno in lavoro subordinato, nei limiti delle quote di cui all'articolo 3, comma 4.

11. Il datore di lavoro dello straniero che si trova nelle condizioni di cui all'articolo 5, comma 3-ter, puo' richiedere allo sportello unico per l'immigrazione il rilascio del nulla osta al lavoro pluriennale. Lo sportello unico, accertati i requisiti di cui all'articolo 5, comma 3-ter, rilascia il nulla osta secondo le modalita' di cui al presente articolo. Sulla base del nulla osta triennale al lavoro stagionale, i visti di ingresso per le annualita' successive alla prima sono concessi dall'autorita' consolare, previa esibizione della proposta di contratto di soggiorno per lavoro stagionale, trasmessa al lavoratore interessato dal datore di lavoro, che provvede a trasmetterne copia allo sportello unico immigrazione competente. Entro otto giorni dalla data di ingresso nel territorio nazionale, il lavoratore straniero si reca presso lo sportello unico immigrazione per sottoscrivere il contratto di soggiorno per lavoro secondo le disposizioni dell'articolo 35 del decreto del Presidente della Repubblica n. 394 del 1999. La richiesta di assunzione, per le annualita' successive alla prima, puo' essere effettuata da un datore di lavoro anche diverso da quello che ha ottenuto il nullaosta triennale al lavoro stagionale. Il rilascio dei nulla osta pluriennali avviene nei limiti delle quote di ingresso per lavoro stagionale.

12. Fuori dei casi di cui all'articolo 22, commi 5-bis e 5-ter, il nulla osta al lavoro stagionale puo' essere rifiutato ovvero, nel caso sia stato rilasciato, puo' essere revocato quando:

a) il datore di lavoro e' stato oggetto di sanzioni a causa di lavoro irregolare;

b) l'impresa del datore di lavoro e' stata liquidata per insolvenza o non e' svolta alcuna attivita' economica;

c) il datore di lavoro non ha rispettato i propri obblighi giuridici in materia di previdenza sociale, tassazione, diritti dei lavoratori, condizioni di lavoro o di impiego, previsti dalla normativa nazionale o dai contratti collettivi applicabili;

d) nei dodici mesi immediatamente precedenti la data della richiesta di assunzione dello straniero, il datore di lavoro ha effettuato licenziamenti al fine di creare un posto vacante che lo stesso datore di lavoro cerca di coprire mediante la richiesta di assunzione.

13. Fuori dei casi di cui all'articolo 5, comma 5, il permesso di soggiorno non e' rilasciato o il suo rinnovo e' rifiutato ovvero, nel caso sia stato rilasciato, e' revocato quando:

a) e' stato ottenuto in maniera fraudolenta o e' stato falsificato o contraffatto;

b) risulta che lo straniero non soddisfaceva o non soddisfa piu' le condizioni di ingresso e di soggiorno previste dal presente testo unico o se soggiorna per fini diversi da quelli per cui ha ottenuto il nulla osta ai sensi del presente articolo;

c) nei casi di cui al comma 12.

14. Nei casi di revoca del nulla osta al lavoro stagionale di cui al comma 12, e di revoca del permesso di soggiorno per lavoro stagionale di cui al comma 13, lettera c), il datore di lavoro e' tenuto a versare al lavoratore un'indennita' per la cui determinazione si tiene conto delle retribuzioni dovute ai sensi del contratto collettivo nazionale e non corrisposte.

15. Il datore di lavoro che occupa alle sue dipendenze, per lavori di carattere stagionale, uno o piu' stranieri privi del permesso di soggiorno per lavoro stagionale, ovvero il cui permesso sia scaduto, revocato o annullato, e' punito ai sensi dell'articolo 22, commi 12, 12-bis e 12-ter, e si applicano le disposizioni di cui ai commi 12-quater e 12-quinquies dell'articolo 22.
16. Le disposizioni del presente articolo non si applicano agli stranieri:
a) che al momento della domanda risiedono nel territorio di uno Stato membro;
b) che svolgono attivita' per conto di imprese stabilite in un altro Stato membro nell'ambito della prestazione di servizi ai sensi dall'articolo 56 TFUE, ivi compresi i cittadini di Paesi terzi distaccati da un'impresa stabilita in uno Stato membro nell'ambito della prestazione di servizi ai sensi della direttiva 96/71/CE;
c) che sono familiari di cittadini dell'Unione che hanno esercitato il loro diritto alla libera circolazione nell'Unione, conformemente alla direttiva 2004/38/CE del Parlamento europeo e del Consiglio;
d) che godono, insieme ai loro familiari e a prescindere dalla cittadinanza, di diritti di libera circolazione equivalenti a quelli dei cittadini dell'Unione a norma di accordi tra l'Unione e gli Stati membri o tra l'Unione e Paesi terzi.
17. Il permesso di soggiorno rilasciato ai sensi del presente articolo reca un riferimento che ne indica il rilascio per motivi di lavoro stagionale.))

Art. 25 Previdenza e assistenza per i lavoratori stagionali (Legge 6 marzo 1998, n. 40, art. 23)

1. In considerazione della durata limitata dei contratti nonche' della loro specificita', agli stranieri titolari di permesso di soggiorno per lavoro stagionale si applicano le seguenti forme di previdenza e assistenza obbligatoria, secondo le norme vigenti nei settori di attivita':
a) assicurazione per l'invalidita', la vecchiaia e i superstiti;
b) assicurazione contro gli infortuni sul lavoro e le malattie professionali;
c) assicurazione contro le malattie;
d) assicurazione di maternita'.
2. In sostituzione dei contributi per l'assegno per il nucleo familiare e per l'assicurazione contro la disoccupazione involontaria, il datore di lavoro e' tenuto a versare all'Istituto nazionale della previdenza sociale (INPS) un contributo in misura pari all'importo dei medesimi contributi ed in base alle condizioni e alle modalita' stabilite per questi ultimi. Tali contributi sono destinati ad interventi di carattere socio-assistenziale a favore dei lavoratori di cui all'articolo 45.
3. Nei decreti attuativi del documento programmatico sono definiti i requisiti, gli ambiti e le modalita' degli interventi di cui al comma 2.
4. Sulle contribuzioni di cui ai commi 1 e 2 si applicano le riduzioni degli oneri sociali previste per il settore di svolgimento dell'attivita' lavorativa.
5. *((Ai contributi di cui al comma 1, lettera a), si applicano le disposizioni dell'articolo 22, comma 13, concernenti il trasferimento degli stessi all'istituto*

o ente assicuratore dello Stato di provenienza)). E' fatta salva la possibilita' di ricostruzione della posizione contributiva in caso di successivo ingresso.

Art. 26 Ingresso e soggiorno per lavoro autonomo
(Legge 6 marzo 1998, n. 40, art. 24)

1. L'ingresso in Italia dei lavoratori stranieri non appartenenti all'Unione europea che intendono esercitare nel territorio dello Stato un'attivita' non occasionale di lavoro autonomo puo' essere consentito a condizione che l'esercizio di tali attivita' non sia riservato dalla legge ai cittadini italiani, o a cittadini di uno degli Stati membri dell'Unione Europea.

2. In ogni caso lo straniero che intenda esercitare in Italia una attivita' industriale, professionale, artigianale o commerciale, ovvero costituire societa' di capitali o di persone o accedere a cariche societarie, deve altresi' dimostrare di disporre di risorse adeguate per l'esercizio dell'attivita' che intende intraprendere in Italia; di essere in possesso dei requisiti previsti dalla legge italiana per l'esercizio della singola attivita', compresi, ove richiesti, i requisiti per l'iscrizione in albi e registri; di essere in possesso di una attestazione dell'autorita' competente in data non anteriore a tre mesi che dichiari che non sussistono motivi ostativi al rilascio dell'autorizzazione o della licenza prevista per l'esercizio dell'attivita' che lo straniero intende svolgere.

3. Il lavoratore non appartenente all'Unione europea deve comunque dimostrare di disporre di idonea sistemazione alloggiativa e di un reddito annuo, proveniente da fonti lecite, di importo superiore al livello minimo previsto dalla legge per l'esenzione dalla partecipazione alla spesa sanitaria *((. . .))*.

4. Sono fatte salve le norme piu' favorevoli previste da accordi internazionali in vigore per l'Italia.

5. La rappresentanza diplomatica o consolare, accertato il possesso dei requisiti indicati dal presente articolo ed acquisiti i nulla osta del Ministero degli affari esteri, del Ministero dell'interno e del Ministero eventualmente competente in relazione all'attivita' che lo straniero intende svolgere in Italia, rilascia il visto di ingresso per lavoro autonomo, con l'espressa indicazione dell'attivita' cui il visto si riferisce, nei limiti numerici stabiliti a norma dell'articolo 3, comma 4, e dell'articolo 21. *((La rappresentanza diplomatica o consolare rilascia, altresi', allo straniero la certificazione dell'esistenza dei requisiti previsti dal presente articolo ai fini degli adempimenti previsti dall'articolo 5, comma 3-quater, per la concessione del permesso di soggiorno per lavoro autonomo))*.

6. Le procedure di cui al comma 5 sono effettuate secondo le modalita' previste dal regolamento di attuazione.

7. Il visto di ingresso per lavoro autonomo deve essere rilasciato o negato entro centoventi giorni dalla data di presentazione della domanda e della relativa documentazione e deve essere utilizzato entro centottanta giorni dalla data del rilascio.

((7-bis. La condanna con provvedimento irrevocabile per alcuno dei reati previsti dalle disposizioni del Titolo III, Capo III, Sezione II, della legge 22 aprile 1941, n. 633, e successive modificazioni, relativi alla tutela del diritto di autore, e dagli articoli 473 e 474 del codice penale comporta la revoca del

permesso di soggiorno rilasciato allo straniero e l'espulsione del medesimo con accompagnamento alla frontiera a mezzo della forza pubblica)).

Art. 26-bis (Ingresso e soggiorno per investitori).

1. L'ingresso e il soggiorno per periodi superiori a tre mesi sono consentiti, al di fuori delle quote di cui all'articolo 3, comma 4, agli stranieri che intendono effettuare *((, in nome proprio o per conto della persona giuridica che legalmente rappresentano))*:

a) un investimento di almeno euro 2.000.000 in titoli emessi dal Governo italiano e che vengano mantenuti per almeno due anni;

b) un investimento di almeno euro 500.000 in strumenti rappresentativi del capitale di una societa' costituita e operante in Italia mantenuto per almeno due anni ovvero di almeno euro 250.000 nel caso tale societa' sia una start-up innovativa iscritta nella sezione speciale del registro delle imprese di cui all'articolo 25, comma 8, del decreto-legge 18 ottobre 2012, n. 179, convertito, con modificazioni, dalla legge 17 dicembre 2012, n. 221;

c) una donazione a carattere filantropico di almeno euro 1.000.000 a sostegno di un progetto di pubblico interesse, nei settori della cultura, istruzione, gestione dell'immigrazione, ricerca scientifica, recupero di beni culturali e paesaggistici e che:

1) dimostrano di essere titolari e beneficiari effettivi di un importo almeno pari a euro 2.000.000, nel caso di cui alla lettera a), o euro 1.000.000, nei casi di cui alla lettera b) e alla presente lettera, importo che deve essere in ciascun caso disponibile e trasferibile in Italia;

2) presentano una dichiarazione scritta in cui si impegnano a utilizzare i fondi di cui al numero 1) per effettuare un investimento o una donazione filantropica che rispettino i criteri di cui alle lettere a) e b) e alla presente lettera, entro tre mesi dalla data di ingresso in Italia;

3) dimostrano di avere risorse sufficienti, in aggiunta rispetto ai fondi di cui al numero 1) e in misura almeno superiore al livello minimo previsto dalla legge per l'esenzione dalla partecipazione alla spesa sanitaria, per il proprio mantenimento durante il soggiorno in Italia.

2. Per l'accertamento dei requisiti previsti dal comma 1, lo straniero richiedente deve presentare mediante procedura da definire con decreto del Ministro dello sviluppo economico, di concerto con il Ministro dell'interno e con il Ministro degli affari esteri e della cooperazione internazionale, da emanare entro novanta giorni dalla data di entrata in vigore della presente disposizione, i seguenti documenti:

a) copia del documento di viaggio in corso di validita' con scadenza superiore di almeno tre mesi a quella del visto richiesto;

b) documentazione comprovante la disponibilita' della somma minima prevista al comma 1, lettera c), numero 1), e che tale somma puo' essere trasferita in Italia;

c) certificazione della provenienza lecita dei fondi di cui al comma 1, lettera c), numero 1);

d) dichiarazione scritta di cui al comma 1, lettera c), numero 2), contenente una descrizione dettagliata delle caratteristiche e dei destinatari dell'investimento o della donazione.

3. L'autorita' amministrativa individuata con il decreto di cui al comma 2, all'esito di una valutazione positiva della documentazione ricevuta, trasmette il nulla osta alla rappresentanza diplomatica o consolare competente per territorio che, compiuti gli accertamenti di rito, rilascia il visto di ingresso per investitori con l'espressa indicazione "visto investitori".

((3-bis. Qualora la richiesta del nulla osta di cui al comma 3 sia presentata dal legale rappresentante della persona giuridica straniera, l'autorita' amministrativa, individuata con il decreto di cui al comma 2, richiede al Ministero degli affari esteri e della cooperazione internazionale la preliminare verifica sulla sussistenza della condizione di reciprocita' di cui all'articolo 16 delle disposizioni sulla legge in generale premesse al codice civile.

3-ter. Il rilascio del nulla osta ai sensi del comma 3-bis reca l'attestazione dell'avvenuta verifica della condizione di reciprocita' di cui all'articolo 16 delle disposizioni sulla legge in generale premesse al codice civile)).

4. COMMA ABROGATO DAL D.LGS. 25 MAGGIO 2017, N. 90. (66)

5. Al titolare del visto per investitori e' rilasciato, in conformita' alle disposizioni del presente testo unico, un permesso di soggiorno biennale recante la dicitura "per investitori", revocabile anche prima della scadenza quando l'autorita' amministrativa individuata con il decreto di cui al comma 2 comunica alla questura che lo straniero non ha effettuato l'investimento o la donazione di cui al comma 1 entro tre mesi dalla data di ingresso in Italia o ha dismesso l'investimento prima della scadenza del termine di due anni di cui al comma 1, lettere a) e b).

((5-bis. Il soggetto titolare del permesso di soggiorno per investitori esercita gli stessi diritti inerenti al permesso di soggiorno per lavoro autonomo di cui all'articolo 26, e' esonerato dalla verifica della condizione di reciprocita' di cui all'articolo 16 delle disposizioni sulla legge in generale premesse al codice civile e, per la durata complessiva di cinque anni a decorrere dal primo rilascio, e' esonerato dall'obbligo della sottoscrizione dell'accordo di integrazione di cui all'articolo 4-bis e dagli obblighi inerenti alla continuita' del soggiorno in Italia previsti dal regolamento di attuazione)).

6. Il permesso di soggiorno per investitori e' rinnovabile per periodi ulteriori di tre anni, previa valutazione positiva, da parte dell'autorita' amministrativa individuata con il decreto di cui al comma 2, della documentazione comprovante che la somma di cui al comma 1 e' stata interamente impiegata entro tre mesi dalla data di ingresso in Italia e che risulta ancora investita negli strumenti finanziari di cui al comma 1.

7. Ai fini del rinnovo del permesso di soggiorno, l'autorita' amministrativa individuata con il decreto di cui al comma 2, all'esito di una valutazione positiva della documentazione ricevuta, trasmette il nulla osta alla questura della provincia in cui il richiedente dimora, che provvede al rinnovo del permesso di soggiorno.

8. Ai sensi dell'articolo 29, comma 4, e' consentito l'ingresso, al seguito dello straniero detentore del visto per investitori, dei familiari con i quali e' consentito il ricongiungimento ai sensi dello stesso articolo 29. Ai familiari e' rilasciato un visto per motivi familiari ai sensi dell'articolo 30.

9. Chiunque, nell'ambito della procedura di cui al presente articolo, esibisce o trasmette atti o documenti falsi, in tutto o in parte, ovvero fornisce dati e notizie non rispondenti al vero e' punito con la reclusione da un anno e sei mesi a sei anni. In relazione alla certificazione di cui al comma 2, lettera c), del presente articolo, resta ferma l'applicabilita' degli articoli 648-bis, 648-ter e 648-ter.1 del codice penale e dell'articolo 12-quinquies del decreto-legge 8 giugno 1992, n. 306, convertito, con modificazioni, dalla legge 7 agosto 1992, n. 356.

AGGIORNAMENTO (66)
Il D.Lgs. 25 maggio 2017, n. 90 ha disposto (con l'art. 9, comma 1)
che "Le disposizioni emanate dalle autorita' di vigilanza di settore, ai sensi di norme abrogate o sostituite per effetto del presente decreto, continuano a trovare applicazione fino al 31 marzo 2018".

Art. 27
Ingresso per lavoro in casi particolari
(Legge 6 marzo 1998, n. 40, art. 25;
legge 30 dicembre 1986, n. 943, art. 14, commi 2 e 4)

1. Al di fuori degli ingressi per lavoro di cui agli articoli precedenti, autorizzati nell'ambito delle quote di cui all'articolo 3, comma 4, il regolamento di attuazione disciplina particolari modalita' e termini per il rilascio delle autorizzazioni al lavoro, dei visti di ingresso e dei permessi di soggiorno per lavoro subordinato, per ognuna delle seguenti categorie di lavoratori stranieri:
a) dirigenti o personale altamente specializzato di societa' aventi sede o filiali in Italia ovvero di uffici di rappresentanza di societa' estere che abbiano la sede principale di attivita' nel territorio di uno Stato membro dell'Organizzazione mondiale del commercio, ovvero dirigenti di sedi principali in Italia di societa' italiane o di societa' di altro Stato membro dell'Unione europea;
b) lettori universitari di scambio o di madre lingua;
c) I professori universitari destinati a svolgere in Italia un incarico accademico;
d) traduttori e interpreti;
e) collaboratori familiari aventi regolarmente in corso all'estero, da almeno un anno, rapporti di lavoro domestico a tempo pieno con cittadini italiani o di uno degli Stati membri dell'Unione europea residenti all'estero, che si trasferiscono in Italia, per la prosecuzione del rapporto di lavoro domestico;
f) persone che, autorizzate a soggiornare per motivi di formazione professionale, svolgano periodi temporanei di addestramento presso datori di lavoro italiani, *((...))*;
g) *((LETTERA SOPPRESSA DAL D.LGS. 29 DICEMBRE 2016, N. 253))*;
h) lavoratori marittimi occupati nella misura e con le modalita' stabilite nel regolamento di attuazione;

i) lavoratori dipendenti regolarmente retribuiti da datori di lavoro, persone fisiche o giuridiche, residenti o aventi sede all'estero e da questi direttamente retribuiti, i quali siano temporaneamente trasferiti dall'estero presso persone fisiche o giuridiche, italiane o straniere, residenti in Italia, al fine di effettuare nel territorio italiano determinate prestazioni oggetto di contratto di appalto stipulato tra le predette persone fisiche o giuridiche residenti o aventi sede in Italia e quelle residenti o aventi sede all'estero, nel rispetto delle disposizioni dell'articolo 1655 del codice civile, della legge 23 ottobre 1960, n. 1369, e delle norme internazionali e comunitarie;

l) lavoratori occupati presso circhi o spettacoli viaggianti all'estero;

m) personale artistico e tecnico per spettacoli lirici, teatrali, concertistici o di balletto;

n) ballerini, artisti e musicisti da impiegare presso locali di intrattenimento;

o) artisti da impiegare da enti musicali teatrali o cinematografici o da imprese radiofoniche o televisive, pubbliche o private, o da enti pubblici, nell'ambito di manifestazioni culturali o folcloristiche;

p) stranieri che siano destinati a svolgere qualsiasi tipo di attivita' sportiva professionistica presso societa' sportive italiane ai sensi della legge 23 marzo 1981, n. 91;

q) giornalisti corrispondenti ufficialmente accreditati in Italia e dipendenti regolarmente retribuiti da organi di stampa quotidiani o periodici, ovvero da emittenti radiofoniche o televisive straniere;

r) persone che, secondo le norme di accordi internazionali in vigore per l'Italia, svolgono in Italia attivita' di ricerca o un lavoro occasionale nell'ambito di programmi di scambi di giovani o di mobilita' di giovani o sono persone collocate "alla pari";

r-bis) infermieri professionali assunti presso strutture sanitarie pubbliche e private.

1-bis. Nel caso in cui i lavoratori di cui alla lettera i) del comma 1 siano dipendenti regolarmente retribuiti dai datori di lavoro, persone fisiche o giuridiche, residenti o aventi sede in uno Stato membro dell'Unione europea, il nulla osta al lavoro e' sostituito da una comunicazione, da parte del committente, del contratto in base al quale la prestazione di servizi ha luogo, unitamente ad una dichiarazione del datore di lavoro contenente i nominativi dei lavoratori da distaccare e attestante la regolarita' della loro situazione con riferimento alle condizioni di residenza e di lavoro nello Stato membro dell'Unione europea in cui ha sede il datore di lavoro. La comunicazione e' presentata allo sportello unico della prefettura-ufficio territoriale del Governo, ai fini del rilascio del permesso di soggiorno.

1-ter. Il nulla osta al lavoro per gli stranieri indicati al comma 1, lettere a), c) ((...)), e' sostituito da una comunicazione da parte del datore di lavoro della proposta di contratto di soggiorno per lavoro subordinato, previsto dall'articolo 5-bis. La comunicazione e' presentata con modalita' informatiche allo sportello unico per l'immigrazione della prefettura-ufficio territoriale del Governo. Lo sportello unico trasmette la comunicazione al questore per la verifica della insussistenza di motivi ostativi all'ingresso dello straniero ai sensi dell'articolo 31, comma 1, del regolamento di cui al decreto del Presidente della Repubblica

69

31 agosto 1999, **n.** 394, e, ove nulla osti da parte del questore, la invia, con le medesime modalita' informatiche, alla rappresentanza diplomatica o consolare per il rilascio del visto di ingresso. Entro otto giorni dall'ingresso in Italia lo straniero si reca presso lo sportello unico per l'immigrazione, unitamente al datore di lavoro, per la sottoscrizione del contratto di soggiorno e per la richiesta del permesso di soggiorno.

1-quater. Le disposizioni di cui al comma 1-ter si applicano ai datori di lavoro che hanno sottoscritto con il Ministero dell'interno, sentito il Ministero del lavoro, della salute e delle politiche sociali, un apposito protocollo di intesa, con cui i medesimi datori di lavoro garantiscono la capacita' economica richiesta e l'osservanza delle prescrizioni del contratto collettivo di lavoro di categoria.

1-quinquies. I medici e gli altri professionisti sanitari al seguito di delegazioni sportive, in occasione di manifestazioni agonistiche organizzate dal Comitato olimpico internazionale, dalle Federazioni sportive internazionali, dal Comitato olimpico nazionale italiano o da organismi, societa' ed associazioni sportive da essi riconosciuti o, nei casi individuati con decreto del Ministro della salute, di concerto con il Ministro del lavoro e delle politiche sociali, con il Ministro degli affari esteri e con il Ministro dell'interno, al seguito di gruppi organizzati, sono autorizzati a svolgere la pertinente attivita', in deroga alle norme sul riconoscimento dei titoli esteri, nei confronti dei componenti della rispettiva delegazione o gruppo organizzato e limitatamente al periodo di permanenza della delegazione o del gruppo. I professionisti sanitari cittadini di uno Stato membro dell'Unione europea godono del medesimo trattamento, ove piu' favorevole.

2. In deroga alle disposizioni del presente testo unico i lavoratori extracomunitari dello spettacolo possono essere assunti alle dipendenze dei datori di lavoro per esigenze connesse alla realizzazione e produzione di spettacoli previa apposita autorizzazione rilasciata dall'ufficio speciale per il collocamento dei lavoratori dello spettacolo o sue sezioni periferiche che provvedono, previo nulla osta provvisorio dell'autorita' provinciale di pubblica sicurezza. L'autorizzazione e' rilasciata, salvo che si tratti di personale artistico ovvero di personale da utilizzare per periodi non superiori a tra mesi, prima che il lavoratore extracomunitario entri nel territorio nazionale. I lavoratori extracomunitari autorizzati a svolgere attivita' lavorativa subordinata nel settore dello spettacolo non possono cambiare settore di attivita' ne' la qualifica di assunzione. Il Ministro del lavoro e della previdenza sociale, determina le procedure e le modalita' per il rilascio dell'autorizzazione prevista dal presenta comma.

3. Rimangono ferme le disposizioni che prevedono il possesso della cittadinanza italiana per lo svolgimento di determinate attivita'.

4. Il regolamento di cui all'articolo 1 contiene altresi' norme per l'attuazione delle convenzioni ed accordi internazionali in vigore relativamente all'ingresso e soggiorno dei lavoratori stranieri occupati alle dipendenze di rappresentanze diplomatiche o consolari o di enti di diritto internazionale aventi sede in Italia.

5. L'ingresso e il soggiorno dei lavoratori frontalieri non appartenenti all'Unione europea e' disciplinato dalle disposizioni particolari previste negli accordi internazionali in vigore con gli Stati confinanti.

5-bis. Con decreto del Ministro per i beni e le attivita' culturali, su proposta del Comitato olimpico nazionale italiano (CONI), sentiti i Ministri dell'interno e del lavoro e delle politiche sociali, e' determinato il limite massimo annuale d'ingresso degli sportivi stranieri che svolgono attivita' sportiva a titolo professionistico o comunque retribuita, da ripartire tra le federazioni sportive nazionali. Tale ripartizione e' effettuata dal CONI con delibera da sottoporre all'approvazione del Ministro vigilante. Con la stessa delibera sono stabiliti i criteri generali di assegnazione e di tesseramento per ogni stagione agonistica anche al fine di assicurare la tutela dei vivai giovanili.

Art. 27-bis (Ingresso e soggiorno per volontariato).

1. Con decreto del Ministro del lavoro e delle politiche sociali, di concerto con il Ministro dell'interno e degli affari esteri e della cooperazione internazionale, da emanarsi entro il 30 giugno di ogni anno, sentito il Consiglio nazionale del terzo settore, di cui all'articolo 59 del decreto legislativo 3 luglio 2017, n. 117, e' determinato il contingente annuale degli stranieri ammessi a partecipare a programmi di attivita' di volontariato di interesse generale e di utilita' sociale ai sensi del presente testo unico.
2. Nell'ambito del contingente di cui al comma 1 e' consentito l'ingresso e il soggiorno di cittadini stranieri di eta' compresa tra i 25 e i 35 anni per la partecipazione ad un programma di attivita' di volontariato di interesse generale e di utilita' sociale, di cui all'articolo 5, comma 1 del decreto legislativo n. 117 del 2017, previo rilascio di apposito nulla osta, a seguito della verifica dei seguenti requisiti:
a) appartenenza dell'organizzazione promotrice del programma di volontariato ad una delle seguenti categorie che svolgono attivita' senza scopo di lucro e di utilita' sociale: 1) enti del Terzo settore iscritti al Registro unico del Terzo settore (RUN), di cui all'articolo 45 del decreto legislativo n. 117 del 2017; 2) organizzazioni della societa' civile e altri soggetti iscritti nell'elenco di cui all'articolo 26, comma 3, della legge 11 agosto 2014, n. 125; 3) enti ecclesiastici civilmente riconosciuti, in base alla legge 20 maggio 1985, n. 222, nonche' enti civilmente riconosciuti in base alle leggi di approvazione di intese con le confessioni religiose ai sensi dell'articolo 8, terzo comma, della Costituzione;
b) stipula di apposita convenzione fra lo straniero e l'organizzazione promotrice e responsabile del programma delle attivita' di volontariato di interesse generale e di utilita' sociale, in cui siano specificate: 1) le attivita' assegnate al volontario; 2) le modalita' di svolgimento delle attivita' di volontariato, nonche' i giorni e le ore in cui sara' impegnato in dette attivita'; 3) le risorse stanziate per provvedere alle sue spese di viaggio, vitto, alloggio e denaro per piccole spese sostenute e documentate direttamente dal volontario per tutta la durata del soggiorno; 4) l'indicazione del percorso di formazione anche per quanto riguarda la conoscenza della lingua italiana;
c) sottoscrizione obbligatoria da parte dell'organizzazione promotrice e responsabile del programma di volontariato di una polizza assicurativa per le spese relative all'assistenza sanitaria, alla responsabilita' civile verso terzi e contro gli infortuni collegati all'attivita' di volontariato;

d)assunzione della piena responsabilita' per la copertura delle spese relative al soggiorno del volontario, per l'intero periodo di durata del programma stesso di volontariato, nonche' per il viaggio di ingresso e ritorno. In conformita' a quanto disposto dall'articolo 17 del decreto legislativo n.117 del 2017, l'attivita' del volontario impegnato nelle attivita' del programma di volontariato non puo' essere retribuita dall'ente promotore e responsabile del programma medesimo. Al volontario possono essere rimborsate soltanto le spese effettivamente sostenute e documentate per l'attivita' prestata, entro limiti massimi e alle condizioni preventivamente stabilite dall'ente medesimo. Sono in ogni caso vietati rimborsi spese di tipo forfettario.

3. La domanda di nulla osta e' presentata dalla organizzazione promotrice del programma di volontariato allo Sportello unico per l'immigrazione presso la Prefettura-Ufficio territoriale del Governo competente per il luogo ove si svolge il medesimo programma di volontariato. Lo Sportello, acquisito dalla Questura il parere sulla insussistenza dei motivi ostativi all'ingresso dello straniero nel territorio nazionale e verificata l'esistenza dei requisiti di cui ai commi 1 e 2, rilascia entro quarantacinque giorni il nulla osta.

4. Il nulla osta e' trasmesso, in via telematica, dallo sportello unico per l'immigrazione, alle rappresentanze consolari all'estero, alle quali e' richiesto il relativo visto di ingresso entro sei mesi dal rilascio del nulla osta.

4-bis. Il nulla osta e' rifiutato e, se gia' rilasciato, e' revocato quando:

a) non sono rispettate le condizioni di cui ai commi 1, 2 e 3;

b) i documenti presentati sono stati ottenuti in maniera fraudolenta o contraffatti;

c) l'organizzazione o l'ente di cui al comma 2, lettera a), non ha rispettato i propri obblighi giuridici in materia di previdenza sociale, tassazione, diritti dei lavoratori, condizioni di lavoro o di impiego, previsti dalla normativa nazionale o dai contratti collettivi applicabili;

d) l'organizzazione o l'ente di cui al comma 2, lettera a), e' stata oggetto di sanzioni a causa di lavoro irregolare.

((4-ter. *Nei casi di cui al comma 4-bis, lettere c)*)) e d), la decisione di rifiuto o di revoca e' adottata nel rispetto del principio di proporzionalita' e tiene conto delle circostanze specifiche del caso. La revoca del nulla osta e' comunicata in via telematica agli uffici consolari all'estero.

5. Entro otto giorni lavorativi dall'ingresso nel territorio nazionale, il volontario dichiara la propria presenza allo sportello unico per l'immigrazione che ha rilasciato il nulla osta, ai fini dell'espletamento delle formalita' occorrenti al rilascio del permesso di soggiorno ai sensi del presente testo unico. Il permesso di soggiorno, che reca la dicitura «volontario» e' rilasciato dal questore, con le modalita' di cui all'articolo 5, comma 8, entro quarantacinque giorni dall'espletamento delle formalita' di cui al primo periodo, per la durata del programma di volontariato e di norma per un periodo non superiore ad un anno. In casi eccezionali, specificamente individuati nei programmi di volontariato e valutati sulla base di apposite direttive che saranno emanate dalle Amministrazioni interessate, il permesso puo' avere una durata superiore e comunque pari a quella del programma. In nessun caso il permesso di

soggiorno, che non e' rinnovabile ne' convertibile in altra tipologia di permesso di soggiorno, puo' avere durata superiore a diciotto mesi.

5-bis. Il permesso di soggiorno non e' rilasciato o il suo rinnovo e' rifiutato, ovvero, se gia' rilasciato, e' revocato nei seguenti casi:

a) e' stato ottenuto in maniera fraudolenta o e' stato falsificato o contraffatto;

b) se risulta che il volontario non soddisfaceva o non soddisfa piu' le condizioni di ingresso e di soggiorno previste dal presente testo unico o se soggiorna per fini diversi da quelli per cui ha ottenuto il nulla osta ai sensi del presente articolo.

6. Il periodo di durata del permesso di soggiorno rilasciato ai sensi della presente disposizione non e' computabile ai fini del rilascio del permesso di soggiorno UE per soggiornanti di lungo periodo di cui all'articolo 9-bis.

6-bis. La documentazione e le informazioni relative alla sussistenza delle condizioni di cui al presente articolo sono fornite in lingua italiana.

Art. 27-ter (Ingresso e soggiorno per ricerca).

1. L'ingresso ed il soggiorno per periodi superiori a tre mesi, al di fuori delle quote di cui all'articolo 3, comma 4, e' consentito a favore di stranieri in possesso di un titolo di dottorato o di un titolo di studio superiore, che nel Paese dove e' stato conseguito dia accesso a programmi di dottorato. Il cittadino straniero, denominato ricercatore ai soli fini dell'applicazione delle procedure previste nel presente articolo, e' selezionato da un istituto di ricerca iscritto nell'apposito elenco tenuto dal Ministero dell'universita' e della ricerca.

1-bis. Le disposizioni di cui al comma 1 non si applicano agli stranieri:

a) che soggiornano a titolo di protezione temporanea, per cure mediche ovvero sono titolari dei permessi di soggiorno di cui agli articoli 18, 18-bis, 20-bis, 22, comma 12-quater e 42-bis nonche' del permesso di soggiorno rilasciato ai sensi dell'articolo 32, comma 3, del decreto legislativo 28 gennaio 2008, n. 25;

b) che soggiornano in quanto beneficiari di protezione internazionale come definita dall'articolo 2, comma 1, lettera a), del decreto legislativo 19 novembre 2007, n. 251, e successive modificazioni, ovvero hanno richiesto il riconoscimento di tale protezione e sono in attesa di una decisione definitiva;

c) che sono familiari di cittadini dell'Unione europea che hanno esercitato o esercitano il diritto alla libera circolazione ai sensi del decreto legislativo 6 febbraio 2007, n. 30, e successive modificazioni, o che, insieme ai loro familiari e a prescindere dalla cittadinanza, godano di diritti di libera circolazione equivalenti a quelli dei cittadini dell'Unione, sulla base di accordi conclusi tra l'Unione e i suoi Stati membri e Paesi terzi o tra l'Unione e Paesi terzi;

d) che beneficiano dello status di soggiornante di lungo periodo e soggiornano ai sensi dell'articolo 9-bis per motivi di lavoro autonomo o subordinato;

e) che soggiornano in qualita' di lavoratori altamente qualificati, ai sensi dell'articolo 27-quater;

f) che sono ammessi nel territorio dell'Unione europea in qualita' di dipendenti in tirocinio nell'ambito di un trasferimento intrasocietario come definito dall'articolo 27-quinquies, comma 2;

g) che sono destinatari di un provvedimento di espulsione anche se sospeso.

2. L'iscrizione nell'elenco di cui al comma 1, valida per cinque anni, e' disciplinata con decreto del Ministro dell'universita' e della ricerca e, fra l'altro, prevede:

a) l'iscrizione nell'elenco da parte di istituti, pubblici o privati, che svolgono attivita' di ricerca intesa come lavoro creativo svolto su base sistematica per aumentare il bagaglio delle conoscenze, compresa la conoscenza dell'uomo, della cultura e della societa', e l'utilizzazione di tale bagaglio di conoscenze per concepire nuove applicazioni;

b) la determinazione delle risorse finanziarie minime a disposizione dell'istituto privato per chiedere l'ingresso di ricercatori e il numero consentito;

c) l'obbligo dell'istituto di farsi carico delle spese connesse all'eventuale condizione d'irregolarita' del ricercatore, compresi i costi relativi all'espulsione, per un periodo di tempo pari a sei mesi dalla cessazione della convenzione di accoglienza di cui al comma 3;

d) le condizioni per la revoca dell'iscrizione nel caso di inosservanza alle norme del presente articolo.

2-bis. L'obbligo di cui al comma 2, lettera c), cessa in caso di rilascio del permesso di soggiorno di cui al comma 9-bis.

3.Il ricercatore e l'istituto di ricerca di cui al comma 1
stipulano una convenzione di accoglienza con cui il ricercatore si impegna a realizzare l'attivita' di ricerca e l'istituto si impegna ad accogliere il ricercatore. L'attivita' di ricerca deve essere approvata dagli organi di amministrazione dell'istituto medesimo che valutano l'oggetto e la durata stimata della ricerca, i titoli in possesso del ricercatore rispetto all'oggetto della ricerca, certificati con una copia autenticata del titolo di studio, ed accertano la disponibilita' delle risorse finanziarie per la sua realizzazione. La convenzione stabilisce il rapporto giuridico e le condizioni di lavoro del ricercatore, le risorse mensili messe a sua disposizione, sufficienti a non gravare sul sistema di assistenza sociale, le spese per il viaggio di ritorno, e contiene, altresi', le indicazioni sul titolo o sullo scopo dell'attivita' di ricerca e sulla durata stimata, l'impegno del ricercatore a completare l'attivita' di ricerca, le informazioni sulla mobilita' del ricercatore in uno o in diversi secondi Stati membri, se gia' nota al momento della stipula della convenzione, l'indicazione della polizza assicurativa per malattia stipulata per il ricercatore ed i suoi familiari ovvero l'obbligo per l'istituto di provvedere alla loro iscrizione al Servizio sanitario nazionale.

3-bis. La sussistenza delle risorse mensili di cui al comma 3 e' valutata caso per caso, tenendo conto del doppio dell'importo dell'assegno sociale, ed e' accertata e dichiarata da parte dell'istituto di ricerca nella convenzione di accoglienza, anche nel caso in cui la partecipazione del ricercatore all'attivita' di ricerca benefici del sostegno finanziario dell'Unione Europea, di un'organizzazione internazionale, di altro istituto di ricerca o di un soggetto estero ad esso assimilabile.

4. La domanda di nulla osta per ricerca, corredata dell'attestato di iscrizione all'elenco di cui al comma 1 e di copia autentica della convenzione di accoglienza di cui al comma 3, e' presentata dall'istituto di ricerca allo sportello unico per l'immigrazione presso la prefettura-ufficio territoriale del Governo competente per il luogo ove si svolge il programma di ricerca. La domanda

indica gli estremi del passaporto in corso di validita' del ricercatore o di un documento equipollente. Lo sportello, acquisito dalla questura il parere sulla sussistenza di motivi ostativi all'ingresso del ricercatore nel territorio nazionale, rilascia il nulla osta entro trenta giorni dalla presentazione della richiesta ovvero, entro lo stesso termine, comunica al richiedente il rigetto. Il nulla osta e il codice fiscale del ricercatore sono trasmessi in via telematica dallo sportello unico agli uffici consolari all'estero per il rilascio del visto di ingresso da richiedere entro sei mesi dal rilascio del nulla osta. Il visto e' rilasciato prioritariamente rispetto ad altre tipologie di visto.

4-bis. In caso di irregolarita' sanabile o incompletezza della documentazione, l'istituto di ricerca e' invitato ad integrare la stessa e il termine di cui al comma 4 e' sospeso.

4-ter. Il nulla osta e' rifiutato e, se gia' rilasciato, e' revocato quando:

a) non sono rispettate le condizioni di cui ai commi 1, 2, 3, 3-bis e 4;

b) i documenti presentati sono stati ottenuti in maniera fraudolenta o contraffatti;

c) l'istituto di ricerca non ha rispettato i propri obblighi giuridici in materia di previdenza sociale, tassazione, diritti dei lavoratori, condizioni di lavoro o di impiego, previsti dalla normativa nazionale o dai contratti collettivi applicabili;

d) l'istituto di ricerca e' stato oggetto di sanzioni a causa di lavoro irregolare;

e) l'istituto di ricerca e' in corso di liquidazione o e' stato liquidato per insolvenza o non e' svolta alcuna attivita' economica.

4-quater. Nei casi di cui al comma 4-ter, lettere c) e d), la decisione di rifiuto o di revoca e' adottata nel rispetto del principio di proporzionalita' e tiene conto delle circostanze specifiche del caso. La revoca del nulla osta e' comunicata in via telematica agli uffici consolari all'estero.

5. La convenzione di accoglienza decade automaticamente nel caso di diniego al rilascio del nulla osta. In presenza di cause che rendono impossibile l'esecuzione della convenzione, l'istituto di ricerca ne informa tempestivamente lo sportello unico per i conseguenti adempimenti.

6. Entro otto giorni lavorativi dall'ingresso nel territorio nazionale, il ricercatore dichiara la propria presenza allo sportello unico per l'immigrazione che ha rilasciato il nulla osta, ai fini dell'espletamento delle formalita' occorrenti al rilascio del permesso di soggiorno ai sensi del presente testo unico.

7. Il permesso di soggiorno per ricerca, che reca la dicitura "ricercatore", e' rilasciato dal questore, ai sensi del presente testo unico, entro trenta giorni dall'espletamento delle formalita' di cui al comma 6, per la durata del programma di ricerca e consente lo svolgimento dell'attivita' indicata nella convenzione di accoglienza nelle forme di lavoro subordinato, di lavoro autonomo o borsa di addestramento alla ricerca. In caso di proroga del programma di ricerca, il permesso di soggiorno e' rinnovato, per una durata pari alla proroga, previa presentazione del rinnovo della convenzione di accoglienza. Per il ricercatore che fa ingresso nel territorio nazionale sulla base di specifici programmi dell'Unione o multilaterali comprendenti misure sulla mobilita', il permesso di soggiorno fa riferimento a tali programmi.

Nell'attesa del rilascio del permesso di soggiorno e' comunque consentita l'attivita' di ricerca. Per le finalita' di cui all'articolo 9, ai titolari di permesso di soggiorno per ricerca rilasciato sulla base di una borsa di addestramento alla ricerca si applicano le disposizioni previste per i titolari di permesso per motivi di studio o formazione professionale.

7-bis. Il permesso di soggiorno non e' rilasciato o il suo rinnovo e' rifiutato, ovvero, se gia' rilasciato, e' revocato nei seguenti casi:

a) e' stato ottenuto in maniera fraudolenta o e' stato falsificato o contraffatto;

b) se risulta che il ricercatore non soddisfaceva o non soddisfa piu' le condizioni di ingresso e di soggiorno previste dal presente testo unico o se soggiorna per fini diversi da quelli per cui ha ottenuto il nulla osta ai sensi del presente articolo.

8. Il ricongiungimento dei familiari di cui all'articolo 29, comma 1, lettere a) e b) e' consentito al ricercatore di cui ai commi 1 e 11-quinquies, indipendentemente dalla durata del suo permesso di soggiorno, ai sensi e alle condizioni previste dal medesimo articolo 29, ad eccezione del requisito di cui al comma 3, lettera a). Alla richiesta di ingresso dei familiari al seguito presentata contestualmente alla richiesta di nulla osta all'ingresso del ricercatore si applica il termine di cui al comma 4. Per l'ingresso dei familiari al seguito del ricercatore di cui al comma 11-quinquies
e' richiesta la dimostrazione di aver risieduto, in qualita' di familiari, nel primo Stato membro. Ai familiari e' rilasciato un permesso di soggiorno per motivi familiari ai sensi dell'articolo 30, commi 2, 3 e 6, di durata pari a quello del ricercatore.

9. Salvo quanto previsto dal comma 1-bis, la procedura di cui al comma 4 si applica anche al ricercatore regolarmente soggiornante nel territorio nazionale ad altro titolo. In tale caso, al ricercatore e' rilasciato il permesso di soggiorno di cui al comma 7 in esenzione di visto e si prescinde dal requisito dell'effettiva residenza all'estero per la procedura di rilascio del nulla osta di cui al comma 4.

9-bis. ((Lo)) straniero munito di passaporto valido o altro documento equipollente, che ha completato l'attivita' di ricerca, alla scadenza del permesso di cui al comma 7 puo' dichiarare la propria immediata disponibilita' allo svolgimento di attivita' lavorativa e alla partecipazione alle misure di politica attiva del lavoro presso i servizi per l'impiego, come previsto dall'articolo 19
del decreto legislativo 14 settembre 2015, n. 150, e richiedere un permesso di soggiorno di durata non inferiore a nove e non superiore a dodici mesi al fine di cercare un'occupazione o avviare un'impresa coerente con l'attivita' di ricerca completata. In tal caso il permesso di soggiorno dei familiari e' rinnovato per la stessa durata. In presenza dei requisiti previsti dal presente testo unico, puo' essere richiesta la conversione in permesso di soggiorno per lavoro.

9-ter. Ai fini del rilascio del permesso di soggiorno di cui al comma 9-bis, lo straniero ((...)) allega idonea documentazione di conferma del completamento dell'attivita' di ricerca svolta, rilasciata dall'istituto di ricerca. Ove la documentazione di conferma del completamento dell'attivita' di ricerca svolta non sia gia' disponibile, puo' essere presentata entro sessanta giorni dalla richiesta del permesso di soggiorno di cui al comma 9-bis.

9-quater. Il permesso di soggiorno di cui al comma 9-bis non e' rilasciato, o se gia' rilasciato, e' revocato:

a) se la documentazione di cui ai commi 9-bis e 9-ter e' stata ottenuta in maniera fraudolenta, falsificata o contraffatta;

b) se risulta che lo straniero non soddisfaceva o non soddisfa piu' le condizioni previste dai commi 9-bis e 9-ter, nonche' le altre condizioni di ingresso e di soggiorno previste dal presente testo unico.

10. I ricercatori di cui ai commi 1, 11 e 11-quinquies possono essere ammessi a parita' di condizioni con i cittadini italiani, a svolgere attivita' di insegnamento compatibile con le disposizioni statutarie e regolamentari dell'istituto di ricerca.

10-bis. Il ricercatore a cui e' stato rilasciato il permesso di soggiorno per ricerca di cui al comma 7 e' riammesso senza formalita' nel territorio nazionale, su richiesta di altro Stato membro dell'Unione europea che si oppone alla mobilita' di breve durata del ricercatore ovvero non autorizza o revoca un'autorizzazione alla mobilita' di lunga durata, anche quando il permesso di soggiorno di cui al comma 7 e' scaduto o revocato. Ai fini del presente articolo, si intende per mobilita' di breve durata l'ingresso ed il soggiorno per periodi non superiori a centottanta giorni in un arco temporale di trecentosessanta giorni e per mobilita' di lunga durata l'ingresso ed il soggiorno per periodi superiori a centottanta giorni.

11. Lo straniero titolare di un permesso di soggiorno per ricerca in corso di validita' rilasciato da un altro Stato membro dell'Unione europea e' autorizzato a soggiornare nel territorio nazionale al fine di proseguire la ricerca gia' iniziata nell'altro Stato, per un periodo massimo di centottanta giorni in un arco temporale di trecentosessanta giorni. A tal fine non e' rilasciato al ricercatore un permesso di soggiorno e il nulla osta di cui al comma 4 e' sostituito da una comunicazione dell'istituto di ricerca, iscritto nell'elenco di cui al comma 1, allo sportello unico della prefettura-ufficio territoriale del Governo della provincia in cui si svolge l'attivita' di ricerca. La comunicazione indica gli estremi del passaporto in corso di validita' o documento equipollente del ricercatore e dei familiari, ed e' corredata dell'attestato di iscrizione all'elenco di cui al comma 1, di copia dell'autorizzazione al soggiorno nel primo Stato membro del ricercatore e dei familiari e della convenzione di accoglienza con l'istituto di ricerca del primo Stato membro nonche' della documentazione relativa alla disponibilita' di risorse sufficienti per non gravare sul sistema di assistenza sociale e di una assicurazione sanitaria per il ricercatore e per i suoi familiari, ove tali elementi non risultino dalla convenzione di accoglienza.

11-bis. Il ricercatore e' autorizzato a fare ingresso in Italia immediatamente dopo la comunicazione di cui al comma 11. I familiari del ricercatore di cui al comma 11 hanno il diritto di entrare e soggiornare nel territorio nazionale, al fine di accompagnare o raggiungere il ricercatore, purche' in possesso di un passaporto valido o documento equipollente e di un'autorizzazione in corso di validita', rilasciata dal primo Stato membro, previa dimostrazione di aver risieduto in qualita' di familiari nel primo Stato membro. Si applicano le disposizioni di cui all'articolo 5, comma 7.

11-ter. Entro trenta giorni dalla comunicazione di cui al comma 11, lo sportello unico, acquisito il parere della questura sulla sussistenza di eventuali motivi ostativi all'ingresso nel territorio nazionale, comunica all'istituto di ricerca, e all'autorita' competente designata come punto di contatto dal primo Stato membro che sussistono motivi di opposizione alla mobilita' del ricercatore e dei suoi familiari, dandone informazione alla questura, nei seguenti casi:

a) mancanza delle condizioni di cui al comma 11;

b) i documenti sono stati ottenuti in maniera fraudolenta, ovvero sono stati contraffatti;

c) l'ente di ricerca non risulta iscritto nell'elenco di cui al comma 1;

d) e' stata raggiunta la durata massima del soggiorno di cui al comma 11;

e) non sono soddisfatte le condizioni di ingresso e soggiorno previste dal presente testo unico.

11-quater. In caso di opposizione alla mobilita' il ricercatore e se presenti i suoi familiari cessano immediatamente tutte le attivita' e lasciano il territorio nazionale.

11-quinquies. Per periodi superiori a centottanta giorni, lo straniero titolare di un permesso di soggiorno per ricerca rilasciato da un altro Stato membro dell'Unione europea e in corso di validita' e' autorizzato a fare ingresso senza necessita' di visto e a soggiornare nel territorio nazionale per svolgere l'attivita' di ricerca presso un istituto di ricerca iscritto nell'elenco di cui al comma 1 previo rilascio del nulla osta di cui al comma 4. Nel caso in cui lo straniero e' presente nel territorio nazionale ai sensi del comma 11, la richiesta di nulla osta e' presentata almeno trenta giorni prima della scadenza del periodo di soggiorno ivi previsto.

11-sexies. Il nulla osta di cui al comma 11-quinquies e' rifiutato e se rilasciato e' revocato quando:

a) ricorrono le condizioni di cui al comma 4-ter;

b) l'autorizzazione del primo Stato membro scade durante la procedura di rilascio del nulla osta.

11-septies. Al ricercatore di cui al comma 11-quinquies e' rilasciato un permesso di soggiorno recante la dicitura «mobilità-ricercatore» e si applicano le disposizioni di cui ai commi 6, 7 e 7-bis. Del rilascio e dell'eventuale revoca del permesso di soggiorno di cui al presente comma sono informate le autorita' competenti del primo Stato membro.

11-octies. Nelle more del rilascio del nulla osta e della consegna del permesso di soggiorno e' consentito al ricercatore di cui al comma 11-quinquies di svolgere attivita' di ricerca a condizione che l'autorizzazione rilasciata dal primo Stato membro sia in corso di validita' e che non sia superato un periodo di centottanta giorni nell'arco di trecentosessanta giorni.

11-nonies. Per quanto non espressamente previsto dal presente articolo, si applicano, ove compatibili, le disposizioni di cui all'articolo 22, ad eccezione del comma 6, secondo periodo.

11-decies. La documentazione e le informazioni relative alla sussistenza delle condizioni di cui al presente articolo sono fornite in lingua italiana.

Art. 27-quater
(Ingresso e soggiorno per lavoratori altamente qualificati. Rilascio della Carta blu UE)

1. L'ingresso ed il soggiorno, per periodi superiori a tre mesi e' consentito, al di fuori delle quote di cui all'articolo 3, comma 4, agli stranieri, di seguito

denominati lavoratori stranieri altamente qualificati, che intendono svolgere prestazioni lavorative retribuite per conto o sotto la direzione o il coordinamento di un'altra persona fisica o giuridica e che sono in possesso:

a) del titolo di istruzione superiore rilasciato da autorita' competente nel Paese dove e' stato conseguito che attesti il completamento di un percorso di istruzione superiore di durata almeno triennale e di una qualifica professionale superiore, come rientrante nei livelli 1, 2 e 3 della classificazione ISTAT delle professioni CP 2011 e successive modificazioni, attestata dal paese di provenienza e riconosciuta in Italia;

b) dei requisiti previsti dal decreto legislativo 6 novembre 2007, n. 206, limitatamente all'esercizio di professioni regolamentate.

2. La disposizione di cui al comma 1 si applica:

a) agli stranieri in possesso dei requisiti di cui al comma 1, anche se soggiornanti in altro Stato membro;

b) ai lavoratori stranieri altamente qualificati, titolari della Carta blu rilasciata in un altro Stato membro;

c) agli stranieri in possesso dei requisiti di cui al comma 1, regolarmente soggiornanti sul territorio nazionale.

3. Le disposizioni di cui al comma 1 non si applicano agli stranieri:

a) che soggiornano a titolo di protezione temporanea, *((per cure mediche ovvero sono titolari dei permessi di soggiorno di cui agli articoli 18, 18-bis, 20-bis, 22, comma 12-quater, 42-bis nonche' del permesso di soggiorno rilasciato ai sensi dell'articolo 32, comma 3, del decreto legislativo 28 gennaio 2008, n. 25,))* ovvero hanno richiesto il relativo permesso di soggiorno e sono in attesa di una decisione su tale richiesta;

b) che soggiornano in quanto beneficiari di protezione internazionale riconosciuta ai sensi della direttiva 2004/83/CE del Consiglio del 29 aprile 2004, cosi' come recepita dal decreto legislativo 19 novembre 2007, n. 251, e della direttiva 2005/85/CE del Consiglio del 1° dicembre 2005, cosi' come recepita dal decreto legislativo 28 gennaio 2008, n. 25, e successive modificazioni, ovvero hanno chiesto il riconoscimento di tale protezione e sono ancora in attesa di una decisione definitiva;

c) che chiedono di soggiornare in qualita' di ricercatori ai sensi dell'articolo 27-ter;

d) che sono familiari di cittadini dell'Unione che hanno esercitato o esercitano il loro diritto alla libera circolazione in conformita' alla direttiva 2004/38/CE, del Parlamento europeo e del Consiglio, del 29 aprile 2004, cosi' come recepita dal decreto legislativo 6 febbraio 2007, n. 30, e successive modificazioni;

e) che beneficiano dello status di soggiornante di lungo periodo e soggiornano ai sensi dell'articolo 9-bis per motivi di lavoro autonomo o subordinato;

f) che fanno ingresso in uno Stato membro in virtu' di impegni previsti da un accordo internazionale che agevola l'ingresso e il soggiorno temporaneo di determinate categorie di persone fisiche connesse al commercio e agli investimenti;

g) che soggiornano in qualita' di lavoratori stagionali;

h) che soggiornano in Italia, in qualita' di lavoratori distaccati, ai sensi dell'articolo 27, comma 1, lettere a), g), ed i), in conformita' alla direttiva 96/71/CE, del Parlamento europeo e del Consiglio del 16 dicembre 2006, cosi' come recepita dal decreto legislativo 25 febbraio 2000, n. 72, e successive modificazioni;

i) che in virtu' di accordi conclusi tra il Paese terzo di appartenenza e l'Unione e i suoi Stati membri beneficiano dei diritti alla libera circolazione equivalente a quelli dei cittadini dell'Unione;

l) che sono destinatari di un provvedimento di espulsione anche se sospeso.

4. La domanda di nulla osta al lavoro per i lavoratori stranieri altamente qualificati e' presentata dal datore di lavoro allo sportello unico per l'immigrazione presso la prefettura-ufficio territoriale del Governo. La presentazione della domanda ed il rilascio del nulla osta, dei visti di ingresso e dei permessi di soggiorno, sono regolati dalle disposizioni di cui all'articolo 22, fatte salve le specifiche prescrizioni previste dal presente articolo.

5. Il datore di lavoro, in sede di presentazione della domanda di cui al comma 4, oltre quanto previsto dal comma 2 dell'articolo 22 deve indicare, a pena di rigetto della domanda:

a) la proposta di contratto di lavoro o l'offerta di lavoro vincolante della durata di almeno un anno, per lo svolgimento di una attivita' lavorativa che richiede il possesso di una qualifica professionale superiore, come indicata al comma 1, lettera a);

b) il titolo di istruzione e la qualifica professionale superiore, come indicati al comma 1, lettera a), posseduti dallo straniero;

c) l'importo dello stipendio annuale lordo, come ricavato dal contratto di lavoro ovvero dall'offerta vincolante, che non deve essere inferiore al triplo del livello minimo previsto per l'esenzione dalla partecipazione alla spesa sanitaria.

6. Lo sportello unico per l'immigrazione convoca il datore di lavoro e rilascia il nulla osta al lavoro non oltre novanta giorni dalla presentazione della domanda ovvero, entro il medesimo termine, comunica al datore di lavoro il rigetto della stessa. Gli stranieri di cui al comma 2, lettera c), del presente articolo, regolarmente soggiornanti sul territorio nazionale, accedono alla procedura di rilascio del nulla osta al lavoro a prescindere dal requisito dell'effettiva residenza all'estero.

7. Il rilascio del nulla osta al lavoro e' subordinato al preventivo espletamento degli adempimenti previsti dall'articolo 22, comma 4.

8. Il nulla osta al lavoro e' sostituito da una comunicazione del datore di lavoro della proposta di contratto di lavoro o dell'offerta di lavoro vincolante, formulate ai sensi del comma 5, e si applicano le disposizioni di cui all'articolo 27, comma 1-ter, nel caso in cui il datore di lavoro abbia sottoscritto con il Ministero dell'interno, sentito il Ministero del lavoro e delle politiche sociali, un apposito protocollo di intesa, con cui il medesimo datore di lavoro garantisce la sussistenza delle condizioni previste dal comma 5 e dall'articolo 27, comma 1-quater. Ai fini dell'applicazione delle disposizioni del presente comma, il datore di lavoro deve dichiarare di non trovarsi nelle condizioni di cui al comma 10.

9. Il nulla osta al lavoro e' rifiutato ovvero, nel caso sia stato rilasciato, e' revocato se i documenti di cui al comma 5 sono stati ottenuti mediante frode o

sono stati falsificati o contraffatti ovvero qualora lo straniero non si rechi presso lo sportello unico per l'immigrazione per la firma del contratto di soggiorno entro il termine di cui all'articolo 22, comma 6, salvo che il ritardo sia dipeso da cause di forza maggiore. Le revoche del nulla osta sono comunicate al Ministero degli affari esteri tramite i collegamenti telematici.

10. Il nulla osta al lavoro e' altresi' rifiutato se il datore di lavoro risulti condannato negli ultimi cinque anni, anche con sentenza non definitiva, compresa quella adottata a seguito di applicazione della pena su richiesta ai sensi dell'articolo 444 del codice di procedura penale, per:

a) favoreggiamento dell'immigrazione clandestina verso l'Italia e dell'emigrazione clandestina dall'Italia verso altri Stati o per reati diretti al reclutamento di persone da destinare alla prostituzione o allo sfruttamento della prostituzione o di minori da impiegare in attivita' illecite;

b) intermediazione illecita e sfruttamento del lavoro ai sensi dell'articolo 603-bis codice penale;

c) reati previsti dall'articolo 22, comma 12.

11. Al lavoratore straniero altamente qualificato autorizzato allo svolgimento di attivita' lavorative e' rilasciato dal Questore un permesso di soggiorno ai sensi dell'articolo 5, comma 8, recante la dicitura 'Carta blu UE', nella rubrica 'tipo di permesso'. Il permesso di soggiorno e' rilasciato, a seguito della stipula del contratto di soggiorno per lavoro di cui all'articolo 5-bis e della comunicazione di instaurazione del rapporto di lavoro di cui all'articolo 9-bis, comma 2, del decreto-legge 1° ottobre 1996, **n.** 510, convertito, con modificazioni, dalla legge 28 novembre 1996, **n.** 608, con durata biennale, nel caso di contratto di lavoro a tempo indeterminato, ovvero con durata pari a quella del rapporto di lavoro piu' tre mesi, negli altri casi.

12. Il permesso di soggiorno non e' rilasciato o il suo rinnovo e' rifiutato ovvero, nel caso sia stato concesso, e' revocato nei seguenti casi:

a) se e' stato ottenuto in maniera fraudolenta o e' stato falsificato o contraffatto;

b) se risulta che lo straniero non soddisfaceva o non soddisfa piu' le condizioni d'ingresso e di soggiorno previste dal presente testo unico o se soggiorna per fini diversi da quelli per cui lo stesso ha ottenuto il nulla osta ai sensi del presente articolo;

c) se lo straniero non ha rispettato le condizioni di cui al comma 13;

d) qualora lo straniero non abbia risorse sufficienti per mantenere se stesso e, nel caso, i propri familiari, senza ricorrere al regime di assistenza sociale nazionale, ad eccezione del periodo di disoccupazione.

13. Il titolare di Carta blu UE, limitatamente ai primi due anni di occupazione legale sul territorio nazionale, esercita esclusivamente attivita' lavorative conformi alle condizioni di ammissione previste al comma 1 e limitatamente a quelle per le quali e' stata rilasciata la Carta blu UE. I cambiamenti di datore di lavoro nel corso dei primi due anni sono soggetti all'autorizzazione preliminare da parte delle competenti Direzioni territoriali del lavoro. Decorsi 15 giorni dalla ricezione della documentazione relativa al nuovo contratto di lavoro o offerta vincolante, il parere della Direzione territoriale competente si intende acquisito.

14. E' escluso l'accesso al lavoro se le attivita' dello stesso comportano, anche in via occasionale l'esercizio diretto o indiretto di pubblici poteri, ovvero attengono alla tutela dell'interesse nazionale. E' altresi' escluso l'accesso al lavoro nei casi in cui, conformemente alla legge nazionale o comunitaria vigente, le attivita' dello stesso siano riservate ai cittadini nazionali, ai cittadini dell'Unione o ai cittadini del SEE.

15. I titolari di Carta blu UE beneficiano di un trattamento uguale a quello riservato ai cittadini, conformemente alla normativa vigente, ad eccezione dell'accesso al mercato del lavoro nei primi due anni, come previsto al comma 13.

16. Il ricongiungimento familiare e' consentito al titolare di Carta blu UE, indipendentemente dalla durata del suo permesso di soggiorno, ai sensi e alle condizioni previste dall'articolo 29. Ai familiari e' rilasciato un permesso di soggiorno per motivi di famiglia, ai sensi dell'articolo 30, commi 2, 3 e 6, di durata pari a quello del titolare di Carta blu UE.

17. Dopo diciotto mesi di soggiorno legale in un altro Stato membro, lo straniero titolare di Carta blu UE, rilasciata da detto Stato, puo' fare ingresso in Italia senza necessita' del visto, al fine di esercitare un'attivita' lavorativa, alle condizioni previste dal presente articolo. Entro un mese dall'ingresso nel territorio nazionale, il datore di lavoro presenta la domanda di nulla osta al lavoro con la procedura prevista al comma 4 e alle condizioni del presente articolo. Il nulla osta e' rilasciato entro il termine di 60 giorni. La domanda di nulla osta al lavoro puo' essere presentata dal datore di lavoro anche se il titolare della Carta blu UE soggiorna ancora nel territorio del primo Stato membro. Al lavoratore straniero altamente qualificato autorizzato al lavoro dallo sportello unico e' rilasciato dal Questore il permesso secondo le modalita' ed alle condizioni previste dal presente articolo. Dell'avvenuto rilascio e' informato lo Stato membro che ha rilasciato la precedente Carta blu UE. Nei confronti dello straniero, cui e' stato rifiutato o revocato il nulla osta al lavoro o il permesso ovvero questo ultimo non e' stato rinnovato, e' disposta l'espulsione ai sensi dell'articolo 13 e l'allontanamento e' effettuato verso lo Stato membro dell'Unione europea che aveva rilasciato la Carta blu UE, anche nel caso in cui la Carta blu UE rilasciata dall'altro Stato membro sia scaduta o sia stata revocata. Nei confronti del titolare di Carta blu UE riammesso in Italia ai sensi del presente comma si applicano le disposizioni previste dall'articolo 22, comma 11. Ai familiari dello straniero titolare di Carta blu UE in possesso di un valido titolo di soggiorno rilasciato dallo Stato membro di provenienza e del documento di viaggio valido, e' rilasciato un permesso di soggiorno per motivi di famiglia, ai sensi dell'articolo 30, commi 2, 3 e 6, previa dimostrazione di aver risieduto in qualita' di familiare del titolare di Carta blu UE nel medesimo Stato membro di provenienza e di essere in possesso dei requisiti di cui all'articolo 29, comma 3.

18. Per quanto non espressamente previsto dal presente articolo trovano applicazione le disposizioni di cui all'articolo 22, in quanto compatibili.

Art. 27-quinquies
(((Ingresso e soggiorno nell'ambito di trasferimenti
intra-societari).))

((1. L'ingresso e il soggiorno in Italia per svolgere prestazioni di lavoro subordinato nell'ambito di trasferimenti intra-societari per periodi superiori a tre mesi e' consentito, al di fuori delle quote di cui all'articolo 3, comma 4, agli stranieri che soggiornano fuori del territorio dell'Unione europea al momento della domanda di ingresso o che sono stati gia' ammessi nel territorio di un altro Stato membro e che chiedono di essere ammessi nel territorio nazionale in qualita' di:

a) dirigenti;

b) lavoratori specializzati, ossia i lavoratori in possesso di conoscenze specialistiche indispensabili per il settore di attivita', le tecniche o la gestione dell'entita' ospitante, valutate, oltre che rispetto alle conoscenze specifiche relative all'entita' ospitante, anche alla luce dell'eventuale possesso di una qualifica elevata, inclusa un'adeguata esperienza professionale, per un tipo di lavoro o di attivita' che richiede conoscenza tecniche specifiche, compresa l'eventuale appartenenza ad un albo professionale;

c) lavoratori in formazione, ossia i lavoratori titolari di un diploma universitario, trasferiti a un'entita' ospitante ai fini dello sviluppo della carriera o dell'acquisizione di tecniche o metodi d'impresa e retribuiti durante il trasferimento.

2. Per trasferimento intra-societario ai sensi del comma 1 si intende il distacco temporaneo di uno straniero, che al momento della richiesta di nulla osta al lavoro si trova al di fuori del territorio dell'Unione europea, da un'impresa stabilita in un Paese terzo, a cui lo straniero e' legato da un rapporto di lavoro che dura da almeno tre mesi, a un'entita' ospitante stabilita in Italia, appartenente alla stessa impresa o a un'impresa appartenente allo stesso gruppo di imprese ai sensi dell'articolo 2359 del codice civile. Il trasferimento intra-societario comprende i casi di mobilita' dei lavoratori stranieri tra entita' ospitanti stabilite in diversi Stati membri.

3. Per entita' ospitante si intende la sede, filiale o rappresentanza in Italia dell'impresa da cui dipende il lavoratore trasferito o un'impresa appartenente allo stesso gruppo, o una sua sede, filiale o rappresentanza in Italia.

4. Il presente articolo non si applica agli stranieri che:

a) chiedono di soggiornare in qualita' di ricercatori ai sensi dell'articolo 27-ter;

b) in virtu' di accordi conclusi tra il Paese terzo di appartenenza e l'Unione europea e i suoi Stati membri, beneficiano dei diritti alla libera circolazione equivalenti a quelli dei cittadini dell'Unione o lavorano presso un'impresa stabilita in tali Paesi terzi;

c) soggiornano in Italia, in qualita' di lavoratori distaccati, ai sensi della direttiva 96/71/CE, e della direttiva 2014/67/UE;

d) svolgono attivita' di lavoro autonomo;

e) svolgono lavoro somministrato;

f) sono ammessi come studenti a tempo pieno o effettuano un tirocinio di breve durata e sotto supervisione nell'ambito del percorso di studi.

5. L'entita' ospitante presenta la richiesta nominativa di nulla osta al trasferimento intra-societario allo sportello unico per l'immigrazione presso la prefettura-Ufficio territoriale del Governo della provincia in cui ha sede legale l'entita' ospitante. La richiesta, a pena di rigetto, indica:

a) che l'entita' ospitante e l'impresa stabilita nel paese terzo appartengono alla stessa impresa o allo stesso gruppo di imprese;

b) che il lavoratore ha lavorato alle dipendenze della stessa impresa o di un'impresa appartenente allo stesso gruppo per un periodo minimo di tre mesi ininterrotti immediatamente precedenti la data del trasferimento intra-societario;

c) che dal contratto di lavoro e, se necessaria, da una lettera di incarico risulta:

1) la durata del trasferimento e l'ubicazione dell'entita' ospitante o delle entita' ospitanti;

2) che il lavoratore ricoprira' un posto di dirigente, di lavoratore specializzato o di lavoratore in formazione nell'entita' ospitante;

3) la retribuzione, nonche' le altre condizioni di lavoro e di occupazione durante il trasferimento intra-societario;

4) che, al termine del trasferimento intra-societario, lo straniero fara' ritorno in un'entita' appartenente alla stessa impresa o a un'impresa dello stesso gruppo stabilite in un Paese terzo;

d) il possesso delle qualifiche, dell'esperienza professionale e del titolo di studio di cui al comma 1, lettere a), b) e c);

e) il possesso da parte dello straniero dei requisiti previsti dal decreto legislativo 9 novembre 2007, n. 206, nell'ipotesi di esercizio della professione regolamentata a cui si riferisce la richiesta;

f) gli estremi di passaporto valido o documento equipollente dello straniero;

g) per i lavoratori in formazione, il piano formativo individuale contenente la durata, gli obiettivi formativi e le condizioni di svolgimento della formazione;

h) l'impegno ad adempiere agli obblighi previdenziali e assistenziali previsti dalla normativa italiana, salvo che non vi siano accordi di sicurezza sociale con il Paese di appartenenza.

6. La richiesta di nulla osta al trasferimento intra-societario contiene altresi' l'impegno dell'entita' ospitante a comunicare allo sportello unico per l'immigrazione ogni variazione del rapporto di lavoro che incide sulle condizioni di ammissione di cui al comma 5.

7. La documentazione relativa ai requisiti di cui al comma 1 e alle condizioni di cui al comma 5 e' presentata, dall'entita' ospitante, entro dieci giorni dalla presentazione della richiesta, allo sportello unico per l'immigrazione di cui al medesimo comma 5, che procede alla verifica della regolarita', della completezza e dell'idoneita' della stessa. In caso di irregolarita' sanabile o incompletezza della documentazione, l'entita' ospitante e' invitata ad integrare la stessa ed il termine di cui al comma 8 e' sospeso fino alla regolarizzazione della documentazione.

8. Lo sportello unico per l'immigrazione, nel complessivo termine massimo di quarantacinque giorni dalla presentazione della richiesta, acquisiti i pareri di competenza della sede territoriale dell'Ispettorato nazionale del lavoro per la verifica delle condizioni di cui al comma 5 e della questura per la verifica della insussistenza di motivi ostativi all'ingresso dello straniero ai sensi dell'articolo 31, comma 1, del regolamento di attuazione, rilascia il nulla osta o, entro il medesimo termine, comunica al richiedente il rigetto dello stesso. Il nulla osta e il codice fiscale dello straniero sono trasmessi in via telematica dallo sportello unico per l'immigrazione agli Uffici consolari per il rilascio del visto. Il nulla osta ha validita' per un periodo non superiore a sei mesi dalla data del rilascio.

9. Il nulla osta al trasferimento intra-societario e' rilasciato con le modalita' di cui agli articoli 30-bis, ad eccezione del comma 4, e dell'articolo 31 del regolamento di attuazione, ove compatibili.

10. Entro otto giorni lavorativi dall'ingresso nel territorio nazionale, lo straniero dichiara la propria presenza allo sportello unico per l'immigrazione che ha rilasciato il nulla osta ai fini del rilascio del permesso di soggiorno.

11. La durata massima del trasferimento intra-societario e' di tre anni per i dirigenti e i lavoratori specializzati e di un anno per i lavoratori in formazione. Tra la fine della durata massima del trasferimento intra-societario e la presentazione di un'altra domanda di ingresso nel territorio nazionale per trasferimento intra-societario per lo stesso straniero devono intercorrere almeno tre mesi.

12. I lavoratori ammessi in Italia nell'ambito di trasferimenti intra-societari beneficiano delle condizioni di lavoro e di occupazione previste dall'articolo 4 del decreto legislativo 17

luglio 2016, n. 136. Essi beneficiano, altresi', di un trattamento uguale a quello riservato ai lavoratori italiani per quanto concerne la liberta' di associazione, adesione e partecipazione a organizzazioni rappresentative dei lavoratori o dei datori di lavoro o a qualunque organizzazione professionale di categoria e per quanto concerne l'erogazione dei beni e servizi a disposizione del pubblico, ad esclusione dell'accesso ad un alloggio e dei servizi forniti dai centri per l'impiego. In caso di mobilita' intra-unionale si applica il regolamento (CE) n. 1231/2010.

13. Nel caso in cui l'entita' ospitante abbia sottoscritto con il Ministero dell'interno, sentito il Ministero del lavoro e delle politiche sociali, un protocollo di intesa, con cui garantisce la sussistenza delle condizioni previste dal comma 5, il nulla osta e' sostituito da una comunicazione presentata, con modalita' telematiche, dall'entita' ospitante allo sportello unico per l'immigrazione. La comunicazione e' trasmessa dallo sportello unico per l'immigrazione al questore per la verifica dell'insussistenza di motivi ostativi all'ingresso dello straniero ai sensi dell'articolo 31, comma 1, del regolamento di attuazione e, ove nulla osti da parte del questore, lo sportello unico per l'immigrazione invia la comunicazione, con le medesime modalita' telematiche, all'Ufficio consolare per il rilascio del visto di ingresso. Entro otto giorni lavorativi dall'ingresso nel territorio nazionale, lo straniero dichiara la propria presenza allo sportello unico per l'immigrazione ai fini del rilascio del permesso di soggiorno.

14. L'entita' ospitante che ha sottoscritto un protocollo di intesa ai sensi del comma 13 comunica tempestivamente e in ogni caso non oltre trenta giorni ogni modifica che incide sulle condizioni garantite dal predetto protocollo.

15. *Il nulla osta al trasferimento intra-societario e' rifiutato o, se gia' rilasciato, e' revocato quando:*

a) non sono rispettate le condizioni previste dal comma 5;

b) non e' trascorso l'intervallo temporale di cui al comma 11;

c) i documenti presentati sono stati ottenuti in maniera fraudolenta o sono stati falsificati o contraffatti;

d) l'entita' ospitante e' stata istituita principalmente allo scopo di agevolare l'ingresso dei lavoratori soggetti a trasferimento intra-societario;

e) l'entita' ospitante non ha rispettato i propri obblighi in materia tributaria, di previdenza sociale, diritti dei lavoratori, condizioni di lavoro e di occupazione previsti dalla normativa nazionale o dai contratti collettivi applicabili;

f) l'entita' ospitante e' stata oggetto di sanzioni per lavoro non dichiarato o occupazione illegale;

g) l'entita' ospitante e' in corso di liquidazione, e' stata liquidata o non svolge alcuna attivita' economica.

16. *Nei casi di cui al comma 15, lettere e), f) e g), la decisione di rifiuto o di revoca e' adottata nel rispetto del principio di proporzionalita' e tiene conto delle circostanze specifiche del caso.*

17. *Al lavoratore autorizzato al trasferimento intra-societario e' rilasciato dal questore, entro quarantacinque giorni dalla dichiarazione di presenza di cui ai commi 10 e 13 un permesso di soggiorno per trasferimento intra-societario recante la dicitura «ICT» nella rubrica «tipo di permesso», con le modalita' di cui all'articolo 5. Lo straniero dichiara alla questura competente il proprio domicilio e si impegna a comunicarne ogni successiva variazione ai sensi dell'articolo 6, comma 8.*

18. *Il permesso di soggiorno ICT non e' rilasciato o il suo rinnovo e' rifiutato o, se gia' rilasciato, e' revocato, oltre che nei casi di cui al comma 15, quando:*

a) e' stato ottenuto in maniera fraudolenta o e' stato falsificato o contraffatto;

b) risulta che il lavoratore intra-societario non soddisfaceva o non soddisfa piu' le condizioni per l'ingresso e il soggiorno previste dal presente testo unico o se soggiorna per fini diversi da quelli per cui ha ottenuto il nulla osta ai sensi del presente articolo;

c) e' stata raggiunta la durata massima del trasferimento intra-societario di cui al comma 11.

19. *La revoca del permesso di soggiorno ICT e' comunicata per iscritto al lavoratore e all'entita' ospitante.*

20. *Il permesso di soggiorno ICT ha durata pari a quella del trasferimento intra-societario e puo' essere rinnovato, dalla questura competente, nei limiti di durata massima di cui al comma 11, in caso di proroga del distacco temporaneo di cui al comma 2, previa verifica, da parte dello sportello unico per l'immigrazione di cui al comma 5, dei presupposti della proroga.*

21. *Il rinnovo del permesso di soggiorno ICT e' consentito, nei limiti della durata massima di cui al comma 11, anche quando lo straniero svolge*

attivita' lavorativa in un altro Stato membro dell'Unione europea. In tal caso il rinnovo e' richiesto al questore competente al primo rilascio.

22. Il ricongiungimento familiare e' consentito al titolare del permesso di soggiorno ICT, indipendentemente dalla durata del suo permesso di soggiorno, ai sensi e alle condizioni previste dall'articolo 29. Ai familiari e' rilasciato un permesso di soggiorno per motivi familiari ai sensi dell'articolo 30, commi 2, 3 e 6, di durata pari a quella del permesso di soggiorno ICT.

23. Alla richiesta di ingresso dei familiari al seguito, presentata contestualmente alla richiesta di cui al comma 5, si applica il termine di cui al comma 8.

24. Lo straniero a cui e' stato rilasciato il permesso di soggiorno ICT e' riammesso senza formalita' nel territorio nazionale, su richiesta di altro Stato membro dell'Unione europea, che si oppone alla mobilita' di breve durata dello straniero, non autorizza o revoca un'autorizzazione alla mobilita' di lunga durata, anche quando il permesso di soggiorno ICT e' scaduto o revocato. Ai fini del presente comma, si intende per mobilita' di breve durata l'ingresso ed il soggiorno per periodi non superiori a novanta giorni in un arco temporale di centottanta giorni e per mobilita' di lunga durata l'ingresso ed il soggiorno per periodi superiori a novanta giorni.

25. Per quanto non espressamente previsto dal presente articolo, si applicano, ove compatibili, le disposizioni di cui all'articolo 22, ad eccezione del comma 6, secondo periodo.

26. In caso di impiego di uno o piu' lavoratori stranieri privi del permesso di soggiorno ICT rilasciato ai sensi del comma 17 o il cui permesso sia scaduto e del quale non sia stato chiesto il rinnovo, si applica l'articolo 22, commi 12, 12-bis, 12-ter, 12-quater e 12-quinquies.))

Art. 27-sexies

(((Stranieri in possesso di permesso di soggiorno per trasferimento intra-societario ICT rilasciato da altro Stato membro).))

((1. Lo straniero titolare di un permesso di soggiorno ICT rilasciato da altro Stato membro e in corso di validita' e' autorizzato a soggiornare nel territorio nazionale e a svolgere attivita' lavorativa presso una sede, filiale o rappresentanza in Italia dell'impresa da cui dipende il medesimo lavoratore titolare di permesso di soggiorno ICT o presso un'impresa appartenente allo stesso gruppo, o una sua sede, filiale o rappresentanza in Italia, per un periodo massimo di novanta giorni in un arco temporale di centottanta giorni. Si applicano le disposizioni di cui all'articolo 5, comma 7, ad eccezione del terzo periodo.

2. Lo straniero titolare di un permesso di soggiorno ICT rilasciato da altro Stato membro e in corso di validita' e' autorizzato a soggiornare nel territorio nazionale e a svolgere attivita' lavorativa presso una sede, filiale o rappresentanza in Italia dell'impresa da cui dipende il medesimo lavoratore titolare di permesso di soggiorno ICT o presso un'impresa appartenente allo stesso gruppo, o una sua sede, filiale o rappresentanza in Italia, per un periodo superiore a novanta giorni previo rilascio del nulla osta ai sensi dell'articolo 27-quinquies, comma 5.

3. Agli stranieri di cui ai commi 1 e 2 e' consentito l'ingresso nel territorio nazionale in esenzione dal visto.

4. La richiesta di nulla osta di cui al comma 2 e' presentata dall'entita' ospitante allo sportello unico per l'immigrazione presso la prefettura-ufficio territoriale del Governo della provincia in cui ha sede legale l'entita' ospitante e indica a pena di rigetto la sussistenza delle condizioni di cui all'articolo 27-quinquies, comma 5, lettere a), c), e), f) ed h). Si applicano le disposizioni di cui all'articolo 27-quinquies, commi 6, 7, 8, primo periodo, e 9. Nel caso in cui lo straniero e' gia' presente nel territorio nazionale ai sensi del comma 1, la richiesta di nulla osta e' presentata entro novanta giorni dal suo ingresso.

5. La documentazione e le informazioni relative alle condizioni di cui al comma 4 sono fornite in lingua italiana.

6. Entro otto giorni lavorativi dal rilascio del nulla osta, lo straniero dichiara allo sportello unico per l'immigrazione che lo ha rilasciato la propria presenza nel territorio nazionale ai fini del rilascio del permesso di soggiorno.

7. Nel caso in cui l'entita' ospitante abbia sottoscritto con il Ministero dell'interno, sentito il Ministero del lavoro e delle politiche sociali, un protocollo di intesa, con cui garantisce la sussistenza delle condizioni previste dal comma 4, il nulla osta e' sostituito da una comunicazione presentata, con modalita' telematiche, dall'entita' ospitante allo sportello unico per l'immigrazione. La comunicazione e' trasmessa dallo sportello unico per l'immigrazione al questore per la verifica dell'insussistenza di motivi ostativi all'ingresso dello straniero ai sensi dell'articolo 31, comma 1, del regolamento di attuazione e, ove nulla osti da parte del questore, lo sportello unico per l'immigrazione invita lo straniero, per il tramite dell'entita' ospitante, a dichiarare entro otto giorni lavorativi la propria presenza nel territorio nazionale ai fini del rilascio del permesso di soggiorno.

8. Il nulla osta e' rifiutato o, se gia' rilasciato, e' revocato quando non sono rispettate le condizioni di cui al comma 4, primo periodo, nonche' nei casi di cui all'articolo 27-quinquies, comma 15, lettere c), e), f) e g).

9. Allo straniero di cui ai commi 2 e 7 e' rilasciato dal questore, entro quarantacinque giorni dalla dichiarazione di presenza di cui ai commi 6 e 7, un permesso di soggiorno per mobilita' di lunga durata recante la dicitura «mobile ICT» nella rubrica «tipo di permesso», con le modalita' di cui all'articolo 5. Lo straniero dichiara alla questura competente il proprio domicilio e si impegna a comunicarne ogni successiva variazione ai sensi dell'articolo 6, comma 8.

10. Il permesso di soggiorno mobile ICT non e' rilasciato o il suo rinnovo e' rifiutato o, se gia' rilasciato, e' revocato, oltre che nei casi di cui al comma 8, nei casi di cui all'articolo 27-quinquies, comma 18. La revoca del permesso di soggiorno mobile ICT e' tempestivamente comunicata allo Stato membro che ha rilasciato il permesso di soggiorno ICT.

11. Nelle more del rilascio del nulla osta e della consegna del permesso di soggiorno mobile ICT, lo straniero e' autorizzato a svolgere l'attivita' lavorativa richiesta qualora il permesso di soggiorno ICT rilasciato dal primo Stato membro non sia scaduto.

12. Allo straniero titolare del permesso di soggiorno mobile ICT si applicano le disposizioni di cui all'articolo 27-quinquies, comma 12.

13. Il permesso di soggiorno mobile ICT ha durata pari a quella del periodo di mobilita' richiesta e puo' essere rinnovato dalla questura competente in caso di proroga del periodo di mobilita', previa verifica da parte dello sportello unico per l'immigrazione di cui al comma 4 dei presupposti della proroga, nei limiti di durata massima di cui all'articolo 27-quinquies, comma 11, e della validita' del permesso di soggiorno ICT rilasciato dallo Stato membro di provenienza.

14. Al titolare del permesso di soggiorno mobile ICT e' consentito il ricongiungimento familiare, indipendentemente dalla durata del suo permesso di soggiorno, ai sensi e alle condizioni previste dall'articolo 29. Ai familiari e' rilasciato un permesso di soggiorno per motivi familiari ai sensi dell'articolo 30, commi 2, 3 e 6, di durata pari a quella del permesso di soggiorno mobile ICT.

15. Ai familiari dello straniero titolare di permesso di soggiorno mobile ICT e in possesso di un valido titolo di soggiorno rilasciato dallo Stato membro di provenienza e' consentito l'ingresso nel territorio nazionale, in esenzione dal visto, ed e' rilasciato un permesso di soggiorno per motivi familiari, ai sensi dell'articolo 30, commi 2, 3 e 6, di durata pari a quella del permesso di soggiorno mobile ICT, previa dimostrazione di aver risieduto in qualita' di familiari del titolare del permesso di soggiorno mobile ICT nel medesimo Stato membro.

16. Nel caso di impiego di uno o piu' lavoratori stranieri il cui permesso di soggiorno ICT rilasciato da altro Stato membro sia scaduto, revocato o annullato o non sia stato richiesto entro novanta giorni dall'ingresso in Italia il nulla osta di cui al comma 4, si applica l'articolo 22, commi 12, 12-bis, 12-ter, 12-quater e 12-quinquies.))

TITOLO IV - DIRITTO ALL'UNITA' FAMILIARE E TUTELA DEI MINORI

Art. 28 (Diritto all'unita' familiare)
(Legge 6 marzo 1998, n. 40, art. 26)

((1. Il diritto a mantenere o a riacquistare l'unita' familiare nei confronti dei familiari stranieri e' riconosciuto, alle condizioni previste dal presente testo unico, agli stranieri titolari di carta di soggiorno o di permesso di soggiorno di durata non inferiore a un anno rilasciato per motivi di lavoro subordinato o autonomo, ovvero per asilo, per studio, per motivi religiosi o per motivi familiari.))

2. Ai familiari stranieri di cittadini italiani o di uno Stato membro dell'Unione Europea continuano ad applicarsi le disposizioni el decreto del Presidente della Repubblica 30 dicembre 1965, n. 1656, fatte salve quelle piu' favorevoli della presente legge o del regolamento di attuazione.

3. In tutti i procedimenti amministrativi e giurisdizionali finalizzati a dare attuazione al diritto all'unita' familiare e riguardanti i minori, deve essere preso in considerazione con carattere di priorita' il superiore interesse del fanciullo, conformemente a quanto previsto dall'articolo 3, comma 1, della Convenzione sui diritti del fanciullo del 20 novembre 1989, ratificata e resa esecutiva ai sensi della legge 27 maggio 1991, **n. 176.**

Art. 29
(Ricongiungimento familiare).

1. Lo straniero puo' chiedere il ricongiungimento per i seguenti familiari:
a) coniuge non legalmente separato e di eta' non inferiore ai diciotto anni;
b) figli minori, anche del coniuge o nati fuori del matrimonio, non coniugati, a condizione che l'altro genitore, qualora esistente, abbia dato il suo consenso;
c) figli maggiorenni a carico, qualora per ragioni oggettive non possano provvedere alle proprie indispensabili esigenze di vita in ragione del loro stato di salute che comporti invalidita' totale;
d) genitori a carico, qualora non abbiano altri figli nel Paese di origine o di provenienza, ovvero genitori ultrasessantacinquenni, qualora gli altri figli siano impossibilitati al loro sostentamento per documentati, gravi motivi di salute.
1-bis. Ove gli stati di cui al comma 1, lettere b), c) e d), non possano essere documentati in modo certo mediante certificati o attestazioni rilasciati da competenti autorita' straniere, in ragione della mancanza di una autorita' riconosciuta o comunque quando sussistano fondati dubbi sulla autenticita' della predetta documentazione, le rappresentanze diplomatiche o consolari provvedono al rilascio di certificazioni, ai sensi dell'articolo 49 del decreto del Presidente della Repubblica 5 gennaio 1967, n. 200, sulla base dell'esame del DNA (acido desossiribonucleico), effettuato a spese degli interessati.
1-ter. Non e' consentito il ricongiungimento dei familiari di cui alle lettere a) e d) del comma 1, quando il familiare di cui si chiede il ricongiungimento e' coniugato con un cittadino straniero regolarmente soggiornante con altro coniuge nel territorio nazionale.
2. Ai fini del ricongiungimento si considerano minori i figli di eta' inferiore a diciotto anni al momento della presentazione dell'istanza di ricongiungimento. I minori adottati o affidati o sottoposti a tutela sono equiparati ai figli.
3. Salvo quanto previsto dall'articolo 29-bis, lo straniero che richiede il ricongiungimento deve dimostrare la disponibilita':
a) di un alloggio conforme ai requisiti igienico-sanitari, nonche' di idoneita' abitativa, accertati dai competenti uffici comunali. Nel caso di un figlio di eta' inferiore agli anni quattordici al seguito di uno dei genitori, e' sufficiente il consenso del titolare dell'alloggio nel quale il minore effettivamente dimorera';
b) di un reddito minimo annuo derivante da fonti lecite non inferiore all'importo annuo dell'assegno sociale aumentato della meta' dell'importo dell'assegno sociale per ogni familiare da ricongiungere. Per il ricongiungimento di due o piu' figli di eta' inferiore agli anni quattordici e' richiesto, in ogni caso, un reddito non inferiore al doppio dell'importo annuo

dell'assegno sociale. Ai fini della determinazione del reddito si tiene conto anche del reddito annuo complessivo dei familiari conviventi con il richiedente; b-bis) di una assicurazione sanitaria o di altro titolo idoneo, a garantire la copertura di tutti i rischi nel territorio nazionale a favore dell'ascendente ultrasessantacinquenne ovvero della sua iscrizione al Servizio sanitario nazionale, previo pagamento di un contributo il cui importo e' da determinarsi con decreto del Ministro del lavoro, della salute e delle politiche sociali, di concerto con il Ministro dell'economia e delle finanze, da adottarsi entro il 30 ottobre 2008 e da aggiornarsi con cadenza biennale, sentita la Conferenza permanente per i rapporti tra lo Stato, le regioni e le province autonome di Trento e di Bolzano.

4. E' consentito l'ingresso, al seguito dello straniero titolare di carta di soggiorno o di un visto di ingresso per lavoro subordinato relativo a contratto di durata non inferiore a un anno, o per lavoro autonomo non occasionale, ovvero per studio o per motivi religiosi, dei familiari con i quali e' possibile attuare il ricongiungimento, a condizione che ricorrano i requisiti di disponibilita' di alloggio e di reddito di cui al comma 3.

5. Salvo quanto disposto dall'articolo 4, comma 6, e' consentito l'ingresso per ricongiungimento al figlio minore, gia' regolarmente soggiornante in Italia con l'altro genitore, del genitore naturale che dimostri il possesso dei requisiti di disponibilita' di alloggio e di reddito di cui al comma 3. Ai fini della sussistenza di tali requisiti si tiene conto del possesso di tali requisiti da parte dell'altro genitore.

6. Al familiare autorizzato all'ingresso ovvero alla permanenza sul territorio nazionale ai sensi dell'articolo 31, comma 3, e' rilasciato, in deroga a quanto previsto dall'articolo 5, comma 3-bis, un permesso per assistenza minore, rinnovabile, di durata corrispondente a quella stabilita dal Tribunale per i minorenni. Il permesso di soggiorno consente di svolgere attivita' lavorativa ma non puo' essere convertito in permesso per motivi di lavoro.

7. La domanda di nulla osta al ricongiungimento familiare, corredata della documentazione relativa ai requisiti di cui al comma 3, e' inviata, con modalita' informatiche, allo Sportello unico per l'immigrazione presso la prefettura - ufficio territoriale del Governo competente per il luogo di dimora del richiedente, il quale, con le stesse modalita', ne rilascia ricevuta. L'ufficio, acquisito dalla questura il parere sulla insussistenza dei motivi ostativi all'ingresso dello straniero nel territorio nazionale, di cui all'articolo 4, comma 3, ultimo periodo, e verificata l'esistenza dei requisiti di cui al comma 3, rilascia il nulla osta ovvero un provvedimento di diniego dello stesso. Il rilascio del visto nei confronti del familiare per il quale e' stato rilasciato il predetto nulla osta e' subordinato all'effettivo accertamento dell'autenticita', da parte dell'autorita' consolare italiana, della documentazione comprovante i presupposti di parentela, coniugio, minore eta' o stato di salute. (63)

8. Il nulla osta al ricongiungimento familiare e' rilasciato entro novanta giorni dalla richiesta. (63)

9. La richiesta di ricongiungimento familiare e' respinta se e' accertato che il matrimonio o l'adozione hanno avuto luogo allo scopo esclusivo di consentire all'interessato di entrare o soggiornare nel territorio dello Stato.

10. Le disposizioni di cui al presente articolo non si applicano:

a) quando il soggiornante chiede il riconoscimento dello status di rifugiato e la sua domanda non e' ancora stata oggetto di una decisione definitiva;

b) agli stranieri destinatari delle misure di protezione temporanea, disposte ai sensi del decreto legislativo 7 aprile 2003, n. 85, ovvero delle misure *((di cui agli articoli 20 e 20-bis))*;

c) *((LETTERA ABROGATA DAL D.L. 4 OTTOBRE 2018, N. 113, CONVERTITO CON MODIFICAZIONI DALLA L. 1 DICEMBRE 2018, N. 132))*.

AGGIORNAMENTO (63)

Il D.L. 17 febbraio 2017, n. 13, convertito con modificazioni dalla L. 13 aprile 2017, n. 46, ha disposto (con l'art. 21, comma 4) che, ai fini dei necessari adeguamenti del sistema informatico, le presenti modifiche si applicano alle domande presentate dopo il centottantesimo giorno dalla data di entrata in vigore del suindicato D.L.

Art. 29-bis
(((Ricongiungimento familiare dei rifugiati).))

((1. Lo straniero al quale e' stato riconosciuto lo status di rifugiato puo' richiedere il ricongiungimento familiare per le medesime categorie di familiari e con la stessa procedura di cui all'articolo 29. Non si applicano, in tal caso, le disposizioni di cui all'articolo 29, comma 3.

2. Qualora un rifugiato non possa fornire documenti ufficiali che provino i suoi vincoli familiari, in ragione del suo status, ovvero della mancanza di un'autorita' riconosciuta o della presunta inaffidabilita' dei documenti rilasciati dall'autorita' locale, rilevata anche in sede di cooperazione consolare Schengen locale, ai sensi della decisione del Consiglio europeo del 22 dicembre 2003, le rappresentanze diplomatiche o consolari provvedono al rilascio di certificazioni, ai sensi dell'articolo 49 del decreto del Presidente della Repubblica 5 gennaio 1967, n. 200, sulla base delle verifiche ritenute necessarie, effettuate a spese degli interessati. Puo' essere fatto ricorso, altresi', ad altri mezzi atti a provare l'esistenza del vincolo familiare, tra cui elementi tratti da documenti rilasciati dagli organismi internazionali ritenuti idonei dal Ministero degli affari esteri. Il rigetto della domanda non puo' essere motivato unicamente dall'assenza di documenti probatori.

3. Se il rifugiato e' un minore non accompagnato, e' consentito l'ingresso ed il soggiorno, ai fini del ricongiungimento, degli ascendenti diretti di primo grado.))

Art. 30
Permesso di soggiorno per motivi familiari
(Legge 6 marzo 1998, n. 40, art. 28)

1. Fatti salvi i casi di rilascio o di rinnovo della carta di soggiorno, il permesso di soggiorno per motivi familiari e' rilasciato:

a) allo straniero che ha fatto ingresso in Italia con visto di ingresso per ricongiungimento familiare, ovvero con visto di ingresso al seguito del proprio familiare nei casi previsti dall'articolo 29, ovvero con visto di ingresso per ricongiungimento al figlio minore;

b) agli stranieri regolarmente soggiornanti ad altro titolo da almeno un anno che abbiano contratto matrimonio nel territorio dello Stato con cittadini italiani o di uno Stato membro dell'Unione europea, ovvero con cittadini stranieri regolarmente soggiornanti;

c) al familiare straniero regolarmente soggiornante, in possesso dei requisiti per il ricongiungimento con il cittadino italiano o di uno Stato membro dell'Unione europea residenti in Italia, ovvero con straniero regolarmente soggiornante in Italia. In tal caso il permesso del familiare e' convertito in permesso di soggiorno per motivi familiari. La conversione puo' essere richiesta entro un anno dalla data di scadenza del titolo di soggiorno originariamente posseduto dal familiare. Qualora detto cittadino sia un rifugiato si prescinde dal possesso di un valido permesso di soggiorno da parte del familiare;

d) al genitore straniero, anche naturale, di minore italiano residente in Italia. In tal caso il permesso di soggiorno per motivi familiari e' rilasciato anche a prescindere dal possesso di un valido titolo di soggiorno, a condizione che il genitore richiedente non sia stato privato della potesta' genitoriale secondo la legge italiana.

1-bis. Il permesso di soggiorno nei casi di cui al comma 1, lettera b), e' immediatamente revocato qualora sia accertato che al matrimonio non e' seguita l'effettiva convivenza salvo che dal matrimonio sia nata prole. La richiesta di rilascio o di rinnovo del permesso di soggiorno dello straniero di cui al comma 1, lettera a), e' rigettata e il permesso di soggiorno e' revocato se e' accertato che il matrimonio o l'adozione hanno avuto luogo allo scopo esclusivo di permettere all'interessato di soggiornare nel territorio dello Stato.

2. Il permesso di soggiorno per motivi familiari consente l'accesso ai servizi assistenziali, l'iscrizione a corsi di studio o di formazione professionale, l'iscrizione nelle liste di collocamento, lo svolgimento di lavoro subordinato o autonomo, fermi i requisiti minimi di eta' per lo svolgimento di attivita' di lavoro.

3. Il permesso di soggiorno per motivi familiari ha la stessa durata del permesso di soggiorno del familiare straniero in possesso dei requisiti per il ricongiungimento ai sensi dell'articolo 29 ed e' rinnovabile insieme con quest'ultimo.

4. COMMA ABROGATO DAL D.LGS. 6 FEBBRAIO 2007, N. 30.

5. In caso di morte del familiare in possesso dei requisiti per il ricongiungimento e in caso di separazione legale o di scioglimento del matrimonio o, per il figlio che non possa ottenere la carta di soggiorno, al compimento del diciottesimo anno di eta', il permesso di soggiorno puo' essere convertito in permesso per lavoro subordinato, per lavoro autonomo o per studio, fermi i requisiti minimi di eta' per lo svolgimento di attivita' di lavoro.

((6. Contro il diniego del nulla osta al ricongiungimento familiare e del permesso di soggiorno per motivi familiari, nonche' contro gli altri provvedimenti dell'autorita' amministrativa in materia di diritto all'unita' familiare, l'interessato puo' proporre opposizione all'autorita' giudiziaria ordinaria. L'opposizione e' disciplinata dall'articolo 20 del decreto legislativo 1° settembre 2011, n. 150.))
((37))

AGGIORNAMENTO (37)
Il D.Lgs. 1 settembre 2011, n. 150 ha disposto (con l'art. 36, comma 1) che "Le norme del presente decreto si applicano ai procedimenti instaurati successivamente alla data di entrata in vigore dello stesso."
Ha inoltre disposto (con l'art. 36, comma 2) che "Le norme abrogate o modificate dal presente decreto continuano ad applicarsi alle controversie pendenti alla data di entrata in vigore dello stesso."

Art. 31
(Disposizioni a favore dei minori)
(Legge 6 marzo 1998, n. 40, art. 29)

1. Il figlio minore dello straniero con questo convivente e regolarmente soggiornante segue la condizione giuridica del genitore con il quale convive ovvero la piu' favorevole tra quelle dei genitori con cui convive. Il minore che risulta affidato ai sensi dell'articolo 4 della legge 4 maggio 1983, n. 184, segue la condizione giuridica dello straniero al quale e' affidato, se piu' favorevole. Al minore e' rilasciato un permesso di soggiorno per motivi familiari valido fino al compimento della maggiore eta' ovvero un permesso di soggiorno UE per soggiornanti di lungo periodo ai sensi dell'articolo 9. L'assenza occasionale e temporanea dal territorio dello Stato non esclude il requisito della convivenza.
2. COMMA ABROGATO DALLA L. 7 LUGLIO 2016, N. 122.
3. Il Tribunale per i minorenni, per gravi motivi connessi con lo sviluppo psicofisico e tenuto conto dell'eta' e delle condizioni di salute del minore che si trova nel territorio italiano, puo' autorizzare l'ingresso o la permanenza del familiare, per un periodo di tempo determinato, anche in deroga alle altre disposizioni della presente legge. L'autorizzazione e' revocata quando vengono a cessare i gravi motivi che ne giustificavano il rilascio o per attivita' del familiare incompatibili con le esigenze del minore o con la permanenza in Italia. I provvedimenti sono comunicati alla rappresentanza diplomatica o consolare e al questore per gli adempimenti di rispettiva competenza.
4. Qualora ai sensi del presente testo unico debba essere disposta l'espulsione di un minore straniero, il provvedimento e' adottato *((, a condizione comunque che il provvedimento stesso non comporti un rischio di danni gravi per il*

minore)), su richiesta del questore, dal tribunale per i minorenni. *((Il Tribunale per i minorenni decide tempestivamente e comunque non oltre trenta giorni))*.

Art. 32 Disposizioni concernenti minori affidati al compimento della maggiore eta'
(Legge 6 marzo 1998, n. 40, art. 30)

1. Al compimento della maggiore eta', allo straniero nei cui confronti sono state applicate le disposizioni di cui all'articolo 31, comma 1, e, fermo restando quanto previsto dal comma 1-bis, ai minori che sono stati affidati ai sensi dell'articolo 2 della legge 4
maggio 1983, n. 184, puo' essere rilasciato un permesso di soggiorno per motivi di studio di accesso al lavoro, di lavoro subordinato o autonomo, per esigenze sanitarie o di cura. Il permesso di soggiorno per accesso al lavoro prescinde dal possesso dei requisiti di cui all'articolo 23.
1-bis. Il permesso di soggiorno di cui al comma 1 puo' essere rilasciato per motivi di studio, di accesso al lavoro ovvero di lavoro subordinato o autonomo, al compimento della maggiore eta', ai minori stranieri non accompagnati, affidati ai sensi dell'articolo 2
della legge 4 maggio 1983, n. 184, ovvero sottoposti a tutela, previo parere positivo del Comitato per i minori stranieri di cui all'articolo 33 del presente testo unico, ovvero ai minori stranieri non accompagnati che siano stati ammessi per un periodo non inferiore a due anni in un progetto di integrazione sociale e civile gestito da un ente pubblico o privato che abbia rappresentanza nazionale e che comunque sia iscritto nel registro istituito presso la Presidenza del Consiglio dei ministri ai sensi dell'articolo 52 del decreto del Presidente della Repubblica 31 agosto 1999, n. 394. PERIODO SOPPRESSO DAL D.L. 4 OTTOBRE 2018, N. 113, CONVERTITO CON MODIFICAZIONI DALLA L. 1 DICEMBRE 2018, N. 132. PERIODO SOPPRESSO DAL D.L. 4 OTTOBRE 2018, N. 113, CONVERTITO CON MODIFICAZIONI DALLA L. 1 DICEMBRE 2018, N. 132. *((Il mancato rilascio del parere richiesto non puo' legittimare il rifiuto del rinnovo del permesso di soggiorno. Si applica l'articolo 20, commi 1, 2 e 3, della legge 7 agosto 1990, n. 241.))*
1-ter. L'ente gestore dei progetti deve garantire e provare con idonea documentazione, al momento del compimento della maggiore eta' del minore straniero di cui al comma 1-bis, che l'interessato si trova sul territorio nazionale da non meno di tre anni, che ha seguito il progetto per non meno di due anni, ha la disponibilita' di un alloggio e frequenta corsi di studio ovvero svolge attivita' lavorativa retribuita nelle forme e con le modalita' previste dalla legge italiana, ovvero e' in possesso di contratto di lavoro anche se non ancora iniziato.
1-quater. Il numero dei permessi di soggiorno rilasciati ai sensi del presente articolo e' portato in detrazione dalle quote di ingresso definite annualmente nei decreti di cui all'articolo 3, comma 4.

Art. 33
(Comitato per i minori stranieri)
(Legge 6 marzo 1998, n. 40, art. 31)

1. Al fine di vigilare sulle modalita' di soggiorno dei minori stranieri temporaneamente ammessi sul territorio dello Stato e di coordinare le attivita' delle amministrazioni interessate e' istituito, senza ulteriori oneri a carico del bilancio dello Stato un Comitato presso la Presidenza del Consiglio dei ministri composto da rappresentanti dei ministeri degli Affari esteri, dell'interno e di grazia e giustizia, del Dipartimento per gli affari sociali della Presidenza del Consiglio dei ministri, nonche' da due rappresentanti dell'Associazione nazionale dei comuni italiani (ANCI), da un rappresentante dell'Unione province d'Italia (UPI) e da due rappresentanti di organizzazioni maggiormente rappresentative operanti nel settore dei problemi della famiglia.

2. Con decreto del Presidente del Consiglio dei Ministri o del Ministro da lui delegato, sentiti i Ministri degli affari esteri, dell'interno e di grazia e giustizia, sono definiti i compiti del Comitato di cui al comma 1, concernenti la tutela dei diritti dei minori stranieri in conformita' alle previsioni della Convenzione sui diritti del fanciullo del 20 novembre 1989, ratificata e resa esecutiva ai sensi della legge 27 maggio 1991, n. 176. In particolare sono stabilite:

a) le regole e le modalita' per l'ingresso ed il soggiorno nel territorio dello Stato dei minori stranieri in eta' superiore a sei anni, che entrano in Italia nell'ambito di programmi solidaristici di accoglienza temporanea promossi da enti, associazioni o famiglie italiane, nonche' per l'affidamento temporaneo e per il rimpatrio dei medesimi;

b) le modalita' di accoglienza dei minori stranieri non accompagnati presenti nel territorio dello Stato, nell'ambito delle attivita' dei servizi sociali degli enti locali e i compiti di impulso e di raccordo del Comitato di cui al comma 1 con le amministrazioni interessate ai fini dell'accoglienza, del rimpatrio assistito e del ricongiungimento del minore con la sua famiglia nel Paese d'origine o in un Paese terzo.

2-bis. Il provvedimento di rimpatrio del minore straniero non accompagnato per le finalita' di cui al comma 2, e' adottato ((dal tribunale per i minorenni competente)). ((PERIODO SOPPRESSO DALLA L.
7 APRILE 2017, N. 47)).

((3. All'attuazione delle disposizioni contenute nel presente articolo si provvede nei limiti delle risorse umane, finanziarie e strumentali disponibili a legislazione vigente e comunque senza nuovi o maggiori oneri per la finanza pubblica)).

TITOLO V - DISPOSIZIONI IN MATERIA SANITARIA, NONCHE' DI - ISTRUZIONE, ALLOGGIO, PARTECIPAZIONE ALLA VITA - PUBBLICA E INTEGRAZIONE SOCIALE. –

CAPO I - DISPOSIZIONI IN MATERIA SANITARIA -

Art. 34 (Assistenza per gli stranieri iscritti al Servizio sanitario nazionale)
(Legge 6 marzo 1998, n. 40, art. 32)

1. Hanno l'obbligo di iscrizione al Servizio sanitario nazionale e hanno parita' di trattamento e piena uguaglianza di diritti e doveri rispetto ai cittadini italiani per quanto attiene all'obbligo contributivo, all'assistenza erogata in Italia dal Servizio sanitario nazionale e alla sua validita' temporale:
   a) gli stranieri regolarmente soggiornanti che abbiano in corso regolari attivita' di lavoro subordinato o di lavoro autonomo o siano iscritti nelle liste di collocamento;
   b) gli stranieri regolarmente soggiornanti o che abbiano chiesto il rinnovo del titolo di soggiorno, per lavoro subordinato, per lavoro autonomo, per motivi familiari, *((per asilo, per protezione sussidiaria, per casi speciali, per protezione speciale, per cure mediche ai sensi dell'articolo 19, comma 2, lettera d-bis),))* per richiesta di asilo, per attesa adozione, per affidamento, per acquisto della cittadinanza.
   b-bis) i minori stranieri non accompagnati, anche nelle more del rilascio del permesso di soggiorno, a seguito delle segnalazioni di legge dopo il loro ritrovamento nel territorio nazionale.
2. L'assistenza sanitaria spetta altresi' ai familiari a carico regolarmente soggiornanti. Nelle more dell'iscrizione al servizio sanitario nazionale ai minori figli di stranieri iscritti al servizio sanitario nazionale e' assicurato fin dalla nascita il medesimo trattamento dei minori iscritti.
3. Lo straniero regolarmente soggiornante, non rientrante tra le categorie indicate nei commi 1 e 2 e' tenuto ad assicurarsi contro il rischio di malattie, infortunio e maternita' mediante stipula di apposita polizza assicurativa con un istituto assicurativo italiano o straniero, valida sul territorio nazionale, ovvero mediante iscrizione al servizio sanitario nazionale valida anche per i familiari a carico. Per l'iscrizione al servizio sanitario nazionale deve essere corrisposto a titolo di partecipazione alle spese un contributo annuale, di importo percentuale pari a quello previsto per i cittadini italiani, sul reddito complessivo conseguito nell'anno precedente in Italia e all'estero. L'ammontare del contributo e' determinato con decreto del Ministro della sanita', di concerto con il Ministro del tesoro, del bilancio e della programmazione economica e non puo' essere inferiore al contributo minimo previsto dalle norme vigenti.
4. L'iscrizione volontaria al servizio sanitario nazionale puo' essere altresi' richiesta:

a) dagli stranieri soggiornanti in Italia titolari di permesso di soggiorno per motivi di studio;

b) dagli stranieri regolarmente soggiornanti collocati alla pari, ai sensi dell'accordo europeo sul collocamento alla pari, adottato a Strasburgo il 24 novembre 1969, ratificato e reso esecutivo ai sensi della legge 18 maggio 1973 n. 304.

5. I soggetti di cui al comma 4 sono tenuti a corrispondere per l'iscrizione al servizio sanitario nazionale, a titolo di partecipazione alla spesa, un contributo annuale forfettario negli importi e secondo le modalita' previsti dal decreto di cui al comma 3.

6. Il contributo per gli stranieri indicati al comma 4, lettere a) e b) non e' valido per i familiari a carico.

7. Lo straniero assicurato al servizio sanitario nazionale e' iscritto nella azienda sanitaria locale del comune in cui dimora secondo le modalita' previste dal regolamento di attuazione.

Art. 35
(Assistenza sanitaria per gli stranieri non iscritti al Servizio sanitario nazionale)
(Legge 6 marzo 1998, n. 40, art. 33)

1. Per le prestazioni sanitarie erogate ai cittadini stranieri non iscritti al Servizio sanitario nazionale devono essere corrisposte, dai soggetti tenuti al pagamento di tali prestazioni, le tariffe determinate dalle regioni e province autonome ai sensi dell'articolo 8, commi 5 e 7, del decreto legislativo 30 dicembre 1992, n. 502, e successive modificazioni.

2. Restano salve le norme che disciplinano l'assistenza sanitaria ai cittadini stranieri in Italia in base a trattati e accordi internazionali bilaterali o multilaterali di reciprocita' sottoscritti dall'Italia.

3. Ai cittadini stranieri presenti sul territorio nazionale, non in regola con le norme relative all'ingresso ed al soggiorno, sono assicurate, nei presidi pubblici ed accreditati, le cure ambulatoriali ed ospedaliere urgenti o comunque essenziali, ancorche' continuative, per malattia ed infortunio e sono estesi i programmi di medicina preventiva a salvaguardia della salute individuale e collettiva. Sono, in particolare, garantiti:

a) la tutela sociale della gravidanza e della maternita', a parita' di trattamento con le cittadine italiane, ai sensi delle leggi 29 luglio 1975, n. 405, e 22 maggio 1978, n. 194, e del decreto del Ministro della sanita' 6 marzo 1995, pubblicato nella Gazzetta Ufficiale n. 87 del 13 aprile 1995, a parita' di trattamento con i cittadini italiani;

b) la tutela della salute del minore in esecuzione della Convenzione sui diritti del fanciullo del 20 novembre 1989, ratificata e resa esecutiva ai sensi della legge 27 maggio 1991, **n.** 176;

c) le vaccinazioni secondo la normativa e nell'ambito di interventi di campagne di prevenzione collettiva autorizzati dalle regioni;

d) gli interventi di profilassi internazionale;

e) la profilassi, la diagnosi e la cura delle malattie infettive ed eventuale bonifica dei relativi focolai.

4. Le prestazioni di cui al comma 3 sono erogate senza oneri a carico dei richiedenti qualora privi di risorse economiche sufficienti, fatte salve le quote di partecipazione alla spesa a parita' con i cittadini italiani.

5. L'accesso alle strutture sanitarie da parte dello straniero non in regola con le norme sul soggiorno non puo' comportare alcun tipo di segnalazione all'autorita', salvo i casi in cui sia obbligatorio il referto, a parita' di condizioni con il cittadino italiano.

6. Fermo restando il finanziamento delle prestazioni ospedaliere urgenti o comunque essenziali a carico del Ministero dell'interno, agli oneri recati dalle rimanenti prestazioni contemplate nel comma 3, nei confronti degli stranieri privi di risorse economiche sufficienti, si provvede nell'ambito delle disponibilita' del Fondo sanitario nazionale, con corrispondente riduzione dei programmi riferiti agli interventi di emergenza.*((65))*

AGGIORNAMENTO (65)

Il D.L. 24 aprile 2017, n. 50, convertito con modificazioni dalla L. 21 giugno 2017, n. 96, ha disposto (con l'art. 32, comma 1) che "Le competenze relative al finanziamento delle prestazioni di cui all'articolo 35, comma 6, del decreto legislativo 25 luglio 1998, **n.** 286, gia' attribuite al Ministero dell'Interno, sono trasferite al Ministero della salute, con decorrenza dal 1 gennaio 2017, in coerenza con le risorse a tal fine stanziate nel bilancio dello Stato in apposito capitolo di spesa".

Art. 36
(Ingresso e soggiorno per cure mediche)
(Legge 6 marzo 1998, n. 40, art. 34)

1. Lo straniero che intende ricevere cure mediche in Italia e l'eventuale accompagnatore possono ottenere uno specifico visto di ingresso ed il relativo permesso di soggiorno. A tale fine gli interessati devono presentare una dichiarazione della struttura sanitaria italiana prescelta che indichi il tipo di cura, la data di inizio della stessa e la durata presunta del trattamento terapeutico, devono attestare l'avvenuto deposito di una somma a titolo cauzionale, tenendo conto del costo presumibile delle prestazioni sanitarie richieste, secondo modalita' stabilite dal regolamento di attuazione, nonche' documentare la disponibilita' in Italia di vitto e alloggio per l'accompagnatore e per il periodo di convalescenza dell'interessato. La domanda di rilascio del visto o di rilascio o rinnovo del permesso puo' anche essere presentata da un familiare o da chiunque altro vi abbia interesse.

2. Il trasferimento per cure in Italia con rilascio di permesso di soggiorno per cure mediche e' altresi' consentito nell'ambito di programmi umanitari definiti ai sensi dell'articolo 12, comma 2, lettera c), del decreto legislativo 30 dicembre 1992, n. 502, come modificato dal decreto legislativo 7 dicembre 1993, n. 517, previa autorizzazione del Ministero della sanita', d'intesa con il ministero degli affari esteri. Le aziende sanitarie locali e le aziende ospedaliere, tramite le

regioni, sono rimborsate delle spese sostenute che fanno carico al fondo sanitario nazionale.

((3. Il permesso di soggiorno per cure mediche ha una durata pari alla durata presunta del trattamento terapeutico, e' rinnovabile finche' durano le necessita' terapeutiche documentate e consente lo svolgimento di attivita' lavorativa.))

4. Sono fatte salve le disposizioni in materia di profilassi internazionale.

TITOLO V - DISPOSIZIONI IN MATERIA SANITARIA, NONCHE' DI ISTRUZIONE, ALLOGGIO, PARTECIPAZIONE ALLA VITA PUBBLICA E INTEGRAZIONE SOCIALE.

CAPO II - DISPOSIZIONI IN MATERIA DI ISTRUZIONE - DIRITTO ALLO STUDIO E PROFESSIONE -

Art. 37 (Attivita' professionali)
(Legge 6 marzo 1998, n. 40, art. 35)

1. Agli stranieri regolarmente soggiornanti in Italia, in possesso dei titoli professionali legalmente riconosciuti in Italia abilitanti all'esercizio delle professioni, e' consentita, in deroga alle disposizioni che prevedono il requisito della cittadinanza italiana entro un anno dalla data di entrata in vigore dalla legge 6 marzo 1998, n. 40, l'iscrizione agli Ordini o Collegi professionali o, nel caso di professioni sprovviste di albi, l'iscrizione in elenchi speciali da istituire presso i Ministeri competenti, secondo quanto previsto dal regolamento di attuazione. L'iscrizione ai predetti albi o elenchi e' condizione necessaria per l'esercizio delle professioni anche con rapporto di lavoro subordinato. Non possono usufruire della deroga gli stranieri che sono stati ammessi in soprannumero ai corsi di diploma, di laurea o di specializzazione, salvo autorizzazione del Governo dello Stato di appartenenza.

2. Le modalita', le condizioni ed i limiti temporali per l'autorizzazione all'esercizio delle professioni e per il riconoscimento dei relativi titoli abilitanti non ancora riconosciuti in Italia sono stabiliti con il regolamento di attuazione. Le disposizioni per il riconoscimento dei titoli saranno definite dai Ministri competenti, di concerto con il Ministro dell'universita' e della ricerca scientifica e tecnologica, sentiti gli Ordini professionali e le associazioni di categoria interessate.

3. Gli stranieri di cui al comma 1, a decorrere dalla scadenza del termine ivi previsto, possono iscriversi agli Ordini, Collegi ed elenchi speciali nell'ambito delle quote definite a norma dell'articolo 3, comma 4, e secondo percentuali massime di impiego definite in conformita' ai criteri stabiliti dal regolamento di attuazione.

4. In caso di lavoro subordinato e' garantita la parita' di trattamento retributivo e previdenziale con i cittadini italiani.

TITOLO V - DISPOSIZIONI IN MATERIA SANITARIA, NONCHE' DI ISTRUZIONE, - ALLOGGIO, PARTECIPAZIONE ALLA VITA PUBBLICA E INTEGRAZIONE - SOCIALE.

CAPO II - DISPOSIZIONI IN MATERIA DI ISTRUZIONE - DISE DIRITTO - ALLO STUDIO E PROFESSIONE

Art. 38 (Istruzione degli stranieri. Educazione interculturale)
(Legge 6 marzo 1998, n. 40, art. 36 legge 30 dicembre 1986, n. 943, art. 9, commi 4 e 5)

1. I minori stranieri presenti sul territorio sono soggetti all'obbligo scolastico; ad essi si applicano tutte le disposizioni vigenti in materia di diritto all'istruzione, di accesso ai servizi educativi, di partecipazione alla vita della comunita' scolastica.
2. L'effettivita' del diritto allo studio e' garantita dallo Stato, dalle Regioni e dagli enti locali anche mediante l'attivazione di appositi corsi ed iniziative per l'apprendimento della lingua italiana.
3. La comunita' scolastica accoglie le differenze linguistiche e culturali come valore da porre a fondamento del rispetto reciproco, dello scambio tra le culture e della tolleranza; a tale fine promuove e favorisce iniziative volte alla accoglienza, alla tutela della cultura e della lingua d'origine e alla realizzazione di attivita' interculturali comuni.
4. Le iniziative e le attivita' di cui al comma 3 sono realizzate sulla base di una rilevazione dei bisogni locali e di una programmazione territoriale integrata, anche in convenzione con le associazioni degli stranieri, con le rappresentanze diplomatiche o consolari dei Paesi di appartenenza e con le organizzazioni di volontariato.
5.Le istituzioni scolastiche, nel quadro di una programmazione territoriale degli interventi, anche sulla base di convenzioni con le Regioni e gli enti locali, promuovono:
a) l'accoglienza degli stranieri adulti regolarmente soggiornanti mediante l'attivazione di corsi di alfabetizzazione nelle scuole elementari e medie;
b) la realizzazione di un'offerta culturale valida per gli stranieri adulti regolarmente soggiornanti che intendano conseguire il titolo di studio della scuola dell'obbligo;
c) la predisposizione di percorsi integrativi degli studi sostenuti nel Paese di provenienza al fine del conseguimento del titolo dell'obbligo o del diploma di scuola secondaria superiore;
d) la realizzazione ed attuazione di corsi di lingua italiana;

101

e) la realizzazione di corsi di formazione, anche nel quadro di accordi di collaborazione internazionale in vigore per l'Italia.

6. Le regioni, anche attraverso altri enti locali, promuovono programmi culturali per i diversi gruppi nazionali, anche mediante corsi effettuati presso le scuole superiori o istituti universitari.

Analogamente a quanto disposto per i figli dei lavoratori comunitari e per i figli degli emigrati italiani che tornano in Italia, sono attuati specifici insegnamenti integrativi, nella lingue e cultura di origine.

7. Con regolamento adottato ai sensi dell'articolo 17, comma 1, della legge 23 agosto 1988, n. 400, sono dettate le disposizioni di attuazione del presente capo, con specifica indicazione:

a) delle modalita' di realizzazione di specifici progetti nazionali e locali, con particolare riferimento all'attivazione di corsi intensivi di lingua italiana nonche' dei corsi di formazione ed aggiornamento del personale ispettivo, direttivo e docente delle scuole di ogni ordine e grado e dei criteri per l'adattamento dei programmi di insegnamento;

b) dei criteri per il riconoscimento dei titoli di studio e degli studi effettuati nei paesi di provenienza ai fini dell'inserimento scolastico, nonche' dei criteri e delle modalita' di comunicazione con le famiglie degli alunni stranieri, anche con l'ausilio di mediatori culturali qualificati;

c) dei criteri per l'iscrizione e l'inserimento nelle classi degli stranieri provenienti dall'estero, per la ripartizione degli alunni stranieri nelle classi e per l'attivazione di specifiche attivita' di sostegno linguistico;

d) dei criteri per la stipula delle convenzioni di cui ai commi 4 e 5.

Art. 38-bis
(((Disposizioni in materia di soggiorni di breve durata per gli studenti delle filiazioni in Italia di universita' e istituti superiori di insegnamento a livello universitario stranieri).))

((1. Le disposizioni della legge 28 maggio 2007, n. 68, si applicano agli studenti delle filiazioni in Italia di universita' e istituti superiori di insegnamento a livello universitario di cui all'articolo 2 della legge 14 gennaio 1999, n. 4, nel caso in cui il soggiorno in Italia dei predetti studenti non sia superiore a centocinquanta giorni. Si applicano le disposizioni dell'articolo 6, comma 8, del presente testo unico.

2. Nei casi di cui al comma 1, la dichiarazione di presenza e' accompagnata da una dichiarazione di garanzia del legale rappresentante della filiazione o di un suo delegato, che si obbliga a comunicare entro quarantotto ore al questore territorialmente competente ogni variazione relativa alla presenza dello studente durante il suo soggiorno per motivi di studio. Le violazioni delle disposizioni del presente comma sono soggette alla sanzione amministrativa di cui all'articolo 7, comma 2-bis)).

Art. 39

Accesso ai percorsi di istruzione tecnico superiore e ai percorsi di formazione superiore.
(Legge 6 marzo 1998, n. 40, art. 37)

1. In materia di accesso ai corsi di istruzione e formazione tecnico superiore, ai corsi degli Istituti tecnico superiori e alla formazione superiore, nonche' agli interventi per il diritto allo studio, e' assicurata la parita' di trattamento tra lo straniero e il cittadino italiano, nei limiti e con le modalita' di cui al presente articolo.

2. Le istituzioni di formazione superiore, nella loro autonomia e nei limiti delle loro disponibilita' finanziarie, assumono iniziative volte al conseguimento degli obiettivi del documento programmatico di cui all'articolo 3, promuovendo l'accesso degli stranieri ai corsi universitari e di alta formazione artistica, musicale e coreutica, tenendo conto degli orientamenti comunitari in materia, in particolare riguardo all'inserimento di una quota di studenti universitari stranieri, stipulando apposite intese con istituzioni formative straniere per la mobilita' studentesca, nonche' organizzando attivita' di orientamento e di accoglienza.

3. Con il regolamento di attuazione sono disciplinati:
a) gli adempimenti richiesti agli stranieri per il conseguimento del visto di ingresso e del permesso di soggiorno per motivi di studio anche con riferimento alle modalita' di prestazione di garanzia di copertura economica da parte di enti o cittadini italiani o stranieri regolarmente soggiornanti nel territorio dello Stato in luogo della dimostrazione di disponibilita' di mezzi sufficienti di sostentamento da parte dello studente straniero;
b) la rinnovabilita' del permesso di soggiorno per motivi di studio, anche ai fini della prosecuzione del corso di studi con l'iscrizione ad un corso di istruzione tecnica superiore e di formazione superiore diverso da quello per il quale lo straniero ha fatto ingresso, previa autorizzazione dell'istituzione, e l'esercizio di attivita' di lavoro subordinato o autonomo da parte dello straniero titolare di tale permesso;
c) l'erogazione di borse di studio, sussidi e premi agli studenti stranieri, anche a partire da anni di corso successivi al primo, in coordinamento con la concessione delle provvidenze previste dalla normativa vigente in materia di diritto allo studio universitario e senza obbligo di reciprocita';
d) i criteri per la valutazione della condizione economica dello straniero ai fini dell'uniformita' di trattamento in ordine alla concessione delle provvidenze di cui alla lettera c);
e) la realizzazione di corsi di lingua italiana per gli stranieri che intendono accedere all'istruzione tecnica e alla formazione superiore in Italia;
f) il riconoscimento dei titoli di studio conseguiti all'estero.

4. COMMA ABROGATO DAL D.L. 23 DICEMBRE 2013, N. 145, CONVERTITO CON
MODIFICAZIONI DALLA L. 21 FEBBRAIO 2014, N. 9.

4-bis. Lo straniero titolare di un'autorizzazione in corso di validita', rilasciata da uno Stato membro dell'Unione europea in quanto iscritto ad un corso di istruzione tecnica superiore o di formazione superiore o ad un istituto di insegnamento superiore, che beneficia di un programma dell'Unione o multilaterale comprendente misure sulla mobilita' o di un accordo tra due o piu' istituti di istruzione superiore, puo' fare ingresso e soggiornare in Italia, per un periodo massimo di trecentosessanta giorni, senza necessita' di visto e di permesso di soggiorno per proseguire gli studi gia' iniziati nell'altro Stato membro o per integrarli con un programma di studi ad essi connesso. Si applicano le disposizioni di cui all'articolo 5, comma 7. Nel caso in cui l'autorizzazione in corso di validita' provenga da uno Stato membro che non applica integralmente l'acquis di Schengen, lo straniero al momento della dichiarazione di cui all'articolo 5, comma 7, esibisce copia dell'autorizzazione del primo Stato membro e della documentazione relativa al programma dell'Unione o multilaterale o all'accordo tra due o piu' istituti di istruzione.

4-ter. Lo straniero titolare di un'autorizzazione in corso di validita' rilasciata da uno Stato membro dell'Unione europea, che non beneficia di un programma dell'Unione o multilaterale comprendente misure sulla mobilita' o di un accordo tra due o piu' istituti di istruzione superiore, puo' fare ingresso e soggiornare in Italia, al fine di svolgervi parte degli studi, per un periodo massimo di trecentosessanta giorni, in presenza dei requisiti previsti dal presente testo unico. Lo straniero correda la domanda di permesso di soggiorno con la documentazione, proveniente dalle autorita' accademiche del Paese dell'Unione nel quale ha svolto il corso di studi, che attesta che il programma di studi da svolgere in Italia e' complementare al programma di studi gia' svolto.

5. E' comunque consentito l'accesso ai corsi di istruzione tecnica superiore o di formazione superiore e alle scuole di specializzazione delle universita', a parita' di condizioni con gli studenti italiani, agli stranieri titolari di permesso di soggiorno UE per soggiornanti di lungo periodo, di permesso di soggiorno per lavoro subordinato, per lavoro autonomo, per motivi familiari, per asilo, per protezione sussidiaria, *((per motivi religiosi, per i motivi di cui agli articoli 18, 18-bis, 20-bis, 22, comma 12-quater, e 42-bis, nonche' ai titolari del permesso di soggiorno rilasciato ai sensi dell'articolo 32, comma 3, del decreto legislativo 28 gennaio 2008, n. 25;))*, ovvero agli stranieri regolarmente soggiornanti da almeno un anno in possesso di titolo di studio di scuola secondaria superiore conseguito in Italia, nonche' agli stranieri, ovunque residenti, che sono titolari dei diplomi finali delle scuole italiane all'estero o delle scuole straniere o internazionali, funzionanti in Italia o all'estero, oggetto di intese bilaterali o di normative speciali per il riconoscimento dei titoli di studio e soddisfino le condizioni generali richieste per l'ingresso per studio.

5-bis. Agli stranieri di cui ai commi 4-ter e 5 e' rilasciato dal questore un permesso di soggiorno per studio ai sensi dell'articolo 5, commi 3, lettera c) e 8, recante la dicitura «studente».

5-ter. Quando il permesso di soggiorno di cui all'articolo 5, comma 3, lettera c) e' rilasciato allo studente che fa ingresso nel territorio nazionale sulla base di specifici programmi dell'Unione o multilaterali comprendenti misure sulla mobilita' o accordi tra due o piu' istituti di istruzione superiore, il permesso di soggiorno fa riferimento a tali programmi o accordi. Lo studente titolare del permesso di soggiorno di cui al presente comma e' riammesso senza formalita' nel territorio nazionale, su richiesta di altro Stato membro dell'Unione europea che si oppone alla mobilita' dello studente anche quando il permesso di soggiorno di cui al presente comma e' scaduto o revocato.

5-quater. Il permesso di soggiorno di cui ai commi 5-bis e 5-ter non e' rilasciato o il suo rinnovo e' rifiutato ovvero, se gia' rilasciato, e' revocato nei seguenti casi:

a) se e' stato ottenuto in maniera fraudolenta o e' stato falsificato o contraffatto;

b) se risulta che lo straniero non soddisfaceva o non soddisfa piu' le condizioni d'ingresso e di soggiorno previste dal presente testo unico o se soggiorna per fini diversi da quelli per i quali ha ottenuto il permesso di soggiorno ai sensi del presente articolo.

5-quinquies. Le disposizioni di cui ai commi 4-bis, 4-ter e 5-ter non si applicano agli stranieri:

a) che soggiornano a titolo di protezione temporanea *((, per cure mediche ovvero sono titolari dei permessi di soggiorno di cui agli articoli 18, 18-bis, 20-bis, 22, comma 12-quater, e 42-bis, nonche' del permesso di soggiorno rilasciato ai sensi dell'articolo 32, comma 3, del decreto legislativo 28 gennaio 2008, n. 25))*;

b) che soggiornano in quanto beneficiari di protezione internazionale come definita dall'articolo 2, comma 1, lettera a), del decreto legislativo 19 novembre 2007, n. 251, e successive modificazioni, ovvero hanno richiesto il riconoscimento di tale protezione e sono in attesa di una decisione definitiva;

c) che sono familiari di cittadini dell'Unione europea che hanno esercitato o esercitano il diritto alla libera circolazione ai sensi del decreto legislativo 6 febbraio 2007, n. 30, e successive modificazioni, o che, insieme ai loro familiari e a prescindere dalla cittadinanza, godano di diritti di libera circolazione equivalenti a quelli dei cittadini dell'Unione, sulla base di accordi conclusi tra l'Unione e i suoi Stati membri e Paesi terzi o tra l'Unione e Paesi terzi;

d) che beneficiano dello status di soggiornante di lungo periodo e soggiornano ai sensi dell'articolo 9-bis per motivi di lavoro autonomo o subordinato;

e) che soggiornano in qualita' di lavoratori altamente qualificati, ai sensi dell'articolo 27-quater;

f) che sono ammessi nel territorio dell'Unione europea in qualita' di dipendenti in tirocinio nell'ambito di un trasferimento intrasocietario come definito dall'articolo 27-quinquies, comma 2;

g) che sono destinatari di un provvedimento di espulsione anche se sospeso.

Art. 39-bis (Soggiorno di studenti, scambio di alunni, tirocinio *((...))*).

1. E' consentito l'ingresso e il soggiorno per motivi di studio, secondo le modalita' stabilite nel regolamento di attuazione, dei cittadini stranieri:

a) maggiori di eta' ammessi a frequentare corsi di studio negli istituti di istruzione *((secondaria superiore,))* corsi di istruzione e formazione tecnica superiore *((, percorsi di istruzione tecnica superiore e corsi di formazione superiore))*;

((b) ammessi a frequentare:

1) corsi di formazione professionale e tirocini extracurriculari nell'ambito del contingente triennale stabilito con decreto del Ministro del lavoro e delle politiche sociali, di concerto con i Ministri dell'interno e degli affari esteri e della cooperazione internazionale, sentita la Conferenza permanente per i rapporti tra lo Stato, le Regioni e le Province autonome di Trento e di Bolzano, di cui al decreto legislativo 29 agosto 1997, n. 281;

2) tirocini curriculari compresi nell'ambito di percorsi di istruzione tecnica superiore e formazione superiore, promossi da istituzioni di formazione superiore, istituti di istruzione tecnica superiore, istituzioni scolastiche, centri di formazione professionale; periodi di pratica professionale nonche' tirocini previsti per l'accesso alle professioni ordinistiche; tirocini transnazionali realizzati nell'ambito di programmi comunitari per l'istruzione e la formazione superiore. I tirocini di cui al presente numero non sono soggetti al contingentamento triennale stabilito con decreto del Ministro del lavoro e delle politiche sociali, di concerto con i Ministri dell'interno e degli affari esteri e della cooperazione internazionale, sentita la Conferenza permanente per i rapporti tra lo Stato, le Regioni e le Province autonome di Trento e di Bolzano, di cui al decreto legislativo 29 agosto 1997, n. 281.));

c) minori di eta' non inferiore a quindici anni in presenza di adeguate forme di tutela;

d) minori di eta' non inferiore a quattordici anni che partecipano a programmi di scambio o di iniziative culturali approvati *((dal Ministero degli affari esteri e della cooperazione internazionale, dal Ministero dell'istruzione, dell'universita' e della ricerca))* o dal Ministero per i beni e le attivita' culturali per la frequenza di corsi di studio presso istituti e scuole secondarie nazionali statali o paritarie o presso istituzioni accademiche. *((I programmi di scambio definiscono le responsabilita' delle spese relative agli studi, in capo a terzi oltre all'alloggio dell'alunno.))*

((1-bis. Per i tirocini curriculari, gli istituti di insegnamento autorizzati ad accogliere gli studenti di paesi terzi sono quelli autorizzati dal Ministero dell'istruzione, dell'universita' e della ricerca a erogare corsi di formazione tecnica superiore, corsi di formazione superiore nonche' gli Istituti tecnico superiori. I

tirocini si fondano sulla convenzione di formazione tra l'istituzione formativa inviante, l'ente ospitante e il tirocinante che contiene la descrizione del programma di tirocinio, gli obiettivi educativi e le componenti di apprendimento, la durata complessiva del tirocinio, le condizioni di inserimento e di supervisione del tirocinio, le ore di tirocinio, le risorse messe a disposizione dei richiedenti per la permanenza e per le spese di vitto e alloggio, le spese per il viaggio di ritorno, la stipula di una polizza assicurativa per malattia.

1-ter. Ai tirocini extracurriculari, funzionali al completamento di un percorso di formazione professionale iniziato nel paese di origine e finalizzati ad acquisire conoscenze, pratica ed esperienza in un contesto professionale, si applicano le linee guida di cui alla legge del 28 giugno 2012, n. 92, articolo 1, comma 34.

1-quater. Agli stranieri di cui al comma 1 e' rilasciato dal questore un permesso di soggiorno per studio, ai sensi dell'articolo 5, comma 8, recante la dicitura «studente», «tirocinante» o «alunno».

Per gli stranieri di cui al comma 1, lettere a) e b), ad eccezione degli stranieri ammessi a frequentare tirocini curriculari ed extracurriculari, la durata del permesso di soggiorno e' quella prevista dall'articolo 5, comma 3, lettera c). Per gli stranieri ammessi a frequentare tirocini curriculari ed extracurriculari, la durata del permesso di soggiorno e' quella prevista dalla convenzione di formazione. Per gli stranieri di cui al comma 1, lettere c) e d) la durata del permesso di soggiorno non puo' essere superiore ad un anno o alla durata del programma di scambio o del progetto educativo se piu' breve.
1-quinquies. Si applicano le disposizioni di cui all'articolo 39, commi 5-ter e 5-quater.))

Art. 39-bis.1 *(((Permesso di soggiorno per ricerca lavoro o imprenditorialita' degli studenti).))*

((1. In presenza dei requisiti reddituali di cui all'articolo 29, comma 3, lettera b), e fermo restando il rispetto dell'obbligo di cui all'articolo 34, comma 3, lo straniero munito di passaporto valido o altro documento equipollente, che ha conseguito in Italia il dottorato o il master universitario ovvero la laurea triennale o la laurea specialistica, o il diploma accademico di primo livello o di secondo livello o il diploma di tecnico superiore, alla scadenza del permesso di soggiorno di cui agli articoli 39 e 39-bis, comma 1, lettera a), puo' dichiarare la propria immediata disponibilita' allo svolgimento di attivita' lavorativa e alla partecipazione alle misure di politica attiva del lavoro presso i servizi per l'impiego, come previsto dall'articolo 19 del decreto legislativo 14 settembre 2015, n. 150, e richiedere un permesso di soggiorno di durata non inferiore a nove e non superiore a dodici mesi al fine di cercare un'occupazione o avviare un'impresa coerente con il percorso formativo completato. In presenza dei requisiti previsti dal presente testo unico, puo' essere richiesta la conversione in permesso di soggiorno per lavoro.
2. Ai fini del rilascio del permesso di soggiorno di cui al comma 1, lo straniero oltre alla documentazione relativa al possesso dei requisiti reddituali e al rispetto dell'obbligo di cui all'articolo 34, comma 3, allega la documentazione relativa al conseguimento di uno dei titoli di cui al comma 1. Ove la documentazione relativa al conseguimento di uno dei titoli di cui al comma 1, non sia gia' disponibile, puo' essere presentata entro sessanta giorni dalla richiesta del permesso di soggiorno di cui al comma 1.
3. Il permesso di soggiorno di cui al comma 1 non e' rilasciato, o se gia' rilasciato, e' revocato:
a) se la documentazione di cui ai commi 1 e 2 e' stata ottenuta in maniera fraudolenta, falsificata o contraffatta;
b) se risulta che lo straniero non soddisfaceva o non soddisfa piu' le condizioni previste dai commi 1 e 2 nonche' le altre condizioni di ingresso e di soggiorno previste dal presente testo unico.))

Art. 39-ter *(((Disposizioni per i medici extracomunitari).))*
((1. Gli stranieri in possesso della qualifica di medico acquisita in un Paese non appartenente all'Unione europea, che intendano partecipare a iniziative

di formazione o di aggiornamento che comportano lo svolgimento di attivita'
clinica presso aziende ospedaliere, aziende ospedaliere universitarie e istituti
di ricovero e cura a carattere scientifico, possono essere temporaneamente
autorizzati, con decreto del Ministero della salute, allo svolgimento di attivita'
di carattere sanitario nell'ambito di dette iniziative, in deroga alle norme sul
riconoscimento dei titoli esteri.
L'autorizzazione non puo' avere durata superiore a due anni. Con decreto del
Ministro della salute, di concerto con il Ministro dell'istruzione,
dell'universita' e della ricerca, con il Ministro degli affari esteri e della
cooperazione internazionale e con il Ministro dell'interno, da emanare entro
novanta giorni dalla data di entrata in vigore della presente disposizione, sono
definiti gli specifici requisiti di professionalita' dei medici, le modalita' e i
criteri per lo svolgimento di dette iniziative nonche' i requisiti per il rilascio
del visto di ingresso)).

TITOLO V - DISPOSIZIONI IN MATERIA SANITARIA, NONCHE' DI ISTRUZIONE, ALLOGGIO, PARTECIPAZIONE ALLA VITA - PUBBLICA E INTEGRAZIONE SOCIALE.

CAPO III - DISPOSIZIONI IN MATERIA DI ALLOGGIO E - ASSISTENZA SOCIALE

Art. 40 Centri di accoglienza. Accesso all'abitazione
(Legge 6 marzo 1998, n. 40, art. 38)

1. Le regioni, in collaborazione con le province e con i comuni e con le associazioni e le organizzazioni di volontariato, predispongono centri di accoglienza destinati ad ospitare, anche in strutture ospitanti cittadini italiani o cittadini di altri Paesi dell'Unione europea, stranieri regolarmente soggiornanti per motivi diversi dal turismo, che siano temporaneamente impossibilitati a provvedere autonomamente alle proprie esigenze alloggiative e di sussistenza. PERIODO SOPPRESSO DALLA L. 30 LUGLIO 2002, N. 189.
1-bis. L'accesso alle misure di integrazione sociale e' riservato agli stranieri non appartenenti a Paesi dell'Unione europea che dimostrino di essere in regola con le norme che disciplinano il soggiorno in Italia ai sensi del presente testo unico e delle leggi e regolamenti vigenti in materia.
2. I centri di accoglienza sono finalizzati a rendere autosufficienti gli stranieri ivi ospitati nel piu' breve tempo possibile. I centri di accoglienza provvedono, ove possibile, ai servizi sociali e culturali idonei a favorire l'autonomia e l'inserimento sociale degli ospiti. Ogni regione determina i requisiti gestionali e strutturali dei centri e consente convenzioni con enti privati e finanziamenti.

3. Per centri di accoglienza si intendono le strutture alloggiative che, anche gratuitamente, provvedono alle immediate esigenze alloggiative ed alimentari, nonche', ove possibile, all'offerta di occasioni di apprendimento della lingua italiana, di formazione professionale, di scambi culturali con la popolazione italiana, e all'assistenza socio-sanitaria degli stranieri impossibilitati a provvedervi autonomamente per il tempo strettamente necessario al raggiungimento dell'autonomia personale per le esigenze di vitto e alloggio nel territorio in cui vive lo straniero.

4. Lo straniero regolarmente soggiornante puo' accedere ad alloggi sociali, collettivi o privati, predisposti, secondo i criteri previsti dalle leggi regionali, dai comuni di maggiore insediamento degli stranieri o da associazioni, fondazioni o organizzazioni di volontariato ovvero da altri enti pubblici o privati, nell'ambito di strutture alloggiative, prevalentemente organizzate in forma di pensionato, aperte ad italiani e stranieri, finalizzate ad offrire una sistemazione alloggiativa dignitosa a pagamento, secondo quote calmierate, nell'attesa del reperimento di un alloggio ordinario in via definitiva.

5. COMMA ABROGATO DALLA L. 30 LUGLIO 2002, N. 189.

6. Gli stranieri titolari di carta di soggiorno e gli stranieri regolarmente soggiornanti in possesso di permesso di soggiorno almeno biennale e che esercitano una regolare attivita' di lavoro subordinato o di lavoro autonomo hanno diritto di accedere, in condizioni di parita' con i cittadini italiani, agli alloggi di edilizia residenziale pubblica e ai servizi di intermediazione delle agenzie sociali eventualmente predisposte da ogni regione o dagli enti locali per agevolare l'accesso alle locazioni abitative e al credito agevolato in materia di edilizia, recupero, acquisto e locazione della prima casa di abitazione. *((53))*

AGGIORNAMENTO (53)

Il D.Lgs. 19 novembre 2007, n. 251, come modificato dal D.Lgs. 21 febbraio 2014, n. 18, ha disposto (con l'art. 29, comma 3-ter) che "L'accesso ai benefici relativi all'alloggio previsti dall'articolo 40, comma 6, del decreto legislativo 25 luglio 1998, n. 286, e' consentito ai titolari dello status di rifugiato e di protezione sussidiaria, in condizioni di parita' con i cittadini italiani".

Art. 41
(Assistenza sociale)
(Legge 6 marzo 1998, n. 40, art. 39)

1. Gli stranieri titolari della carta di soggiorno o di permesso di soggiorno di durata non inferiore ad un anno, nonche' i minori iscritti nella loro carta di soggiorno o nel loro permesso di soggiorno, sono equiparati ai cittadini italiani ai fini della fruizione delle provvidenze e delle prestazioni, anche economiche, di assistenza sociale, incluse quelle previste per coloro che sono affetti da morbo di Hansen o da tubercolosi, per i sordomuti, per i ciechi civili, per gli invalidi civili e per gli indigenti.

TITOLO V - DISPOSIZIONI IN MATERIA SANITARIA, NONCHE' DI - ISTRUZIONE, ALLOGGIO, PARTECIPAZIONE ALLA VITA - PUBBLICA E INTEGRAZIONE SOCIALE. –

CAPO IV - DISPOSIZIONI SULL'INTEGRAZIONE SOCIALE, SULLE - DISCRIMINAZIONI E ISTITUZIONE DEL FONDO PER LE - POLITICHE MIGRATORIE -

Art. 42 (Misure di integrazione sociale)
(Legge 6 marzo 1998, n. 40, art. 40;
legge 30 dicembre 1986, n. 943, art. 2)

1. Lo Stato, le regioni, le province e i comuni, nell'ambito delle proprie competenze, anche in collaborazione con le associazioni di stranieri e con le organizzazioni stabilmente operanti in loro favore, nonche' in collaborazione con le autorita' o con enti pubblici e privati dei Paesi di origine, favoriscono:

a) le attivita' intraprese in favore degli stranieri regolarmente soggiornanti in Italia, anche al fine di effettuare corsi della lingua e della cultura di origine, dalle scuole e dalle istituzioni culturali straniere legalmente funzionanti nella Repubblica ai sensi del decreto del Presidente della Repubblica 18 aprile 1994, n. 389, e successive modificazioni ed integrazioni;

b) la diffusione di ogni informazione utile al positivo inserimento degli stranieri nella societa' italiana in particolare riguardante i loro diritti e i loro doveri, le diverse opportunita' di integrazione e crescita personale e comunitaria offerte dalle amministrazioni pubbliche e dall'associazionismo, nonche' alle possibilita' di un positivo reinserimento nel Paese di origine;

c) la conoscenza e la valorizzazione delle espressioni culturali, ricreative, sociali, economiche e religiose degli stranieri regolarmente soggiornanti in Italia e ogni iniziativa di informazione sulle cause dell'immigrazione e di prevenzione delle discriminazioni razziali o della xenofobia, anche attraverso la raccolta presso le biblioteche scolastiche e universitarie, di libri, periodici e materiale audiovisivo prodotti nella lingua originale dei Paesi di origine degli stranieri residenti in Italia o provenienti da essi;

d) la realizzazione di convenzioni con associazioni regolarmente iscritte nel registro di cui al comma 2 per l'impiego all'interno delle proprie strutture di stranieri, titolari di carta di soggiorno o di permesso di soggiorno di durata non inferiore a due anni, in qualita' di mediatori interculturali al fine di agevolare i rapporti tra le singole amministrazioni e gli stranieri appartenenti ai diversi gruppi etnici, nazionali, linguistici e religiosi;

e) l'organizzazione di corsi di formazione, ispirati a criteri di convivenza in una societa' multiculturale e di prevenzione di comportamenti discriminatori, xenofobi o razzisti, destinati agli operatori degli organi e uffici pubblici e degli enti privati che hanno rapporti abituali con stranieri o che esercitano competenze rilevanti in materia di immigrazione.

2. Per i fini indicati nel comma 1 e' istituito presso la Presidenza del Consiglio dei Ministri - Dipartimento per gli affari sociali un registro delle associazioni selezionate secondo criteri e requisiti previsti nel regolamento di attuazione.

3. Ferme restando le iniziative promosse dalle regioni e dagli enti locali, allo scopo di individuare, con la partecipazione dei cittadini stranieri, le iniziative idonee alla rimozione degli ostacoli che impediscono l'effettivo esercizio dei diritti e dei doveri dello straniero, e' istituito presso il Consiglio nazionale dell'economia e del lavoro, un organismo nazionale di coordinamento.
Il Consiglio nazionale dell'economia e del lavoro, nell'ambito delle proprie attribuzioni, svolge compiti di studio e promozione di attivita' volte a favorire la partecipazione degli stranieri alla vita pubblica e la circolazione delle informazioni sull'applicazione del presente testo unico.

4. Ai fini dell'acquisizione delle osservazioni degli enti e delle associazioni nazionali maggiormente attivi nell'assistenza e nell'integrazione degli immigrati di cui all'articolo 3, comma 1, e del collegamento con i Consigli territoriali di cui all'art. 3, comma 6, nonche' dell'esame delle problematiche relative alla condizione degli stranieri immigrati, e' istituita presso la Presidenza del Consiglio dei Ministri, la Consulta per i problemi degli stranieri immigrati e delle loro famiglie, presieduta dal Presidente del Consiglio dei Ministri o da un Ministro da lui delegato. Della Consulta sono chiamati a far parte, con decreto del Presidente del Consiglio dei Ministri:
a) rappresentanti delle associazioni e degli enti presenti nell'organismo di cui al comma 3 e rappresentanti delle associazioni che svolgono attivita' particolarmente significative nel settore dell'immigrazione in numero non inferiore a dieci;
b) rappresentanti degli stranieri extracomunitari designati dalle associazioni piu' rappresentative operanti in Italia, in numero non inferiore a sei;
c) rappresentanti designati dalle confederazioni sindacali nazionali dei lavoratori, in numero non inferiore a quattro;
d) rappresentanti designati dalle organizzazioni sindacali nazionali dei datori di lavoro dei diversi settori economici, in numero non inferiore a tre;
e) otto esperti designati rispettivamente dai Ministeri del lavoro e della previdenza sociale, della pubblica istruzione, dell'interno, di grazia e giustizia, degli affari esteri, delle finanze e dai Dipartimenti della solidarieta' sociale e delle pari opportunita';
f) otto rappresentanti delle autonomie locali, di cui due designati dalle regioni, uno dall'Associazione nazionale dei comuni italiani (ANCI), uno dall'Unione delle province italiane (UPI) e quattro dalla Conferenza unificata di cui al decreto legislativo 28
agosto 1997, n. 281;.
g) due rappresentanti del Consiglio nazionale dell'economia e del lavoro (CNEL).
g-bis) esperti dei problemi dell'immigrazione in numero non superiore a dieci.

5. Per ogni membro effettivo della Consulta e' nominato un supplente.

6. Resta ferma la facolta' delle regioni di istituire, in analogia con quanto disposto al comma 4, lettere a), b), c), d) e g), con competenza nelle materie loro attribuite dalla Costituzione e dalle leggi dello Stato, consulte regionali per i problemi dei lavoratori extracomunitari e delle loro famiglie.

7. Il regolamento di attuazione stabilisce le modalita' di costituzione e funzionamento della Consulta di cui al comma 4 e dei consigli territoriali.

8. La partecipazione alla Consulte di cui ai commi 4 e 6 dei membri di cui al presente articolo e dei supplenti e' gratuita, con esclusione del rimborso delle eventuali spese di viaggio per coloro che non siano dipendenti della pubblica amministrazione e non risiedano nel comune nel quale hanno sede i predetti organi.

((64))

AGGIORNAMENTO (64)

La L. 7 aprile 2017, n. 47, ha disposto (con l'art. 19, comma 1) che "Le associazioni iscritte nel registro di cui all'articolo 42 del testo unico, e successive modificazioni, possono intervenire nei giudizi riguardanti i minori stranieri non accompagnati e ricorrere in sede di giurisdizione amministrativa per l'annullamento di atti illegittimi".

Art. 42-bis
(((Permesso di soggiorno per atti di particolare valore civile).))

((1. Qualora lo straniero abbia compiuto atti di particolare valore civile, nei casi di cui all'articolo 3, della legge 2 gennaio 1958, n. 13, il Ministro dell'interno, su proposta del prefetto competente, autorizza il rilascio di uno speciale permesso di soggiorno, salvo che ricorrano motivi per ritenere che lo straniero risulti pericoloso per l'ordine pubblico e la sicurezza dello Stato, ai sensi dell'articolo 5, comma 5-bis. In tali casi, il questore rilascia un permesso di soggiorno per atti di particolare valore civile della durata di due anni, rinnovabile, che consente l'accesso allo studio nonche' di svolgere attivita' lavorativa e puo' essere convertito in permesso di soggiorno per motivi di lavoro autonomo o subordinato)).

Art. 43
(Discriminazione per motivi razziali, etnici, nazionali o religiosi)
(Legge 6 marzo 1998, n. 40, art. 41)

1. Ai fini del presente capo, costituisce discriminazione ogni comportamento che, direttamente o indirettamente, comporti una distinzione, esclusione, restrizione o preferenza basata sulla razza, il colore, l'ascendenza o l'origine nazionale o etnica, le convinzioni e le pratiche religiose, e che abbia lo scopo o l'effetto di distruggere o di compromettere il riconoscimento, il godimento o l'esercizio, in condizioni di parita', dei diritti umani e delle liberta' fondamentali in campo politico economico, sociale e culturale e in ogni altro settore della vita pubblica.

2. In ogni caso compie un atto di discriminazione:
a) il pubblico ufficiale o la persona incaricata di pubblico servizio o la persona esercente un servizio di pubblica necessita' che nell'esercizio delle sue funzioni compia od ometta atti nei riguardi di un cittadino straniero che, soltanto a causa della sua condizione di straniero o di appartenente ad una determinata razza, religione, etnia o nazionalita', lo discriminino ingiustamente;
b) chiunque imponga condizioni piu' svantaggiose o si rifiuti di fornire beni o servizi offerti al pubblico ad uno straniero soltanto a causa della sua condizione di straniero o di appartenente ad una determinata razza, religione, etnia o nazionalita';
c) chiunque illegittimamente imponga condizioni piu' svantaggiose o si rifiuti di fornire l'accesso all'occupazione, all'alloggio, all'istruzione, alla formazione e ai servizi sociali e socio-
assistenziali allo straniero regolarmente soggiornante in Italia soltanto in ragione della sua condizione di straniero o di appartenente ad una determinata razza, religione, etnia o nazionalita';
d) chiunque impedisca, mediante azioni od omissioni, l'esercizio di un'attivita' economica legittimamente intrapresa da uno straniero regolarmente soggiornante in Italia, soltanto in ragione della sua condizione di straniero o di appartenente ad una determinata razza, confessione religiosa, etnia o nazionalita';
e) il datore di lavoro o i suoi preposti i quali, ai sensi dell'articolo 15 della legge 20 maggio 1970, n. 300, come modificata e integrata dalla legge 9 dicembre 1977, n. 903, e dalla legge 11
maggio 1990, n. 108, compiano qualsiasi atto o comportamento che produca un effetto pregiudizievole discriminando, anche indirettamente, i lavoratori in ragione della loro appartenenza ad una razza, ad un gruppo etnico o linguistico, ad una confessione religiosa, ad una cittadinanza. Costituisce discriminazione indiretta ogni trattamento pregiudizievole conseguente all'adozione di criteri che svantaggino in modo proporzionalmente maggiore i lavoratori appartenenti ad una determinata razza, ad un determinato gruppo etnico o linguistico, ad una determinata confessione religiosa o ad una cittadinanza e riguardino requisiti non essenziali allo svolgimento dell'attivita' lavorativa.
3. Il presente articolo e l'articolo 44 si applicano anche agli atti xenofobi, razzisti o discriminatori compiuti nei confronti dei cittadini italiani, di apolidi e di cittadini di altri Stati membri dell'Unione europea presenti in Italia.

Art. 44
Azione civile contro la discriminazione
(Legge 6 marzo 1998, n. 40, art. 42)

((1. Quando il comportamento di un privato o della pubblica amministrazione produce una discriminazione per motivi razziali, etnici, linguistici, nazionali, di provenienza geografica o religiosi, e' possibile ricorrere all'autorita' giudiziaria ordinaria per domandare la cessazione del comportamento pregiudizievole e la rimozione degli effetti della discriminazione.)) ((38))

((2. Alle controversie previste dal presente articolo si applica l'articolo 28 del decreto legislativo 1° settembre 2011, n. 150.))
((38))
3. *((COMMA ABROGATO DAL D.LGS. 1 SETTEMBRE 2011, N. 150)).*
((38))
4. *((COMMA ABROGATO DAL D.LGS. 1 SETTEMBRE 2011, N. 150)).*
((38))
5. *((COMMA ABROGATO DAL D.LGS. 1 SETTEMBRE 2011, N. 150)).*
((38))
6. *((COMMA ABROGATO DAL D.LGS. 1 SETTEMBRE 2011, N. 150)).*
((38))
7. *((COMMA ABROGATO DAL D.LGS. 1 SETTEMBRE 2011, N. 150)).*
((38))
((8. Chiunque elude l'esecuzione di provvedimenti, diversi dalla condanna al risarcimento del danno, resi dal giudice nelle controversie previste dal presente articolo e' punito ai sensi dell'articolo 388, primo comma, del codice penale.)) ((38))
9. *((COMMA ABROGATO DAL D.LGS. 1 SETTEMBRE 2011, N. 150)).*
((38))
10. Qualora il datore di lavoro ponga in essere un atto o un comportamento discriminatorio di carattere collettivo, anche in casi in cui non siano individuabili in modo immediato e diretto i lavoratori lesi dalle discriminazioni, il ricorso puo' essere presentato dalle rappresentanze locali delle organizzazioni sindacali maggiormente rappresentativi a livello nazionale. *((PERIODO SOPPRESSO DAL D.LGS. 1 SETTEMBRE 2011, N. 150)). ((38))*
11. Ogni accertamento di atti o comportamenti discriminatori ai sensi dell'articolo 43 posti in essere da imprese alle quali siano stati accordati benefici ai sensi delle leggi vigenti dello Stato o delle regioni, ovvero che abbiano stipulato contratti di appalto attinenti all'esecuzione di opere pubbliche, di servizi o di forniture, e' immediatamente comunicato dal pretore, secondo le modalita' previste dal regolamento di attuazione, alle amministrazioni pubbliche o enti pubblici che abbiano disposto la concessione del beneficio, incluse le agevolazioni finanziarie o creditizie, o dell'appalto. Tali amministrazioni o enti revocano il beneficio e, nei casi piu' gravi, dispongono l'esclusione del responsabile per due anni da qualsiasi ulteriore concessione di agevolazioni finanziarie o creditizie, ovvero da qualsiasi appalto.
12. Le regioni, in collaborazione con le province e con i comuni, con le associazioni di immigrati e del volontariato sociale, ai fini dell'applicazione delle norme del presente articolo e dello studio del fenomeno, predispongono centri di osservazione, di informazione e di assistenza legale per gli stranieri, vittime delle discriminazioni per motivi razziali, etnici, nazionali o religiosi.

AGGIORNAMENTO (38)

Il D.Lgs. 1 settembre 2011, n. 150 ha disposto (con l'art. 36, commi 1 e 2) che "1. Le norme del presente decreto si applicano ai procedimenti instaurati successivamente alla data di entrata in vigore dello stesso.

2. Le norme abrogate o modificate dal presente decreto continuano ad applicarsi alle controversie pendenti alla data di entrata in vigore dello stesso."

Art. 45
(Fondo nazionale per le politiche migratorie)
(Legge 6 marzo 1998, n. 40, art. 43)

1. Presso la Presidenza del Consiglio dei Ministri e' istituito il Fondo nazionale per le politiche migratorie, destinato al finanziamento delle iniziative di cui agli articoli 20, 38, 40, 42 e 46, inserite nei programmi annuali o pluriennali dello Stato, delle regioni, delle province e dei comuni. La dotazione del Fondo, al netto delle somme derivanti dal contributo di cui al comma 3, e' stabilita in lire 12.500 milioni per l'anno 1997, in lire 58.000
milioni per l'anno 1998 e in lire 68.000 milioni per l'anno 1999.
Alla determinazione del Fondo per gli anni successivi si provvede ai sensi dell'articolo 11, comma 3, lett. d), della legge 5 agosto 1978, n. 468, e successive modificazioni ed integrazioni. Al Fondo affluiscono altresi' le somme derivanti da contributi e donazioni eventualmente disposti da privati, enti, organizzazioni, anche internazionali, da organismi dell'Unione europea, che sono versati all'entrata del bilancio dello Stato per essere assegnati al predetto Fondo. Il Fondo e' annualmente ripartito con decreto del presidente del Consiglio dei Ministri, di concerto con i Ministri interessati.
Il regolamento di attuazione disciplina le modalita' per la presentazione, l'esame, l'erogazione, la verifica, la rendicontazione e la revoca del finanziamento del Fondo.
2. Lo Stato, le regioni, le province e i comuni adottano, nelle materie di propria competenza, programmi annuali o pluriennali relativi a proprie iniziative e attivita' concernenti l'immigrazione, con particolare riguardo all'effettiva e completa attuazione operativa del presente testo unico e del regolamento di attuazione, alle attivita' culturali, formative, informative, di integrazione e di promozione di pari opportunita'. I programmi sono adottati secondo i criteri e le modalita' indicati dal regolamento di attuazione e indicano le iniziative pubbliche e private prioritarie per il finanziamento da parte del Fondo, compresa l'erogazione di contributi agli enti locali per l'attuazione del programma.
3. Con effetto dal mese successivo alla data di entrata in vigore della presente legge 6 marzo 1998, n. 40, e comunque da data non successiva al 1 gennaio 1998, il 95 per cento delle somme derivanti dal gettito del contributo di cui all'articolo 13, comma 2, della legge 30 dicembre 1986, n. 943, e' destinato al finanziamento delle politiche del Fondo di cui al comma 1. Con effetto dal mese successivo alla data di entrata in vigore del presente testo unico tale destinazione e' disposta per l'intero ammontare delle predette somme. A tal fine le predette somme sono versate dall'INPS
all'entrata del bilancio dello Stato per essere assegnate al predetto Fondo. Il contributo di cui all'articolo 13, comma 2, della legge 30
dicembre 1986, n. 943, e' soppresso a decorrere dal 1 gennaio 2000.

Art. 46
(Commissione per le politiche di integrazione)
(Legge 6 marzo 1998, n. 40, art. 44)

1. Presso la Presidenza del Consiglio dei ministri - Dipartimento per gli affari sociali e' istituita la Commissione per le politiche di integrazione.
2. La Commissione ha i compiti di predisporre per il Governo, anche ai fini dell'obbligo di riferire al Parlamento, il rapporto annuale sullo stato di attuazione delle politiche per l'integrazione degli immigrati, di formulare proposte di interventi di adeguamento di tali politiche nonche' di fornire risposta a quesiti posti dal Governo concernenti le politiche per l'immigrazione, interculturali, e gli interventi contro il razzismo.
3. La Commissione e' composta da rappresentanti del Dipartimento per gli affari sociali *((e del Dipartimento per le pari opportunita'))* della Presidenza del Consiglio dei ministri e dei Ministeri degli affari esteri, dell'interno, *((di grazia e giustizia,))*del lavoro e della previdenza sociale, della sanita', della pubblica istruzione, nonche' da un numero massimo di dieci esperti, con qualificata esperienza nel campo dell'analisi sociale, giuridica ed economica dei problemi dell'immigrazione, nominati con decreto del Presidente del Consiglio dei ministri, sentito il Ministro per la solidarieta' sociale. Il presidente della commissione e' scelto tra i professori universitari di ruolo esperti nelle materie suddette ed e' collocato in posizione di fuori ruolo presso la Presidenza del Consiglio dei ministri. Possono essere invitati a partecipare alle sedute della commissione i rappresentanti della Conferenza permanente per i rapporti tra lo Stato, le regioni e le province autonome di Trento e di Bolzano, della Conferenza Stato-citta' ed autonomie locali e di altre amministrazioni pubbliche interessate a singole questioni oggetto di esame.
4. Con il decreto di cui al comma 3 sono determinati l'organizzazione della segreteria della commissione, istituita presso il Dipartimento per gli affari sociali della Presidenza del Consiglio dei ministri, nonche' i rimborsi ed i compensi spettanti ai membri della commissione e ad esperti dei quali la commissione intenda avvalersi per lo svolgimento dei propri compiti.
5. Entro i limiti dello stanziamento annuale previsto per il funzionamento della commissione dal decreto di cui all'articolo 45, comma 1, la Commissione puo' affidare l'effettuazione di studi e ricerche ad istituzioni pubbliche e private, a gruppi o a singoli ricercatori mediante convenzioni deliberate dalla commissione e stipulate dal presidente della medesima, e provvedere all'acquisto di pubblicazioni o materiale necessario per lo svolgimento dei propri compiti.
6. Per l'adempimento dei propri compiti la commissione puo' avvalersi della collaborazione di tutte le amministrazioni dello Stato, anche ad ordinamento autonomo, degli enti pubblici, delle Regioni e degli enti locali.

TITOLO VI - NORME FINALI -

Art. 47

(Abrogazioni)
(Legge 6 marzo 1998, n. 40, art. 46)

1. Dalla data di entrata in vigore del presente testo unico, sono abrogati:
a) gli articoli 144, 147, 148 e 149 del testo unico delle leggi di pubblica sicurezza, approvato con regio decreto 18 giugno 1931, **n.** 773;
b) le disposizioni della legge 30 dicembre 1986, n. 943, ad eccezione dell'art. 3;
c) il comma 13 dell'articolo 3 della legge 8 agosto 1995, n. 335.
2. Restano abrogate le seguenti disposizioni:
a) l'articolo 151 del testo unico delle leggi di pubblica sicurezza, approvato con regio decreto 18 giugno 1931, n. 773;
b) l'articolo 25 della legge 22 maggio 1975, n. 152;
c) l'articolo 12 della legge 30 dicembre 1986, n. 943;
d) l'articolo 5, commi sesto, settimo e ottavo, del decreto legge 30 dicembre 1979, n. 663, convertito, con modificazioni, dalla legge 29 febbraio 1980, n 33;
e) gli articoli 2 e seguenti del decreto-legge 30 dicembre 1989, n. 416, convertito, con modificazioni, dalla legge 28 febbraio 1990, n. 39;
f) l'articolo 4 della legge 18 gennaio 1994, n 50;
g) l'articolo 116 del testo unico approvato con decreto legislativo 16 aprile 1994, n. 297.
3 All'art. 20, comma 2, della legge 2 dicembre 1991, n. 390, restano soppresse le parole:
"sempre che esistano trattati o accordi internazionali bilaterali o multilaterali di reciprocita' tra la Repubblica italiana e gli Stati di origine degli studenti, fatte salve le diverse disposizioni previste nell'ambito dei programmi in favore dei Paesi in via di sviluppo".
4. A decorrere dalla data di entrata in vigore del regolamento di attuazione del presente testo unico sono abrogate le disposizioni ancora in vigore del Titolo V del regolamento di esecuzione del Testo unico 18 giugno 1941, n. 773, delle leggi di pubblica sicurezza, approvato con regio decreto 6 maggio 1940, n. 635.

Art. 48
(Copertura finanziaria)
(Legge 6 marzo 1998, n. 40, art. 48)

1. All'onere derivante dall'attuazione della legge 6 marzo 1998, **n.** 40 e del presente testo unico, valutato in lire 42.500 milioni per il 1997 e in lire 124.000 milioni per ciascuno degli anni 1998 e 1999, si provvede:
a) quanto a lire 22.500 milioni per l'anno 1997 e a lire 104.000
milioni per ciascuno degli anni 1998 e 1999, mediante riduzione dello stanziamento iscritto ai fini del bilancio triennale 1997-1999 al capitolo 6856 dello stato di previsione del Ministero del tesoro, del bilancio e della programmazione economica per l'anno 1997, allo scopo parzialmente utilizzando, quanto a lire 22.500 milioni per l'anno 1997 e a lire 29.000 milioni per ciascuno degli anni 1998 e 1999, l'accantonamento relativo al Ministero del tesoro; quanto a lire 50.000 milioni per ciascuno degli anni 1998 e 1999 l'accantonamento relativo alla Presidenza del Consiglio dei Ministri; quanto a

lire 20.000 milioni per ciascuno degli anni 1998 e 1999, l'accantonamento relativo al Ministero della pubblica istruzione; quanto a lire 5.000 milioni per ciascuno degli anni 1998 e 1999, l'accantonamento relativo al Ministero degli affari esteri;

b) quanto a lire 20.000 milioni per ciascuno degli anni 1997, 1998 e 1999, mediante riduzione dello stanziamento iscritto, ai fini del bilancio triennale 1997-1999, al capitolo 9001 dello stato di previsione del Ministero del tesoro, del bilancio e della programmazione economica per l'anno 1997, allo scopo parzialmente utilizzando l'accantonamento relativo al ministero dell'interno.

2. Il Ministro del tesoro, del bilancio e della programmazione economica e' autorizzato ad apportare, con propri decreti, le occorrenti variazioni di bilancio.

Art. 49
((Disposizioni finali e transitorie))
(Legge 6 marzo 1998, n. 40, art. 49)

1. Nella prima applicazione delle disposizioni della legge 6 marzo 1998, n. 40, del presente testo unico si provvede a dotare le questure che ancora non ne fossero provviste delle apparecchiature tecnologiche necessarie per la trasmissione in via telematica dei dati di identificazione personale nonche' delle operazioni necessarie per assicurare il collegamento tra le questure e il sistema informativo della Direzione centrale della polizia criminale.

((1-bis. Agli stranieri gia' presenti nel territorio dello Stato anteriormente alla data di entrata in vigore della legge 6 marzo 1998, n. 40, in possesso dei requisiti stabiliti dal decreto di programmazione dei flussi per il 1998 emanato ai sensi dell'articolo 3, comma 4, in attuazione del documento programmatico di cui all'articolo 3, comma 1, che abbiano presentato la relativa domanda con le modalita' e nei termini previsti dal medesimo decreto, puo' essere rilasciato il permesso di soggiorno per i motivi ivi indicati.

Per gli anni successivi al 1998, gli ingressi per motivi di lavoro di cui all'articolo 3, comma 4, restano disciplinati secondo le modalita' ivi previste.

In mancanza dei requisiti richiesti per l'ingresso nel territorio dello Stato, si applicano le misure previste dal presente testo unico.))

2. All'onere conseguente all'applicazione del comma 1, valutato in lire 8.000 milioni per l'anno 1998, si provvede a carico delle risorse di cui all'articolo 48 e comunque nel rispetto del tetto massimo di spesa ivi previsto.

((2-bis. Per il perfezionamento delle operazioni di identificazione delle persone detenute o internate, il Dipartimento dell'amministrazione penitenziaria adotta modalita' di effettuazione dei rilievi segnaletici conformi a quelle gia' in atto per le questure e si avvale delle procedure definite d'intesa con il Dipartimento della pubblica sicurezza.))

Il presente decreto, munito del sigillo dello Stato, sara' inserito nella Raccolta ufficiale degli atti normativi della Repubblica italiana. E' fatto obbligo a chiunque spetti di osservarlo e di farlo osservare.

Dato a Roma, addi' 25 luglio 1998

SCALFARO

PRODI, Presidente del Consiglio dei Ministri TURCO, Ministro per la solidarieta' sociale DINI, Ministro degli affari esteri NAPOLITANO, Ministro dell'interno FLICK, Ministro di grazia e giustizia CIAMPI, Ministro del tesoro, del bilancio e della programmazione economica BINDI, Ministro della sanita' BERLINGUER, Ministro della pubblica istruzione e dell'universita' e della ricerca scientifica e tecnologica TREU, Ministro del lavoro e della previdenza sociale BASSANINI, Ministro per la funzione pubblica e gli affari regionali

DECRETO LEGISLATIVO 28 gennaio 2008 , n. 25 - Attuazione della direttiva 2005/85/CE recante norme minime per le procedure applicate negli Stati membri ai fini del riconoscimento e della revoca dello status di rifugiato.

Vigente al: 19-4-2021

CAPO I - - Disposizioni generali -

IL PRESIDENTE DELLA REPUBBLICA

Visti gli articoli 76 e 87 della Costituzione;

Vista la direttiva 2005/85/CE del Consiglio, del 1° dicembre 2005, recante norme minime per le procedure applicate negli Stati membri ai fini del riconoscimento dello status di rifugiato;

Vista la legge 6 febbraio 2007, n. 13, recante disposizioni per l'adempimento di obblighi derivanti dall'appartenenza dell'Italia alla Comunita' europea - legge comunitaria 2006, ed in particolare l'articolo 12 relativo all'attuazione della direttiva 2005/85/CE;

Visto il decreto legislativo 19 novembre 2007, n. 251, concernente l'attuazione della direttiva 2004/83/CE recante norme minime sull'attribuzione, a cittadini di Paesi terzi o apolidi, della qualifica del rifugiato o di persona altrimenti bisognosa di protezione internazionale, nonche' norme minime sul contenuto della protezione riconosciuta;

Visto il decreto-legge 30 dicembre 1989, n. 416, convertito, con modificazioni, dalla legge 28 febbraio 1990, n. 39, recante norme urgenti in materia di asilo politico, di ingresso e soggiorno dei cittadini extracomunitari e di regolarizzazione dei cittadini extracomunitari ed apolidi gia' presenti nel territorio dello Stato;

Vista la legge 23 agosto 1988, n. 400, recante disciplina dell'attivita' di Governo e ordinamento della Presidenza del Consiglio dei Ministri;

Visto il decreto del Presidente della Repubblica 16 settembre 2004, n. 303, recante il regolamento relativo alle procedure per il riconoscimento dello status di rifugiato;

Vista la preliminare deliberazione del Consiglio dei Ministri, adottata nella riunione del 27 luglio 2007;

Acquisiti i pareri delle competenti Commissioni della Camera dei deputati;

Considerato che le competenti Commissioni del Senato della Repubblica non hanno espresso il proprio parere nei termini previsti;

Vista la deliberazione del Consiglio dei Ministri, adottata nella riunione del 9 novembre 2007;

Sulla proposta del Ministro per le politiche europee e del Ministro dell'interno, di concerto con i Ministri degli affari esteri, della giustizia, dell'economia e delle finanze e per i diritti e le pari opportunita';

E m a n a

il seguente decreto legislativo:

Art. 1. Finalita'
1. Il presente decreto stabilisce le procedure per l'esame delle domande di protezione internazionale presentate nel territorio nazionale *((comprese le frontiere, e le relative zone di transito, nonche' le acque territoriali))* da cittadini di Paesi non appartenenti alla Unione europea o da apolidi, di seguito denominati:
«stranieri», e le procedure per la revoca e la cessazione degli status riconosciuti.

Art. 2. Definizioni
1. Ai fini del presente decreto s'intende per:
a) «Convenzione di Ginevra»: la Convenzione relativa allo status dei rifugiati, firmata a Ginevra il 28 luglio 1951, ratificata con legge 24 luglio 1954, n. 722, e modificata dal protocollo di New York del 31 gennaio 1967, ratificato con legge 14 febbraio 1970, n. 95;
b) «domanda di protezione internazionale o domanda di asilo o domanda»: la domanda presentata secondo le procedure previste dal presente decreto, diretta ad ottenere lo status di rifugiato o lo status di protezione sussidiaria;
((b-bis) 'domanda reiterata': un'ulteriore domanda di protezione internazionale presentata dopo che e' stata adottata una decisione definitiva su una domanda precedente, anche nel caso in cui il richiedente abbia esplicitamente ritirato la domanda ai sensi dell'articolo 23 e nel caso in cui la Commissione territoriale abbia adottato una decisione di estinzione del procedimento o di rigetto della domanda ai sensi dell'articolo 23-bis, comma 2));
c) «richiedente»: il cittadino straniero che ha presentato la domanda di protezione internazionale sulla quale non e' stata ancora adottata una decisione definitiva;
d) «rifugiato»: cittadino di un Paese non appartenente all'Unione europea il quale, per il timore fondato di essere perseguitato per motivi di razza, religione, nazionalita', appartenenza ad un determinato gruppo sociale o opinione politica, si trova fuori dal territorio del Paese di cui ha la cittadinanza e non puo' o, a causa di tale timore, non vuole avvalersi della protezione di tale Paese, oppure se apolide si trova fuori dal territorio nel quale aveva precedentemente la dimora abituale e per lo stesso timore sopra indicato non puo' o, a causa di siffatto timore, non vuole farvi ritorno, ferme le cause di esclusione previste dall'articolo 10 del decreto legislativo 19 novembre 2007, n. 251;
e) «status di rifugiato»: il riconoscimento da parte dello Stato di un cittadino straniero quale rifugiato, a seguito dell'accoglimento della domanda di protezione internazionale, secondo le procedure definite dal presente decreto;

f) «persona ammissibile alla protezione sussidiaria»: cittadino di un Paese non appartenente all'Unione europea o apolide che non possiede i requisiti per essere riconosciuto come rifugiato, ma nei cui confronti sussistono fondati motivi di ritenere che, se ritornasse nel Paese di origine, o, nel caso di un apolide, se ritornasse nel Paese nel quale aveva precedentemente la dimora abituale, correrebbe un rischio effettivo di subire un grave danno come definito dall'articolo 14 del decreto legislativo 19 novembre 2007, n. 251, e il quale non puo' o, a causa di tale rischio, non vuole avvalersi della protezione di detto Paese;

g) «status di protezione sussidiaria»: il riconoscimento da parte dello Stato di un cittadino straniero quale persona ammessa alla protezione sussidiaria, a seguito dell'accoglimento della domanda di protezione internazionale, secondo le procedure definite dal presente decreto;

h) «minore non accompagnato»: il cittadino straniero di eta' inferiore agli anni diciotto che si trova, per qualsiasi causa, nel territorio nazionale, privo di assistenza e di rappresentanza legale;

h-bis) «persone vulnerabili»: minori; minori non accompagnati; disabili, anziani, donne in stato di gravidanza, genitori singoli con figli minori, vittime della tratta di esseri umani, persone affette da gravi malattie o da disturbi mentali; persone per le quali e' accertato che hanno subito torture, stupri o altre forme gravi di violenza psicologica, fisica o sessuale, vittime di mutilazioni genitali;

i) UNHC: l'Alto Commissariato delle Nazioni Unite per i rifugiati;

i-bis) «EASO»: european asylum support office/ufficio europeo di sostegno per l'asilo, istituito dal regolamento (UE) n. 439/2010 del Parlamento europeo e del Consiglio, del 19 maggio 2010.

m) LETTERA SOPPRESSA DAL D.LGS. 18 AGOSTO 2015, N. 142.

Art. 2-bis *(((Paesi di origine sicuri).))*

((1. Con decreto del Ministro degli affari esteri e della cooperazione internazionale, di concerto con i Ministri dell'interno e della giustizia, e' adottato l'elenco dei Paesi di origine sicuri sulla base dei criteri di cui al comma 2. L'elenco dei Paesi di origine sicuri e' aggiornato periodicamente ed e' notificato alla Commissione europea.

2. Uno Stato non appartenente all'Unione europea puo' essere considerato Paese di origine sicuro se, sulla base del suo ordinamento giuridico, dell'applicazione della legge all'interno di un sistema democratico e della situazione politica generale, si puo' dimostrare che, in via generale e costante, non sussistono atti di persecuzione quali definiti dall'articolo 7 del decreto legislativo 19 novembre 2007, n. 251, ne' tortura o altre forme di pena o trattamento inumano o degradante, ne' pericolo a causa di violenza indiscriminata in situazioni di conflitto armato interno o internazionale. La designazione di un Paese di origine sicuro puo' essere fatta con l'eccezione di parti del territorio o di categorie di persone.

3. Ai fini della valutazione di cui al comma 2 si tiene conto, tra l'altro, della misura in cui e' offerta protezione contro le persecuzioni ed i maltrattamenti mediante:
a) le pertinenti disposizioni legislative e regolamentari del Paese ed il modo in cui sono applicate;
b) il rispetto dei diritti e delle liberta' stabiliti nella Convenzione europea per la salvaguardia dei diritti dell'uomo e delle liberta' fondamentali del 4 novembre 1950, ratificata ai sensi della legge 4 agosto 1955, n. 848, nel Patto internazionale relativo ai diritti civili e politici, aperto alla firma il 19 dicembre 1966, ratificato ai sensi della legge 25 ottobre 1977, n. 881, e nella Convenzione delle Nazioni Unite contro la tortura del 10 dicembre 1984, in particolare dei diritti ai quali non si puo' derogare a norma dell'articolo 15, paragrafo 2, della predetta Convenzione europea;
c) il rispetto del principio di cui all'articolo 33 della Convenzione di Ginevra;
d) un sistema di ricorsi effettivi contro le violazioni di tali diritti e liberta'.
4. La valutazione volta ad accertare che uno Stato non appartenente all'Unione europea e' un Paese di origine sicuro si basa sulle informazioni fornite dalla Commissione nazionale per il diritto di asilo, che si avvale anche delle notizie elaborate dal centro di documentazione di cui all'articolo 5, comma 1, nonche' su altre fonti di informazione, comprese in particolare quelle fornite da altri Stati membri dell'Unione europea, dall'EASO, dall'UNHCR, dal Consiglio d'Europa e da altre organizzazioni internazionali competenti.
5. Un Paese designato di origine sicuro ai sensi del presente articolo puo' essere considerato Paese di origine sicuro per il richiedente solo se questi ha la cittadinanza di quel Paese o e' un apolide che in precedenza soggiornava abitualmente in quel Paese e non ha invocato gravi motivi per ritenere che quel Paese non e' sicuro per la situazione particolare in cui lo stesso richiedente si trova)).

Art. 3. Autorita' competenti

1. Le autorita' competenti all'esame delle domande di protezione internazionale sono le commissioni territoriali per il riconoscimento della protezione internazionale, di cui all'articolo 4.
2. L'ufficio di polizia di frontiera e la questura sono competenti a ricevere la domanda, secondo quanto previsto dall'articolo 26.
3. L'autorita' preposta alla determinazione dello Stato competente all'esame della domanda di protezione internazionale in applicazione del regolamento (UE) n. 604//2013 del Parlamento europeo e del Consiglio, del 26 giugno 2013 e' l'Unita' Dublino, operante presso il Dipartimento per le liberta' civili e l'immigrazione ((del Ministero dell'interno e le sue articolazioni territoriali operanti presso le prefetture individuate, fino ad un numero massimo di tre, con decreto del Ministro dell'interno, che provvedono nel limite delle risorse umane, strumentali e finanziarie disponibili a legislazione vigente)).
3-bis. Contro le decisioni di trasferimento adottate dall'autorita' di cui al comma 3 e' ammesso ricorso al tribunale sede della sezione specializzata in

materia di immigrazione, protezione internazionale e libera circolazione dei cittadini dell'Unione europea e si applicano gli articoli 737 e seguenti del codice di procedura civile, ove non diversamente disposto dai commi seguenti. (8)

3-ter. Il ricorso e' proposto, a pena di inammissibilita', entro trenta giorni dalla notificazione della decisione di trasferimento.
(8)

3-quater. L'efficacia esecutiva del provvedimento impugnato puo' essere sospesa, su istanza di parte, quando ricorrono gravi e circostanziate ragioni, con decreto motivato, assunte, ove occorra, sommarie informazioni. Il decreto e' pronunciato entro cinque giorni dalla presentazione dell'istanza di sospensione e senza la preventiva convocazione dell'autorita' di cui al comma 3. L'istanza di sospensione deve essere proposta, a pena di inammissibilita', con il ricorso introduttivo. Il decreto con il quale e' concessa o negata la sospensione del provvedimento impugnato e' notificato a cura della cancelleria. Entro cinque giorni dalla notificazione le parti possono depositare note difensive. Entro i cinque giorni successivi alla scadenza del termine di cui al periodo precedente possono essere depositate note di replica. Qualora siano state depositate note ai sensi del quinto e sesto periodo del presente comma, il giudice, con nuovo decreto, da emettere entro i successivi cinque giorni, conferma, modifica o revoca i provvedimenti gia' emanati. Il decreto emesso a norma del presente comma non e' impugnabile. (8)

3-quinquies. Il ricorso e' notificato all'autorita' che ha adottato il provvedimento a cura della cancelleria. L'autorita' puo' stare in giudizio avvalendosi direttamente di propri dipendenti e puo' depositare, entro quindici giorni dalla notificazione del ricorso, una nota difensiva. Entro lo stesso termine l'autorita' deve depositare i documenti da cui risultino gli elementi di prova e le circostanze indiziarie posti a fondamento della decisione di trasferimento. (8)

3-sexies. Il ricorrente puo' depositare una nota difensiva entro i dieci giorni successivi alla scadenza del termine di cui al comma 3-quinquies, secondo periodo. (8)

3-septies. Il procedimento e' trattato in camera di consiglio. L'udienza per la comparizione delle parti e' fissata esclusivamente quando il giudice lo ritenga necessario ai fini della decisione. Il procedimento e' definito, con decreto non reclamabile, entro sessanta giorni dalla presentazione del ricorso. Il termine per proporre ricorso per cassazione e' di trenta giorni e decorre dalla comunicazione del decreto, da effettuare a cura della cancelleria anche nei confronti della parte non costituita. La procura alle liti per la proposizione del ricorso per cassazione deve essere conferita, a pena di inammissibilita' del ricorso, in data successiva alla comunicazione del decreto impugnato; a tal fine il difensore certifica la data di rilascio in suo favore della procura medesima.

In caso di rigetto, la Corte di cassazione decide sull'impugnazione entro due mesi dal deposito del ricorso. (8)

3-octies. Quando con il ricorso di cui ai precedenti commi e' proposta istanza di sospensione degli effetti della decisione di trasferimento, il trasferimento e' sospeso automaticamente e il termine per il trasferimento del ricorrente previsto dall'articolo 29 del regolamento (UE) n. 604/2013 del Parlamento europeo e del Consiglio, del 26 giugno 2013, decorre dalla comunicazione del provvedimento di rigetto della medesima istanza di sospensione ovvero, in caso di accoglimento, dalla comunicazione del decreto con cui il ricorso e' rigettato. (8)

3-novies. La sospensione dei termini processuali nel periodo feriale non opera nel procedimento di cui ai commi precedenti. (8)

3-decies. La controversia e' trattata in ogni grado in via di urgenza. (8)

3-undecies. A decorrere dal trentesimo giorno successivo alla pubblicazione nella Gazzetta Ufficiale del provvedimento con cui il responsabile dei sistemi informativi automatizzati del Ministero della giustizia attesta la piena funzionalita' dei sistemi con riguardo ai procedimenti di cui ai commi precedenti, il deposito dei provvedimenti, degli atti di parte e dei documenti relativi ai medesimi procedimenti ha luogo esclusivamente con modalita' telematiche, nel rispetto della normativa anche regolamentare concernente la sottoscrizione, la trasmissione e la ricezione dei documenti informatici. In ogni caso, il giudice puo' autorizzare il deposito con modalita' non telematiche quando i sistemi informatici del dominio giustizia non sono funzionanti e sussiste una indifferibile urgenza. (8)

AGGIORNAMENTO (8)

Il D.L. 17 febbraio 2017, n. 13, convertito con modificazioni dalla L. 13 aprile 2017, n. 46, ha disposto (con l'art. 21, comma 1) che le presenti modifiche si applicano alle cause e ai procedimenti giudiziari sorti dopo il centottantesimo giorno dalla data di entrata in vigore del suindicato decreto. Alle cause e ai procedimenti giudiziari introdotti anteriormente alla scadenza del termine di cui al periodo precedente si continuano ad applicare le disposizioni vigenti prima dell'entrata in vigore del medesimo decreto.

Art. 4 Commissioni territoriali per il riconoscimento della protezionen internazionale

1. Le Commissioni territoriali per il riconoscimento della protezione internazionale, di seguito Commissioni territoriali, sono insediate presso le prefetture - uffici territoriali del Governo che forniscono il necessario supporto organizzativo e logistico, con il coordinamento del Dipartimento per le liberta' civili e l'immigrazione del Ministero dell'interno.

1-bis. A ciascuna Commissione territoriale e' assegnato un numero di funzionari amministrativi con compiti istruttori non inferiore a quattro individuati nell'ambito del contingente di personale altamente qualificato per l'esercizio di funzioni di carattere specialistico di cui all'articolo 12 del decreto-legge 17 febbraio 2017, n. 13, convertito, con modificazioni, dalla legge 13 aprile 2017, n. 46.

2. Le Commissioni territoriali sono fissate nel numero massimo di venti. Con decreto del Ministro dell'interno, sentita la Commissione nazionale per il diritto di asilo, sono individuate le sedi e le circoscrizioni territoriali in cui operano le

Commissioni, in modo da assicurarne la distribuzione sull'intero territorio nazionale.

2-bis. Con decreto del Ministro dell'interno, presso ciascuna Commissione territoriale possono essere istituite, al verificarsi di un eccezionale incremento delle domande di asilo connesso all'andamento dei flussi migratori e per il tempo strettamente necessario da determinare nello stesso decreto, una o piu' sezioni fino a un numero massimo complessivo di trenta per l'intero territorio nazionale. Alle sezioni si applicano le disposizioni concernenti le Commissioni territoriali.

3. Le Commissioni territoriali sono composte, nel rispetto del principio di equilibrio di genere, da un funzionario della carriera prefettizia, con funzioni di presidente, nominato con decreto del Ministro dell'interno, sentita la Commissione nazionale, da un esperto in materia di protezione internazionale e di tutela dei diritti umani designato dall'UNHCR e dai funzionari amministrativi con compiti istruttori assegnati alla medesima Commissione ai sensi del comma 1-bis, nominati con provvedimento del Capo Dipartimento per le liberta' civili e l'immigrazione del Ministero dell'interno, sentita la Commissione nazionale. Il presidente della Commissione svolge l'incarico in via esclusiva. Il decreto di nomina puo' prevedere che la funzione di presidente delle sezioni o di alcune di esse sia svolta in via esclusiva. Il provvedimento di nomina dei componenti della Commissione territoriale e' adottato previa valutazione dell'insussistenza di motivi di incompatibilita' derivanti da situazioni di conflitto di interesse, diretto o indiretto, anche potenziale. Per ciascun componente con funzioni di presidente e per il componente designato dall'UNHCR sono nominati uno o piu' componenti supplenti. L'incarico ha durata triennale ed e' rinnovabile. Alle sedute della Commissione partecipano il funzionario prefettizio con funzioni di presidente, l'esperto designato dall'UNHCR e due dei funzionari amministrativi con compiti istruttori assegnati alla medesima Commissione ai sensi del comma 1-bis, tra cui il funzionario che ha svolto il colloquio ai sensi dell'articolo 12, comma 1-bis. Il presidente della Commissione fissa i criteri per l'assegnazione delle istanze ai funzionari amministrativi con compiti istruttori e per la partecipazione dei medesimi funzionari alle sedute della Commissione. Le Commissioni territoriali possono essere integrate, su richiesta del presidente della Commissione nazionale per il diritto di asilo, da un funzionario del Ministero degli affari esteri e della cooperazione internazionale come componente a tutti gli effetti, quando, in relazione a particolari afflussi di richiedenti protezione internazionale, sia necessario acquisire specifiche valutazioni di competenza del predetto Ministero in merito alla situazione dei Paesi di provenienza. Ove necessario, le Commissioni possono essere presiedute anche da funzionari della carriera prefettizia in posizione di collocamento a riposo da non oltre due anni. Al presidente ed ai componenti effettivi o supplenti e' corrisposto, per la partecipazione alle sedute della Commissione, un gettone giornaliero di presenza. L'ammontare del gettone di presenza e' determinato con decreto del Ministro dell'interno, di concerto con il Ministro dell'economia e delle finanze.

3-bis. Ogni Commissione territoriale e ognuna delle sue sezioni opera con indipendenza di giudizio e di valutazione.

3-ter. La Commissione nazionale per il diritto di asilo cura la predisposizione di corsi di formazione per componente delle Commissioni territoriali, anche mediante convenzioni stipulate dal Ministero dell'interno con le Universita' degli studi. I componenti che hanno partecipato ai corsi di cui al presente comma non partecipano ai corsi di formazione iniziale di cui all'articolo 15, comma 1.

4. Le Commissioni territoriali sono validamente costituite con la presenza della maggioranza dei componenti di cui al comma 3, settimo periodo, e deliberano con il voto favorevole di almeno tre componenti. In caso di parita' prevale il voto del presidente. Le medesime disposizioni si applicano nel caso di integrazione delle Commissioni territoriali ai sensi del comma 3, nono periodo.

5. La competenza delle Commissioni territoriali e' determinata sulla base della circoscrizione territoriale in cui e' presentata la domanda ai sensi dell'articolo 26, comma 1. Nel caso di richiedenti presenti in una struttura di accoglienza *((...))* ovvero trattenuti in un centro di cui all'articolo 14 del decreto legislativo 25 luglio 1998, n. 286, la competenza e' determinata in base alla circoscrizione territoriale in cui sono collocati la struttura di accoglienza o il centro. Nel caso in cui nel corso della procedura si rende necessario il trasferimento del richiedente, la competenza all'esame della domanda e' assunta dalla Commissione nella cui circoscrizione territoriale sono collocati la struttura ovvero il centro di nuova destinazione. Se prima del trasferimento il richiedente ha sostenuto il colloquio, la competenza rimane in capo alla commissione territoriale innanzi alla quale si e' svolto il colloquio.

5-bis. Fermo restando in ogni caso la competenza della commissione territoriale innanzi alla quale si e' svolto il colloquio, la competenza all'esame delle domande di protezione internazionale puo' essere individuata, con provvedimento del Presidente della Commissione nazionale per il diritto di asilo in deroga al comma 5, tenendo conto del numero dei procedimenti assegnati a ciascuna Commissione nonche' dei mutamenti di residenza o domicilio comunicati dall'interessato ai sensi dell'articolo 11, comma 2.

6. Le attivita' di supporto delle commissioni sono svolte dal personale in servizio appartenente ai ruoli dell'Amministrazione civile dell'interno.

(10)

AGGIORNAMENTO (10)

Il D.Lgs. 22 dicembre 2017, n. 220, ha disposto (con l'art. 4, comma 1) che "Fino alla nomina dei componenti di cui al contingente di personale altamente qualificato per l'esercizio di funzioni di carattere specialistico di cui all'articolo 12 del decreto-legge 17

febbraio 2017, n. 13, convertito, con modificazioni, dalla legge 13

aprile 2017, n. 46, le Commissioni territoriali per il riconoscimento della protezione internazionale di cui all'articolo 4 del decreto legislativo 28 gennaio 2008, n. 25, continuano ad operare nella composizione e con le modalita' vigenti alla data di entrata in vigore del presente decreto".

Art. 5. Commissione nazionale per il diritto di asilo

1. La Commissione nazionale per il diritto di asilo ha competenza in materia di revoca e cessazione degli status di protezione internazionale riconosciuti, nelle ipotesi previste dal decreto legislativo 19 novembre 2007, n. 251, oltre che compiti di indirizzo e coordinamento delle Commissioni territoriali, di formazione e aggiornamento dei componenti delle medesime Commissioni, *((di monitoraggio della qualita' delle procedure e dell'attivita' delle Commissioni,))* di costituzione e aggiornamento di una banca dati informatica contenente le informazioni utili al monitoraggio delle richieste di asilo, di costituzione e aggiornamento di un centro di documentazione sulla situazione socio-politico-economica dei Paesi di origine dei richiedenti, di monitoraggio dei flussi di richiedenti asilo, anche al fine di proporre l'istituzione di nuove Commissioni territoriali e di fornire, ove necessario, informazioni al Presidente del Consiglio dei Ministri per l'adozione del provvedimento di cui all'articolo 20 del decreto legislativo 25 luglio 1988, n. 286. La Commissione mantiene rapporti di collaborazione con il Ministero degli affari esteri ed i collegamenti di carattere internazionale relativi all'attivita' svolta. La Commissione costituisce punto nazionale di contatto per lo scambio di informazioni con la Commissione europea e con le competenti autorita' degli altri Stati membri.

1-bis. Nell'esercizio dei compiti di indirizzo e coordinamento di cui al comma 1, la Commissione nazionale puo' individuare periodicamente i Paesi di provenienza dei richiedenti o parte di tali Paesi ai fini dell'articolo 12, commi 2 e 2-bis.

1-ter. La Commissione nazionale adotta un codice di condotta per i componenti delle Commissioni territoriali, per gli interpreti e per il personale di supporto delle medesime Commissioni e pubblica annualmente un rapporto sulle attivita' svolte dalla medesima Commissione e dalle Commissioni territoriali.

2. La Commissione nazionale e' nominata, nel rispetto del principio di equilibrio di genere, con decreto del Presidente del Consiglio dei Ministri, su proposta congiunta dei Ministri dell'interno e degli affari esteri. La Commissione e' presieduta da un prefetto ed e' composta da un dirigente in servizio presso la Presidenza del Consiglio dei Ministri, da un funzionario della carriera diplomatica, da un funzionario della carriera prefettizia in servizio presso il Dipartimento per le liberta' civili e l'immigrazione e da un dirigente del Dipartimento della pubblica sicurezza del Ministero dell'interno. Ciascuna amministrazione designa un supplente.

L'incarico ha durata triennale ed e' rinnovabile. La Commissione e' validamente costituita con la presenza della maggioranza dei componenti e delibera con il voto favorevole di almeno tre componenti. Alle riunioni partecipa senza diritto di voto un rappresentante del delegato in Italia dell'UNHCR. La Commissione nazionale si avvale del supporto organizzativo e logistico del Dipartimento per le liberta' civili e l'immigrazione del Ministero dell'interno.

3. Con decreto del Presidente del Consiglio dei Ministri, su proposta dei Ministri dell'interno e degli affari esteri, possono essere istituite una o piu' sezioni della Commissione nazionale. I componenti di ciascuna sezione sono individuati e nominati secondo quanto previsto al comma 2. Le sezioni della Commissione nazionale sono validamente

costituite e deliberano con le medesime modalita' previste per la Commissione nazionale.

CAPO II - - Principi fondamentali e garanzie -

Art. 6. Accesso alla procedura

1. La domanda di protezione internazionale e' presentata personalmente dal richiedente presso l'ufficio di polizia di frontiera all'atto dell'ingresso nel territorio nazionale o presso l'ufficio della questura competente in base al luogo di dimora del richiedente.

2. La domanda presentata da un genitore si intende estesa anche ai figli minori non coniugati presenti sul territorio nazionale con il genitore all'atto della presentazione della stessa. *((La domanda puo' essere presentata direttamente dal minore, tramite il genitore.))*

3. La domanda puo' essere presentata direttamente dal minore non accompagnato ai sensi dell'articolo 19. *((La domanda del minore non accompagnato puo' essere altresi' presentata direttamente dal tutore sulla base di una valutazione individuale della situazione personale del minore.))*

Art. 7
Diritto di rimanere nel territorio dello Stato durante l'esame della domanda

1. Il richiedente e' autorizzato a rimanere nel territorio dello Stato fino alla decisione della Commissione territoriale ai sensi dell'articolo 32.

((2. La previsione di cui al comma 1 non si applica a coloro che:

a) debbono essere estradati verso un altro Stato in virtu' degli obblighi previsti da un mandato di arresto europeo;

b) debbono essere consegnati ad una Corte o ad un Tribunale penale internazionale;

c) debbano essere avviati verso un altro Stato dell'Unione competente per l'esame dell'istanza di protezione internazionale;

d) hanno presentato una prima domanda reiterata al solo scopo di ritardare o impedire l'esecuzione di una decisione che ne comporterebbe l'imminente allontanamento dal territorio nazionale;

e) manifestano la volonta' di presentare un'altra domanda reiterata a seguito di una decisione definitiva che considera inammissibile una prima domanda reiterata ai sensi dell'articolo 29, comma 1, o dopo una decisione definitiva che respinge la prima domanda reiterata ai sensi dell'articolo 32, comma 1, lettere b) e b-bis).))

Art. 8. Criteri applicabili all'esame delle domande

1. Le domande di protezione internazionale non possono essere respinte, ne' escluse dall'esame per il solo fatto di non essere state presentate tempestivamente.

2. La decisione su ogni singola domanda deve essere assunta in modo individuale, obiettivo ed imparziale e sulla base di un congruo esame della domanda effettuato ai sensi del decreto legislativo 19 novembre 2007, n. 251. *((La Commissione territoriale accerta in primo luogo se sussistono le condizioni per il riconoscimento dello status di rifugiato ai sensi dell'articolo 11 del decreto legislativo 19*

novembre 2007, n. 251, e successivamente se sussistono le condizioni per il riconoscimento dello status di protezione sussidiaria ai sensi dell'articolo 17 del medesimo decreto legislativo.))

3. Ciascuna domanda e' esaminata alla luce di informazioni precise e aggiornate circa la situazione generale esistente nel Paese di origine dei richiedenti asilo e, ove occorra, dei Paesi in cui questi sono transitati, elaborate dalla Commissione nazionale sulla base dei dati forniti dall'*((UNHCR))* *((dall'EASO,))*, dal Ministero degli affari esteri anche con la collaborazione di altre agenzie ed enti di tutela dei diritti umani operanti a livello internazionale, o comunque acquisite dalla Commissione stessa. La Commissione nazionale assicura che tali informazioni, costantemente aggiornate, siano messe a disposizione delle Commissioni territoriali, secondo le modalita' indicate dal regolamento da emanare ai sensi dell'articolo 38 e siano altresi' fornite agli organi giurisdizionali chiamati a pronunciarsi su impugnazioni di decisioni negative.

((3-bis. Ove necessario ai fini dell'esame della domanda, la Commissione territoriale puo' consultare esperti su aspetti particolari come quelli di ordine sanitario, culturale, religioso, di genere o inerenti ai minori. La Commissione, sulla base degli elementi forniti dal richiedente, puo' altresi' disporre, previo consenso del richiedente, visite mediche dirette ad accertare gli esiti di persecuzioni o danni gravi subiti effettuate secondo le linee guida di cui all'articolo 27, comma 1-bis, del decreto legislativo 19 novembre 2007, n. 251, e successive modificazioni. Se la Commissione non dispone una visita medica, il richiedente puo' effettuare la visita medica a proprie spese e sottoporne i risultati alla Commissione medesima ai fini dell'esame della domanda.))

Art. 9. Criteri applicabili alle decisioni dell'autorita' accertante

1. Le decisioni sulle domande di protezione internazionale sono comunicate per iscritto.

2. La decisione con cui viene respinta una domanda e' corredata da motivazione di fatto e di diritto e deve recare le indicazioni sui mezzi di impugnazione ammissibili.

((2-bis. La decisione con cui e' rigettata la domanda presentata dal richiedente di cui all'articolo 2-bis, comma 5, e' motivata dando atto esclusivamente che il richiedente non ha dimostrato la sussistenza di gravi motivi per ritenere non sicuro il Paese designato di origine sicuro in relazione alla situazione particolare del richiedente stesso)).

Art. 10.

Garanzie per i richiedenti asilo

1. All'atto della presentazione della domanda l'ufficio di polizia competente a riceverla informa il richiedente della procedura da seguire, dei suoi diritti e doveri durante il procedimento e dei tempi e mezzi a sua disposizione per corredare la domanda degli elementi utili all'esame; a tale fine consegna al richiedente l'opuscolo informativo di cui al comma 2. *((L'ufficio di polizia informa il richiedente che, ove proveniente da un Paese designato di origine sicuro ai sensi dell'articolo 2-bis, la domanda puo' essere rigettata ai sensi dell'articolo 9, comma 2-bis)).*

1-bis. Il personale dell'ufficio di polizia di cui al comma 1 riceve una formazione adeguata ai propri compiti e responsabilita'.

2. La Commissione nazionale redige, secondo le modalita' definite nel regolamento da adottare ai sensi dell'articolo 38 un opuscolo informativo che illustra:

a) le fasi della procedura per il riconoscimento della protezione internazionale, comprese le conseguenze dell'allontanamento ingiustificato dai centri;

b) i principali diritti e doveri del richiedente durante la sua permanenza in Italia;

c) le prestazioni sanitarie e di accoglienza e le modalita' per riceverle;

d) l'indirizzo ed il recapito telefonico dell'UNHCR e delle principali organizzazioni di tutela dei richiedenti protezione internazionale, nonche' informazioni sul servizio di cui al comma 2-bis.

((d-bis) l'elenco dei Paesi designati di origine sicuri ai sensi dell'articolo 2-bis)).

2-bis. Al fine di garantire al richiedente un servizio gratuito di informazione sulla procedura di esame della domanda da parte delle Commissioni territoriali, nonche' sulle procedure di revoca e sulle modalita' di impugnazione delle decisioni in sede giurisdizionale, il Ministero dell'interno stipula apposite convenzioni con l'UNHCR o con enti di tutela dei titolari di protezione internazionale con esperienza consolidata nel settore, anche ad integrazione dei servizi di informazione assicurati dal gestore nelle strutture di accoglienza previste dal presente decreto.

3. Al richiedente e' garantita, in ogni fase della procedura, la possibilita' di contattare l'UNHCR o altra organizzazione di sua fiducia competente in materia di asilo.

4. Il richiedente e' tempestivamente informato della decisione.

Tutte le comunicazioni concernenti il procedimento per il riconoscimento della protezione interna-zionale sono rese al richiedente nella prima lingua da lui indicata, o, se cio' non e' possibile, in lingua inglese, francese, spagnola o araba, secondo la preferenza indicata dall'interessato. In tutte le fasi del procedimento connesse alla presentazione ed all'esame della domanda, al richiedente e' garantita, se necessario, l'assistenza di un interprete della sua lingua o di altra lingua a lui comprensibile.

Ove necessario, si provvede alla traduzione della documentazione prodotta dal richiedente in ogni fase della procedura.

5. In caso di impugnazione della decisione in sede giurisdizionale, allo straniero, durante lo svolgimento del relativo giudizio, sono assicurate le stesse garanzie di cui al presente articolo.
Art. 10-bis.

(((Informazione e servizi di accoglienza ai valichi di frontiera).))

((1. Le informazioni di cui all'articolo 10, comma 1, sono fornite allo straniero che manifesta la volonta' di chiedere protezione internazionale ai valichi di frontiera e nelle relative zone di transito nell'ambito dei servizi di accoglienza previsti dall'articolo 11, comma 6, del decreto legislativo 25 luglio 1998, n. 286.
2. E' assicurato l'accesso ai valichi di frontiera dei rappresentanti dell'UNHCR e degli enti di tutela dei titolari di protezione internazionale con esperienza consolidata nel settore. Per motivi di sicurezza, ordine pubblico o comunque per ragioni connesse alla gestione amministrativa, l'accesso puo' essere limitato, purche' non impedito completamente.))

Art. 11 Obblighi del richiedente asilo

1. Il richiedente asilo ha l'obbligo, se convocato, di comparire personalmente davanti alla Commissione territoriale. Ha altresi' l'obbligo di consegnare i documenti in suo possesso pertinenti ai fini della domanda, incluso il passaporto.
2. Il richiedente e' tenuto ad informare l'autorita' competente in ordine ad ogni suo mutamento di residenza o domicilio.
((3. Le notificazioni degli atti e dei provvedimenti del procedimento per il riconoscimento della protezione internazionale sono validamente effettuate presso il centro o la struttura in cui il richiedente e' accolto o trattenuto ai sensi dell'articolo 5, comma 2, del decreto legislativo 18 agosto 2015, n. 142. La notificazione avviene in forma di documento informatico sottoscritto con firma digitale o di copia informatica per immagine del documento cartaceo, mediante posta elettronica certificata all'indirizzo del responsabile del centro o della struttura, il quale ne cura la consegna al destinatario, facendone sottoscrivere ricevuta. Dell'avvenuta notificazione il responsabile del centro o della struttura da' immediata comunicazione alla Commissione territoriale mediante messaggio di posta elettronica certificata contenente la data e l'ora della notificazione medesima. Ove il richiedente rifiuti di ricevere l'atto o di sottoscrivere la ricevuta il responsabile del centro o della struttura ne da' immediata comunicazione alla Commissione territoriale mediante posta elettronica certificata. La notificazione si intende eseguita nel momento in cui il messaggio di posta elettronica certificata di cui al periodo precedente diviene disponibile nella casella di posta elettronica certificata della Commissione territoriale.)) ((8))
((3-bis. Quando il richiedente non e' accolto o trattenuto presso i centri o le strutture di cui all'articolo 5, comma 2, del decreto legislativo 18 agosto 2015, n. 142, le notificazioni degli atti e dei provvedimenti del procedimento per il

riconoscimento della protezione internazionale sono effettuate presso l'ultimo domicilio comunicato dal richiedente ai sensi del comma 2 e dell'articolo 5, comma 1, del decreto legislativo 18 agosto 2015, n. 142. In tal caso le notificazioni sono effettuate da parte della Commissione territoriale a mezzo del servizio postale secondo le disposizioni della legge 20 novembre 1982, n. 890, e successive modificazioni.)) ((8))

((3-ter. Nei casi in cui la consegna di copia dell'atto al richiedente da parte del responsabile del centro o della struttura di cui al comma 3 sia impossibile per irreperibilita' del richiedente e nei casi in cui alla Commissione territoriale pervenga l'avviso di ricevimento da cui risulta l'impossibilita' della notificazione effettuata ai sensi del comma 3-bis per inidoneita' del domicilio dichiarato o comunicato ai sensi dell'articolo 5, comma 1, del decreto legislativo 18 agosto 2015, n. 142, l'atto e' reso disponibile al richiedente presso la questura del luogo in cui ha sede la Commissione territoriale. Decorsi venti giorni dalla trasmissione dell'atto alla questura da parte della Commissione territoriale, mediante messaggio di posta elettronica certificata, la notificazione si intende eseguita.)) ((8))

((3-quater. Quando la notificazione e' eseguita ai sensi del comma 3-ter, copia dell'atto notificato e' resa disponibile al richiedente presso la Commissione territoriale.)) ((8))

((3-quinquies. Ai fini di cui al presente articolo, il richiedente e' informato, a cura della questura, al momento della dichiarazione di domicilio ai sensi dell'articolo 5, comma 1, del decreto legislativo 18 agosto 2015, n. 142, che in caso di inidoneita' del domicilio dichiarato o comunicato le notificazioni saranno eseguite secondo quanto disposto dal presente articolo. Al momento dell'ingresso nei centri o nelle strutture di cui all'articolo 5, comma 2, del decreto legislativo 18 agosto 2015, n. 142, il richiedente e' informato, a cura del responsabile del centro o della struttura, che le notificazioni saranno effettuate presso il centro o la struttura e che, in caso di allontanamento ingiustificato o di sottrazione alla misura del trattenimento, le notificazioni saranno eseguite secondo quanto disposto dal presente articolo.)) ((8))

((3-sexies. Nello svolgimento delle operazioni di notificazione di cui al comma 3, il responsabile del centro o della struttura e' considerato pubblico ufficiale ad ogni effetto di legge)). ((8))

4. In tutte le fasi della procedura, il richiedente e' tenuto ad agevolare il compimento degli accertamenti previsti dalla legislazione in materia di pubblica sicurezza.

AGGIORNAMENTO (8)

Il D.L. 17 febbraio 2017, n. 13, convertito con modificazioni dalla L. 13 aprile 2017, n. 46, ha disposto (con l'art. 21, comma 3) che ai fini dell'adeguamento delle specifiche tecniche connesse all'attuazione delle presenti modifiche, le notificazioni degli atti e dei provvedimenti del procedimento per il riconoscimento della protezione internazionale effettuate fino al centottantesimo giorno successivo alla data di entrata in vigore del suindicato D.L. sono effettuate con le modalita' in vigore prima della predetta data.

Art. 12.

Colloquio personale

1. Le Commissioni territoriali dispongono l'audizione dell'interessato *((, ove possibile, utilizzando le risorse umane, strumentali e finanziarie disponibili a legislazione vigente, anche mediante collegamenti audiovisivi a distanza, nel rispetto delle esigenze di riservatezza dei dati che riguardano l'identita' e le dichiarazioni del richiedente, fermo restando quanto previsto dagli articoli 13 e 14,))* tramite comunicazione effettuata con le modalita' di cui all'articolo 11. (8)

1-bis. Il colloquio si svolge di norma alla presenza del componente funzionario amministrativo con compiti istruttori della domanda di protezione, ove possibile dello stesso sesso del richiedente. Il funzionario istruttore sottopone la proposta di deliberazione alla Commissione che decide ai sensi dell'articolo 4, comma 4. Su determinazione del Presidente, o su richiesta dell'interessato, preventivamente informato, il colloquio si svolge innanzi alla Commissione ovvero e' condotto dal Presidente.

2. La Commissione territoriale puo' omettere l'audizione del richiedente quando ritiene di avere sufficienti motivi per accogliere la domanda di riconoscimento dello status di rifugiato in relazione agli elementi forniti dal richiedente ai sensi dell'articolo 3 del decreto legislativo 19 novembre 2007, n. 251, ed in tutti i casi in cui risulti certificata dalla struttura sanitaria pubblica o da un medico convenzionato con il Servizio sanitario nazionale l'incapacita' o l'impossibilita' di sostenere un colloquio personale.

2-bis. Fuori dei casi previsti dal comma 2, la Commissione territoriale puo' omettere l'audizione del richiedente proveniente da uno dei Paesi individuati ai sensi dell'articolo 5, comma 1-bis, quando ritiene di avere sufficienti motivi per riconoscere lo status
di protezione sussidiaria sulla base degli elementi in suo possesso.
In tal caso, la Commissione prima di adottare la decisione formale comunica all'interessato che ha facolta' di chiedere, entro tre giorni dalla comunicazione, di essere ammesso al colloquio e che in mancanza di tale richiesta la Commissione adotta la decisione.

3. Il colloquio puo' essere rinviato qualora le condizioni di salute del cittadino straniero, certificate ai sensi del comma 2, non lo rendano possibile, ovvero qualora l'interessato richieda ed ottenga il rinvio per gravi motivi.

4. Se il cittadino straniero benche' regolarmente convocato non si presenta al colloquio senza aver chiesto il rinvio, l'autorita' decidente decide sulla base della documentazione disponibile.

5. Nel caso la convocazione non sia stata portata a conoscenza del richiedente asilo non ospitato nelle strutture di accoglienza o di trattenimento e non sia gia' stata emessa nei suoi confronti decisione di accoglimento della relativa istanza, la Commissione territoriale competente o la Commissione nazionale dispone, per una sola volta ed entro dieci giorni dalla cessazione della causa che non ha consentito lo svolgimento del colloquio, una nuova convocazione dell'interessato, secondo le modalita' di cui al comma 1, al fine della riattivazione della procedura.

AGGIORNAMENTO (8)

Il D.L. 17 febbraio 2017, n. 13, convertito con modificazioni dalla L. 13 aprile 2017, n. 46, ha disposto (con l'art. 21, comma 3) che ai fini dell'adeguamento delle specifiche tecniche connesse all'attuazione della presente modifica, le notificazioni degli atti e dei provvedimenti del procedimento per il riconoscimento della protezione internazionale effettuate fino al centottantesimo giorno successivo alla data di entrata in vigore del suindicato D.L. sono effettuate con le modalita' in vigore prima della predetta data.

Art. 13.

Criteri applicabili al colloquio personale

1. Il colloquio personale si svolge in seduta non pubblica, senza la presenza dei familiari, a meno che l'autorita' decidente non ritenga che un esame adeguato comporti anche la presenza di altri familiari.

1-bis. Nel corso del colloquio, al richiedente e' assicurata la possibilita' di esporre in maniera esauriente gli elementi addotti a fondamento della domanda ai sensi dell'articolo 3 del decreto legislativo 19 novembre 2007, n. 251.

2. In presenza di un cittadino straniero portatore delle particolari esigenze *((di cui all'articolo 17 del decreto legislativo 18 agosto 2015, n. 142,))* al colloquio puo' essere ammesso personale di sostegno per prestare la necessaria assistenza.

3. Il colloquio del minore si svolge innanzi ad un componente della Commissione con specifica formazione, alla presenza del genitore che esercita la responsabilita' genitoriale o del tutore, nonche' del personale di cui al comma 2. In presenza di giustificati motivi, la Commissione territoriale puo' procedere nuovamente all'ascolto del minore anche senza la presenza del genitore o del tutore, fermo restando la presenza del personale di cui al comma 2, se lo ritiene necessario in relazione alla situazione personale del minore e al suo grado di maturita' e di sviluppo, nell'esclusivo interesse del minore. In ogni caso si applicano le disposizioni dell'articolo 18, comma 2, del decreto legislativo 18 agosto 2015, n. 142.

4. Se il cittadino straniero e' assistito da un avvocato ai sensi dell'articolo 16, questi e' ammesso ad assistere al colloquio e puo' chiedere di prendere visione del verbale e di acquisirne copia.

Art. 14.

(((Verbale del colloquio personale).))

((1. Il colloquio e' videoregistrato con mezzi audiovisivi e trascritto in lingua italiana con l'ausilio di sistemi automatici di riconoscimento vocale. Della trascrizione del colloquio e' data lettura al richiedente in una lingua a lui comprensibile e in ogni caso tramite interprete. Il componente della Commissione territoriale che ha condotto il colloquio, subito dopo la lettura e in cooperazione con il richiedente e l'interprete, verifica la correttezza della trascrizione e vi apporta le correzioni necessarie.

In calce al verbale e' in ogni caso dato atto di tutte le osservazioni del richiedente e dell'interprete, anche relative alla sussistenza di eventuali errori di trascrizione o traduzione, che non siano state direttamente recepite a correzione del testo della trascrizione.

2. Il verbale della trascrizione e' sottoscritto dal presidente o dal componente della Commissione territoriale che ha condotto il colloquio e dall'interprete. Il richiedente sottoscrive eventuali osservazioni riportate in calce ai sensi del comma 1.

3. Copia informatica del file contenente la videoregistrazione e del verbale della trascrizione sono conservati, per almeno tre anni, in un apposito archivio informatico del Ministero dell'interno, con modalita' che ne garantiscono l'integrita', la non modificabilita' e la certezza temporale del momento in cui sono stati formati.

4. Il richiedente riceve copia della trascrizione in lingua italiana.

5. In sede di ricorso giurisdizionale avverso la decisione della Commissione territoriale, la videoregistrazione e il verbale di trascrizione sono resi disponibili all'autorita' giudiziaria in conformita' alle specifiche tecniche di cui al comma 8 ed e' consentito al richiedente l'accesso alla videoregistrazione.

6. La commissione territoriale adotta idonee misure per garantire la riservatezza dei dati che riguardano l'identita' e le dichiarazioni dei richiedenti.

6-bis. In sede di colloquio il richiedente puo' formulare istanza motivata di non avvalersi del supporto della videoregistrazione.
Sull'istanza decide la Commissione territoriale con provvedimento non impugnabile.

7. Quando il colloquio non puo' essere videoregistrato, per motivi tecnici o nei casi di cui al comma 6-bis, dell'audizione e' redatto verbale sottoscritto dal richiedente e si applicano, in quanto compatibili, le disposizioni del presente articolo. Del motivo per cui il colloquio non puo' essere videoregistrato e' dato atto nel verbale. Il rifiuto di sottoscrivere il contenuto del verbale e le motivazioni di tale rifiuto sono registrati nel verbale stesso e non ostano a che l'autorita' decidente adotti una decisione.

8. Le specifiche tecniche di cui al comma 5 sono stabilite d'intesa tra i Ministeri della giustizia e dell'interno, con decreto direttoriale, da adottarsi entro centottanta giorni dalla data di entrata in vigore del presente articolo, pubblicato nella Gazzetta Ufficiale della Repubblica italiana e sui siti internet dei medesimi Ministeri. Il provvedimento e' adottato sentito, limitatamente ai profili inerenti alla protezione dei dati personali, il Garante per la protezione dei dati personali.))

((8))

AGGIORNAMENTO (8)

Il D.L. 17 febbraio 2017, n. 13, convertito con modificazioni dalla L. 13 aprile 2017, n. 46, ha disposto (con l'art. 21, comma 2) che la presente modifica si applica relativamente alle domande di protezione internazionale presentate dopo

il centottantesimo giorno dalla data di entrata in vigore del suindicato D.L. Per le domande di protezione internazionale presentate anteriormente alla scadenza del termine di cui al periodo precedente si continuano ad applicare le disposizioni vigenti prima della data di entrata in vigore del medesimo D.L.
Art. 15.

Formazione delle commissioni territoriali e del personale

01. I componenti effettivi e supplenti delle Commissioni territoriali partecipano a un corso di formazione iniziale e a periodici corsi di aggiornamento organizzati dalla Commissione nazionale ai sensi dei commi 1 e 1-bis.
1. La Commissione nazionale cura la formazione ed il periodico aggiornamento dei propri componenti e di quelli delle Commissioni territoriali, anche al fine di garantire che abbiano la competenza necessaria perche' il colloquio si svolga con la dovuta attenzione al contesto personale o generale in cui nasce la domanda, compresa l'origine culturale o la vulnerabilita' del richiedente. La Commissione nazionale cura altresi' la formazione degli interpreti di cui si avvalgono le Commissioni, per assicurare una comunicazione adeguata in sede di colloquio e la formazione del personale di supporto delle Commissioni.
1-bis. La formazione di cui al comma 1 e' effettuata anche in collaborazione con l'*((UNHCR))* e con l'Ufficio europeo di sostegno per l'asilo di cui al regolamento (UE) n. 439/2010 del Parlamento europeo e del Consiglio, del 19 maggio 2010.
Art. 16.

Diritto all'assistenza e alla rappresentanza legali
1. Il cittadino straniero puo' farsi assistere, a proprie spese, da un avvocato. *((Per i minori stranieri non accompagnati si applicano le disposizioni dell'articolo 76, comma 4-quater, del testo unico di cui al decreto del Presidente della Repubblica 30 maggio 2002, n. 115)).*
2. Nel caso di impugnazione delle decisioni in sede giurisdizionale, il cittadino straniero e' assistito da un avvocato ed e' ammesso al gratuito patrocinio ove ricorrano le condizioni previste dal decreto del Presidente della Repubblica 30 maggio 2002, n. 115. In ogni caso per l'attestazione dei redditi prodotti all'estero si applica l'articolo 94 del medesimo decreto.

Art. 17. Ambito di applicazione dell'assistenza e della rappresentanza legali

1. Al cittadino straniero o al suo legale rappresentante, nonche' all'avvocato che eventualmente lo assiste, e' garantito l'accesso a tutte le informazioni relative alla procedura *((, alle fonti di prova utilizzate e agli elementi di valutazione adottati,))* che potrebbero formare oggetto di giudizio in sede di ricorso avverso la decisione della Commissione territoriale o della Commissione nazionale, con le modalita' di cui all'articolo 18.

Art. 18. Applicazione della legge 7 agosto 1990, n. 241

1. Ai procedimenti per l'esame delle domande di protezione internazionale si applicano le disposizioni in materia di procedimento amministrativo e di accesso agli atti amministrativi, di cui ai capi I, ad esclusione dell'articolo 2, comma 2, II, IV-bis e V, nonche' agli articoli 7, 8 e 10 del capo III della legge 7 agosto 1990, n. 241.
Art. 19.

Garanzie per i minori non accompagnati 1. Al minore non accompagnato che ha espresso la volonta' di chiedere la protezione internazionale e' fornita la necessaria assistenza per la presentazione della domanda. Allo stesso e' garantita l'assistenza del tutore in ogni fase della procedura per l'esame della domanda, secondo quanto previsto dall'articolo 26, comma 5.
2. Se sussistono dubbi in ordine all'eta', il minore non accompagnato puo', in ogni fase della procedura, essere sottoposto, previo consenso del minore stesso o del suo rappresentante legale, ad accertamenti medico-sanitari non invasivi al fine di accertarne l'eta'. Se gli accertamenti effettuati non consentono l'esatta determinazione dell'eta' si applicano le disposizioni del presente articolo.
3. Il minore deve essere informato della possibilita' che la sua eta' puo' essere determinata attraverso visita medica, sul tipo di visita e sulle conseguenze della visita ai fini dell'esame della domanda. Il rifiuto, da parte del minore, di sottoporsi alla visita medica, non costituisce motivo di impedimento all'accoglimento della domanda, ne' all'adozione della decisione.
4. Il minore partecipa al colloquio personale secondo quanto previsto dall'articolo 13, comma 3, ed allo stesso e' garantita adeguata informazione sul significato e le eventuali conseguenze del colloquio personale.

Art. 20

((ARTICOLO ABROGATO DAL D.LGS. 18 AGOSTO 2015, N. 142))

Art. 21

((ARTICOLO ABROGATO DAL D.LGS. 18 AGOSTO 2015, N. 142))
Art. 22.

((ARTICOLO ABROGATO DAL D.LGS. 18 AGOSTO 2015, N. 142))
Art. 23.

Ritiro della domanda 1. Nel caso in cui il richiedente decida di ritirare la domanda prima dell'audizione presso la competente Commissione territoriale, il ritiro e' formalizzato per iscritto e comunicato alla Commissione territoriale che dichiara l'estinzione del procedimento.
Art. 23-bis.
(Allontanamento ingiustificato).

1. Nel caso in cui il richiedente si allontana senza giustificato motivo dalle strutture di accoglienza ovvero si sottrae alla misura del trattenimento *((nelle*

strutture di cui all'articolo 10-ter del decreto legislativo 25 luglio 1998, n. 286, ovvero)) nei centri di cui all'articolo 14 del decreto legislativo 25 luglio 1998, n. 286, senza aver sostenuto il colloquio di cui all'articolo 12, la Commissione territoriale sospende l'esame della domanda.

2. Il richiedente puo' chiedere per una sola volta la riapertura del procedimento sospeso ai sensi del comma 1, entro dodici mesi dalla sospensione. Trascorso tale termine, la Commissione territoriale dichiara l'estinzione del procedimento. La domanda presentata dal richiedente successivamente alla dichiarazione di estinzione del procedimento e' sottoposta ad esame preliminare ai sensi dell'articolo 29, comma 1-bis. In sede di esame preliminare sono valutati i motivi addotti a sostegno dell'ammissibilita' della domanda comprese le ragioni dell'allontanamento.

Art. 24.

Ruolo dell'*((UNHCR))*
1. Oltre a quanto previsto dagli articoli 4, comma 3, 5, comma 2, 8, comma 3, 10, comma 3, i rappresentanti dell'*((UNHCR))* sono in ogni caso ammessi nelle strutture di cui all'articolo 20 secondo le modalita' previste dal regolamento di cui all'articolo 38.

2. L'*((UNHCR))* svolge in relazione ai propri compiti istituzionali attivita' di consulenza e di supporto a favore del Dipartimento per le liberta' civili e l'immigrazione del Ministero dell'interno e delle Commissioni territoriali e nazionale, su richiesta del Ministero dell'interno.

Art. 25.

Raccolta di informazioni su singoli casi 1. Ai fini dello svolgimento della procedura in nessun caso possono essere acquisite informazioni dai presunti responsabili della persecuzione ai danni del richiedente.

2. Le Commissioni territoriali e la Commissione nazionale in nessun caso forniscono informazioni circa la domanda di protezione internazionale presentata dal richiedente ovvero altre informazioni che possano nuocere all'incolumita' del richiedente e delle persone a suo carico, ovvero alla liberta' e alla sicurezza dei suoi familiari che ancora risiedono nel Paese di origine.

CAPO III - - Procedure di primo grado -

Art. 26.

Istruttoria della domanda di protezione internazionale
1. La domanda di asilo e' presentata all'ufficio di polizia di frontiera ovvero alla questura competente per il luogo di dimora. Nel caso di presentazione della domanda all'ufficio di frontiera e' disposto l'invio del richiedente presso la questura competente per territorio, per l'adozione dei provvedimenti di cui al comma 2. Nei casi in cui il richiedente e' una donna, alle operazioni partecipa personale femminile.

2. La questura, ricevuta la domanda di protezione internazionale, redige il verbale delle dichiarazioni del richiedente su appositi modelli predisposti dalla

Commissione nazionale, a cui e' allegata la documentazione prevista dall'articolo 3 del decreto legislativo 19 novembre 2007, n. 251. Il verbale e' approvato e sottoscritto dal richiedente cui ne e' rilasciata copia, unitamente alla copia della documentazione allegata.

2-bis. Il verbale di cui al comma 2 e' redatto entro tre giorni lavorativi dalla manifestazione della volonta' di chiedere la protezione ovvero entro sei giorni lavorativi nel caso in cui la volonta' e' manifestata all'Ufficio di polizia di frontiera. I termini sono prorogati di dieci giorni lavorativi in presenza di un elevato numero di domande in conseguenza di arrivi consistenti e ravvicinati di richiedenti.

3. Salvo quanto previsto dall'articolo 28, comma 3, nei casi soggetti alla procedura di cui al regolamento (UE) n. 604//2013 del Parlamento europeo e del Consiglio, del 26 giugno 2013 la questura avvia le procedure per la determinazione dello Stato competente per l'esame della domanda, secondo quanto previsto dall'articolo 3, comma 3.

4. COMMA ABROGATO DAL D.LGS. 18 AGOSTO 2015, N. 142.

5. Quando la domanda e' presentata da un minore non accompagnato, l'autorita' che la riceve sospende il procedimento, da' immediata comunicazione al tribunale dei minorenni *((...))* per l'apertura della tutela e per la nomina del tutore a norma degli articoli 343, e seguenti, del codice civile *((, in quanto compatibili))*. Il *((tribunale per i minorenni))* nelle quarantottore successive alla comunicazione della questura provvede alla nomina del tutore. Il tutore , ovvero il responsabile della struttura di accoglienza ai sensi dell'articolo 3, comma 1, della legge 4 maggio 1983, n. 184, e successive modificazioni, prende immediato contatto con il minore per informarlo della propria nomina e con la questura per la conferma della domanda ai fini dell'ulteriore corso del procedimento di esame della domanda. presso il Ministero della solidarieta' sociale. Il giudice tutelare nelle quarantotto ore successive alla comunicazione del questore provvede alla nomina del tutore. Il tutore , ovvero il responsabile della struttura di accoglienza ai sensi dell'articolo 3, comma 1, della legge 4 maggio 1983, n. 184, e successive modificazioni, prende immediato contatto con la questura per la conferma della domanda, ai fini dell'ulteriore corso del procedimento e l'adozione dei provvedimenti relativi all'accoglienza del minore. *((10))*

6. L'autorita' che riceve la domanda ai sensi del comma 5 informa immediatamente il Servizio centrale del sistema di protezione per richiedenti asilo e rifugiati di cui all'articolo 1-sexies del decreto-legge 30 dicembre 1989, n. 416, convertito, con modificazioni, dalla legge 28 febbraio 1990, n. 39, per l'inserimento del minore in una delle strutture operanti nell'ambito del Sistema di protezione stesso e ne da' comunicazione al tribunale dei minori *((...))*. Nel caso in cui non sia possibile l'immediato inserimento del minore in una di tali strutture, l'assistenza e l'accoglienza del minore sono temporaneamente assicurate dalla pubblica autorita' del comune dove si trova il minore. PERIODO SOPPRESSO DAL D.LGS. 18 AGOSTO 2015, N. 142. *((10))*

AGGIORNAMENTO (10)

Il D.Lgs. 22 dicembre 2017, n. 220, ha disposto (con l'art. 4, comma 2) che "Le disposizioni di cui all'articolo 2, comma 1, lettera b), e comma 2, si applicano in relazione alle comunicazioni effettuate dopo il trentesimo giorno dalla data di entrata in vigore del presente decreto; le disposizioni di cui all'articolo 2, comma 1, lettera c), numero 2), si applicano in relazione agli esami socio-sanitari disposti dopo la data di entrata in vigore del presente decreto".

Art. 27
Procedure di esame

1. L'esame della domanda di protezione internazionale e' svolto dalle Commissioni territoriali secondo i principi fondamentali e le garanzie di cui al capo II.
1-bis. La Commissione territoriale, ovvero il giudice in caso di impugnazione, acquisisce, anche d'ufficio, le informazioni, relative alla situazione del Paese di origine e alla specifica condizione del richiedente, che ritiene necessarie a integrazione del quadro probatorio prospettato dal richiedente.
2. La Commissione territoriale provvede al colloquio con il richiedente entro trenta giorni dal ricevimento della domanda e decide entro i tre giorni feriali successivi.
3. Qualora la Commissione territoriale, per la sopravvenuta esigenza di acquisire nuovi elementi, non abbia potuto adottare la decisione entro i termini di cui al comma 2, informa del ritardo il richiedente e la questura competente.*((In tal caso, la procedura di esame della domanda e' conclusa entro sei mesi. Il termine e' prorogato di ulteriori nove mesi quando:*
a) l'esame della domanda richiede la valutazione di questioni complesse in fatto o in diritto;
b) in presenza di un numero elevato di domande presentate simultaneamente;
c) il ritardo e' da attribuire all'inosservanza da parte del richiedente degli obblighi di cooperazione di cui all'articolo 11.))
((3-bis. In casi eccezionali, debitamente motivati, il termine di nove mesi di cui al comma 3 puo' essere ulteriormente prorogato di tre mesi ove necessario per assicurare un esame adeguato e completo della domanda.))
Art. 28.

(((Esame prioritario).))

((1. Il presidente della Commissione territoriale, previo esame preliminare delle domande, determina i casi di trattazione prioritaria, secondo i criteri enumerati al comma 2, e quelli per i quali applicare la procedura accelerata, ai sensi dell'articolo 28-bis. La Commissione territoriale informa tempestivamente il richiedente delle determinazioni procedurali assunte ai sensi del periodo precedente.

2. La domanda e' esaminata in via prioritaria, conformemente ai principi fondamentali e alle garanzie di cui al capo II, quando:
a) ad una prima valutazione, e' verosimilmente fondata;
b) e' presentata da un richiedente appartenente a categorie di persone vulnerabili, in particolare da un minore non accompagnato, ovvero che necessita di garanzie procedurali particolari;
c) e' esaminata ai sensi dell'articolo 12, comma 2-bis)).
((12))

AGGIORNAMENTO (12)

Il D.L. 21 ottobre 2020, n. 130, convertito con modificazioni dalla L. 18 dicembre 2020, n. 173, ha disposto (con l'art. 15, comma 2) che "Le disposizioni di cui all'articolo 2, comma 1, lettere a), b, c), d) ed e) si applicano anche ai procedimenti pendenti alla data di entrata in vigore del presente decreto avanti alle commissioni territoriali".

Art. 28-bis

(Procedure accelerate).

1. La Questura provvede senza ritardo alla trasmissione della documentazione necessaria alla Commissione territoriale che adotta la decisione entro cinque giorni nei casi di:
a) domanda reiterata ai sensi dell'articolo 29, comma 1, lettera b);
b) domanda presentata da richiedente sottoposto a procedimento penale per uno dei reati di cui agli articoli 12, comma 1, lettera c), e 16, comma 1, lettera d-bis), del decreto legislativo 19
novembre 2007, n. 251, e quando ricorrono le condizioni di cui all'articolo 6, comma 2, lettere a), b) e c), del decreto legislativo 18 agosto 2015, n. 142, *((o il richiedente e' stato condannato))*
anche con sentenza non definitiva per uno dei predetti reati, previa audizione del richiedente. *((12))*
2. La Questura provvede senza ritardo alla trasmissione della documentazione necessaria alla Commissione territoriale che, entro sette giorni dalla data di ricezione della documentazione, provvede all'audizione e decide entro i successivi due giorni, nei seguenti casi:
a) richiedente per il quale e' stato disposto il trattenimento nelle strutture di cui all'articolo 10-ter del decreto legislativo 25
luglio 1998, n. 286, ovvero nei centri di cui all'articolo 14 del decreto legislativo 25 luglio 1998, n. 286, qualora non ricorrano le condizioni di cui al comma 1, lettera b);
b) domanda di protezione internazionale presentata da un richiedente direttamente alla frontiera o nelle zone di transito di cui al comma 4, dopo essere stato fermato per avere eluso o tentato di eludere i relativi controlli. In tali casi la procedura puo' essere svolta direttamente alla frontiera o nelle zone di transito;

c) richiedente proveniente da un Paese designato di origine sicura, ai sensi dell'articolo 2-bis;

d) domanda manifestamente infondata, ai sensi dell'articolo 28-ter;

e) richiedente che presenti la domanda, dopo essere stato fermato in condizioni di soggiorno irregolare, al solo scopo di ritardare o impedire l'esecuzione di un provvedimento di espulsione o respingimento.

3. Lo Stato italiano puo' dichiararsi competente all'esame delle domande di cui al comma 2, lettera a), ai sensi del regolamento (UE) n. 604/2013 del Parlamento europeo e del Consiglio, del 26 giugno 2013.

4. Ai fini di cui al comma 2, lettera b), le zone di frontiera o di transito sono individuate con decreto del Ministro dell'interno. Con il medesimo decreto possono essere istituite fino a cinque ulteriori sezioni delle Commissioni territoriali di cui all'articolo 4, comma 2, per l'esame delle domande di cui al suddetto comma.

5. I termini di cui al presente articolo possono essere superati ove necessario per assicurare un esame adeguato e completo della domanda, fatti salvi i termini massimi previsti dall'articolo 27, commi 3 e 3-bis. Nei casi di cui al comma 1, lettera b), e al comma 2, lettera a), i termini di cui all'articolo 27, commi 3 e 3-bis, sono ridotti ad un terzo.

6. Le procedure di cui al presente articolo non si applicano ai minori non accompagnati *((e agli stranieri portatori di esigenze particolari ai sensi dell'articolo 17 del decreto legislativo 18 agosto 2015, n. 142)). ((12))*

(12)

AGGIORNAMENTO (12)

Il D.L. 21 ottobre 2020, n. 130, convertito con modificazioni dalla L. 18 dicembre 2020, n. 173, ha disposto (con l'art. 15, comma 2) che "Le disposizioni di cui all'articolo 2, comma 1, lettere a), b, c), d) ed e) si applicano anche ai procedimenti pendenti alla data di entrata in vigore del presente decreto avanti alle commissioni territoriali".

Art. 28-ter

(Domanda manifestamente infondata).

1. La domanda e' considerata manifestamente infondata, ai sensi dell'articolo 32, comma 1, lettera b-bis), quando ricorra una delle seguenti ipotesi:

a) il richiedente ha sollevato esclusivamente questioni che non hanno alcuna attinenza con i presupposti per il riconoscimento della protezione internazionale ai sensi del decreto legislativo 19 novembre 2007, n. 251;

b) il richiedente proviene da un Paese designato di origine sicuro ai sensi dell'articolo 2-bis;

c) il richiedente ha rilasciato dichiarazioni palesemente incoerenti e contraddittorie o palesemente false, che contraddicono informazioni verificate sul Paese di origine;

d) il richiedente ha indotto in errore le autorita' presentando informazioni o documenti falsi o omettendo informazioni o documenti riguardanti la sua identita' o cittadinanza che avrebbero potuto influenzare la decisione negativamente, ovvero ha dolosamente distrutto o fatto sparire un documento di identita' o di viaggio che avrebbe permesso di accertarne l'identita' o la cittadinanza;

e) il richiedente e' entrato illegalmente nel territorio nazionale, o vi ha prolungato illegalmente il soggiorno, e senza giustificato motivo non ha presentato la domanda tempestivamente rispetto alle circostanze del suo ingresso;

f) il richiedente ha rifiutato di adempiere all'obbligo del rilievo dattiloscopico a norma del regolamento (UE) n. 603/2013 del Parlamento europeo e del Consiglio, del 26 giugno 2013;

g) il richiedente si trova nelle condizioni di cui all'articolo 6, commi 2, lettere a), b) e c), e 3, del decreto legislativo 18 agosto 2015, n. 142.

((1-bis. Le disposizioni di cui al comma 1 non si applicano ai richiedenti portatori di esigenze particolari indicate nell'articolo 17 del decreto legislativo 18 agosto 2015, n. 142.)) ((12))

AGGIORNAMENTO (12)

Il D.L. 21 ottobre 2020, n. 130 ha disposto (con l'art. 15, comma 2) che "Le disposizioni di cui all'articolo 2, comma 1, lettere a), b, c), d) ed e) si applicano anche ai procedimenti pendenti alla data di entrata in vigore del presente decreto avanti alle commissioni territoriali".

Art. 29.

Casi di inammissibilita' della domanda

1. La Commissione territoriale dichiara inammissibile la domanda e non procede all'esame, nei seguenti casi:

a) il richiedente e' stato riconosciuto rifugiato da uno Stato firmatario della Convenzione di Ginevra e possa ancora avvalersi di tale protezione;

b) il richiedente ha reiterato identica domanda dopo che sia stata presa una decisione da parte della Commissione stessa senza addurre nuovi elementi in merito alle sue condizioni personali o alla situazione del suo Paese di origine.

1-bis. Nei casi di cui al comma 1, la domanda e' sottoposta ad esame preliminare da parte del Presidente della Commisione, diretto ad accertare se emergono o sono stati addotti, da parte del richiedente, nuovi elementi, rilevanti ai fini del riconoscimento della protezione internazionale. Nell'ipotesi di cui al comma 1, lettera a), il Presidente della Commissione procede anche all'audizione del richiedente sui motivi addotti a sostegno dell'ammissibilita' della domanda nel suo caso specifico. *((PERIODO ABROGATO DAL D.L. 4 OTTOBRE 2018, N. 113, CONVERTITO CON*

MODIFICAZIONI DALLA L. 1 DICEMBRE 2018, N. 132)).

Art. 29-bis

(((Domanda reiterata in fase di esecuzione di un provvedimento di allontanamento).))

((1. Se lo straniero presenta una prima domanda reiterata nella fase di esecuzione di un provvedimento che ne comporterebbe l'imminente allontanamento dal territorio nazionale, la domanda e' trasmessa con immediatezza al presidente della Commissione territoriale competente, che procede all'esame preliminare entro tre giorni, valutati anche i rischi di respingimento diretti e indiretti, e contestualmente ne dichiara l'inammissibilita' ove non siano stati addotti nuovi elementi, ai sensi dell'articolo 29, comma 1, lettera b))).
((12))

AGGIORNAMENTO (12)
Il D.L. 21 ottobre 2020, n. 130, convertito con modificazioni dalla L. 18 dicembre 2020, n. 173, ha disposto (con l'art. 15, comma 2) che "Le disposizioni di cui all'articolo 2, comma 1, lettere a), b), c), d) ed e) si applicano anche ai procedimenti pendenti alla data di entrata in vigore del presente decreto avanti alle commissioni territoriali".
Art. 30.

Casi soggetti alla procedura di cui al regolamento (CE) n. 343/2003
((7))
1. Nei casi soggetti alla procedura di cui al *((regolamento (UE) n. 604//2013 del Parlamento europeo e del Consiglio, del 26 giugno 2013))* la Commissione territoriale sospende l'esame della domanda.
Qualora sia stata determinata la competenza territoriale di altro Stato, ai sensi dell'articolo 3, comma 3, la Commissione dichiara l'estinzione del procedimento.
((1-bis. Quando e' accertata la competenza dell'Italia all'esame della domanda di cui al comma 1, i termini di cui all'articolo 27
decorrono dal momento in cui e' accertata la competenza e il richiedente e' preso in carico ai sensi del regolamento UE n. 604/2013.))

AGGIORNAMENTO (7)
Il D.Lgs. 18 agosto 2015, n. 142 ha disposto (con l'art. 26, comma 1) che "Nel decreto legislativo 28 gennaio 2008, n. 25, le parole:
"regolamento (CE) n. 343/2003, del Consiglio, del 18 febbraio 2003,"
ovunque presenti, sono sostituite dalle seguenti: "regolamento (UE)
n. 604//2013 del Parlamento europeo e del Consiglio, del 26 giugno 2013"."
Art. 31.

Acquisizione di ulteriori dichiarazioni o di nuovi elementi 1. Il richiedente puo' inviare alla Commissione territoriale memorie e documentazione in ogni fase del procedimento. Nel caso in cui il richiedente reitera la domanda prima della decisione della Commissione territoriale, gli elementi che sono alla base della nuova domanda sono esaminati nell'ambito della precedente domanda.

Art. 32
Decisione

1. Fatto salvo quanto previsto dagli articoli 23, 29 e 30 la Commissione territoriale adotta una delle seguenti decisioni:
a) riconosce lo status di rifugiato o la protezione sussidiaria, secondo quanto previsto dagli articoli 11 e 17 del decreto legislativo 19 novembre 2007, n. 251;
b) rigetta la domanda qualora non sussistano i presupposti per il riconoscimento della protezione internazionale fissati dal decreto legislativo 19 novembre 2007, n. 251, o ricorra una delle cause di cessazione o esclusione dalla protezione internazionale previste dal medesimo decreto legislativo;
b-bis) rigetta la domanda per manifesta infondatezza nei casi di cui all'articolo 28-ter;
b-ter) rigetta la domanda se, in una parte del territorio del Paese di origine, il richiedente non ha fondati motivi di temere di essere perseguitato o non corre rischi effettivi di subire danni gravi o ha accesso alla protezione contro persecuzioni o danni gravi, puo' legalmente e senza pericolo recarvisi ed esservi ammesso e si puo' ragionevolmente supporre che vi si ristabilisca.
1-bis. *((COMMA ABROGATO DAL D.L. 21 OTTOBRE 2020, N. 130)).((12))*
2. COMMA ABROGATO DAL D.LGS. 18 AGOSTO 2015, N. 142.
3. Nei casi in cui non accolga la domanda di protezione internazionale e ricorrano i presupposti di cui all'articolo 19, commi 1 e 1.1, del decreto legislativo 25 luglio 1998, n. 286, la Commissione territoriale trasmette gli atti al questore per il rilascio di un permesso di soggiorno *((biennale))* che reca la dicitura "protezione speciale", salvo che possa disporsi l'allontanamento verso uno Stato che provvede ad accordare una protezione analoga. Il permesso di soggiorno di cui al presente comma e' rinnovabile, previo parere della Commissione territoriale, e consente di svolgere attivita' lavorativa *((, fatto salvo quanto previsto in ordine alla convertibilita' dall'articolo 6, comma 1-bis, del decreto legislativo 25 luglio 1998, n. 286)).((12))*
((3.1. Nelle ipotesi di rigetto della domanda di protezione internazionale, ove ricorrano i requisiti di cui all'articolo 19, comma 2, lettera d-bis), del decreto legislativo 25 luglio 1998, n. 286, la Commissione territoriale trasmette gli atti al Questore per il rilascio del permesso di soggiorno ivi previsto.)) ((12))
((3.2. Nei casi in cui la domanda di protezione internazionale non e' accolta e nel corso del procedimento emergono i presupposti di cui all'articolo 31, comma 3, del decreto legislativo 25 luglio 1998, n. 286, la Commissione territoriale ne informa il Procuratore della Repubblica presso il Tribunale per i minorenni competente, per l'eventuale attivazione delle misure di assistenza in favore del minore.)) ((12))

3-bis. La Commissione territoriale trasmette, altresi', gli atti al Questore per le valutazioni di competenza se nel corso dell'istruttoria sono emersi fondati motivi per ritenere che il richiedente e' stato vittima dei delitti di cui agli articoli 600 e 601 del codice penale.

4. La decisione di cui al comma 1, lettere b) e b-bis), ed il verificarsi delle ipotesi previste dagli articoli 23 e 29 comportano alla scadenza del termine per l'impugnazione l'obbligo per il richiedente di lasciare il territorio nazionale, salvo che gli sia stato rilasciato un permesso di soggiorno ad altro titolo. A tale fine, alla scadenza del termine per l'impugnazione, si provvede ai sensi dell'articolo 13, commi 4 e 5 del decreto legislativo 25 luglio 1998, n. 286, salvo gli effetti dell'articolo 35-bis, commi 3 e 4.
(8)

AGGIORNAMENTO (8)
Il D.L. 17 febbraio 2017, n. 13, convertito con modificazioni dalla L. 13 aprile 2017, n. 46, ha disposto (con l'art. 21, comma 1) che la presente modifica si applica alle cause e ai procedimenti giudiziari sorti dopo il centottantesimo giorno dalla data di entrata in vigore del suindicato decreto. Alle cause e ai procedimenti giudiziari introdotti anteriormente alla scadenza del termine di cui al periodo precedente si continuano ad applicare le disposizioni vigenti prima dell'entrata in vigore del medesimo decreto.

AGGIORNAMENTO (12)
Il D.L. 21 ottobre 2020, n. 130 ha disposto (con l'art. 15, comma 2) che "Le disposizioni di cui all'articolo 2, comma 1, lettere a), b, c), d) ed e) si applicano anche ai procedimenti pendenti alla data di entrata in vigore del presente decreto avanti alle commissioni territoriali".

CAPO IV - - Revoca, cessazione e rinuncia della protezione internazionale -

Art. 33.

Revoca e cessazione della protezione internazionale riconosciuta
1. Nel procedimento di revoca o di cessazione dello status di protezione internazionale, l'interessato deve godere delle seguenti garanzie:
a) essere informato per iscritto che la Commissione nazionale procede al nuovo esame del suo diritto al riconoscimento della protezione internazionale e dei motivi dell'esame;
b) avere la possibilita' di esporre in un colloquio personale a norma degli articoli 10, 11 e 12 o in una dichiarazione scritta, i motivi per cui il suo status non dovrebbe essere revocato o cessato.
2. La Commissione nazionale, nell'ambito di tale procedura, applica in quanto compatibili i principi fondamentali e le garanzie di cui al capo II.
3. Nel caso di decisione di revoca o cessazione degli status di protezione internazionale si applicano le disposizioni di cui all'articolo 32, comma 3.

((3-bis. La Commissione nazionale provvede alle notificazioni degli atti e dei provvedimenti del procedimento di revoca o cessazione della protezione internazionale con le modalita' di cui all'articolo 11. Ove ricorrano motivi di ordine e sicurezza pubblica ovvero di sicurezza nazionale, le notificazioni possono essere eseguite a mezzo delle forze di polizia.)) ((8))

AGGIORNAMENTO (8)

Il D.L. 17 febbraio 2017, n. 13, convertito con modificazioni dalla L. 13 aprile 2017, n. 46, ha disposto (con l'art. 21, comma 3) che ai fini dell'adeguamento delle specifiche tecniche connesse all'attuazione della presente modifica, le notificazioni degli atti e dei provvedimenti del procedimento per il riconoscimento della protezione internazionale effettuate fino al centottantesimo giorno successivo alla data di entrata in vigore del suindicato D.L. sono effettuate con le modalita' in vigore prima della predetta data.

Art. 34.

Rinuncia agli status riconosciuti 1. La rinuncia espressa allo status di rifugiato o di soggetto ammesso alla protezione sussidiaria determina la decadenza dal medesimo status.

CAPO V - - Procedure di impugnazione -

Art. 35
Impugnazione

1. Avverso la decisione della Commissione territoriale e la decisione della Commissione nazionale sulla revoca o sulla cessazione dello status di rifugiato o di persona cui e' accordata la protezione sussidiaria e' ammesso ricorso dinanzi all'autorita' giudiziaria ordinaria. Il ricorso e' ammesso anche nel caso in cui l'interessato abbia richiesto il riconoscimento dello status di rifugiato e sia stato ammesso esclusivamente alla protezione sussidiaria. (3)
2. Le controversie di cui al comma 1 sono disciplinate *((dall'articolo 35-bis))*. (3) *((8))*
2-bis. I provvedimenti comunicati alla Commissione nazionale ovvero alle Commissioni territoriali ai sensi *((dell'articolo 35-bis, commi 4 e 13))*, sono tempestivamente trasmessi dalle medesime Commissioni territoriali o nazionali al questore del luogo di domicilio del ricorrente, risultante agli atti della Commissione, per gli adempimenti conseguenti. *((8))*
3. COMMA ABROGATO DAL D.LGS. 1 SETTEMBRE 2011, N. 150. (3)
4. COMMA ABROGATO DAL D.LGS. 1 SETTEMBRE 2011, N. 150. (3)
5. COMMA ABROGATO DAL D.LGS. 1 SETTEMBRE 2011, N. 150. (3)
6. COMMA ABROGATO DAL D.LGS. 1 SETTEMBRE 2011, N. 150. (3)
7. COMMA ABROGATO DAL D.LGS. 1 SETTEMBRE 2011, N. 150. (3)
8. COMMA ABROGATO DAL D.LGS. 1 SETTEMBRE 2011, N. 150. (3)
9. COMMA ABROGATO DAL D.LGS. 1 SETTEMBRE 2011, N. 150. (3)

10. COMMA ABROGATO DAL D.LGS. 1 SETTEMBRE 2011, N. 150. (3)
11. COMMA ABROGATO DAL D.LGS. 1 SETTEMBRE 2011, N. 150. (3)
12. COMMA ABROGATO DAL D.LGS. 1 SETTEMBRE 2011, N. 150. (3)
13. COMMA ABROGATO DAL D.LGS. 1 SETTEMBRE 2011, N. 150. (3)
14. COMMA ABROGATO DAL D.LGS. 1 SETTEMBRE 2011, N. 150. (3)

AGGIORNAMENTO (3)
Il D.Lgs. 1 settembre 2011, n. 150 ha disposto (con l'art. 36, comma 1) che "Le norme del presente decreto si applicano ai procedimenti instaurati successivamente alla data di entrata in vigore dello stesso."
Ha inoltre disposto (con l'art. 36, comma 2) che "Le norme abrogate o modificate dal presente decreto continuano ad applicarsi alle controversie pendenti alla data di entrata in vigore dello stesso."

AGGIORNAMENTO (8)
Il D.L. 17 febbraio 2017, n. 13, convertito con modificazioni dalla L. 13 aprile 2017, n. 46, ha disposto (con l'art. 21, comma 1) che le presenti modifiche si applicano alle cause e ai procedimenti giudiziari sorti dopo il centottantesimo giorno dalla data di entrata in vigore del suindicato D.L. Alle cause e ai procedimenti giudiziari introdotti anteriormente alla scadenza del termine di cui al periodo precedente si continuano ad applicare le disposizioni vigenti prima dell'entrata in vigore del medesimo D.L.

Art. 35-bis

(Delle controversie in materia di riconoscimento della protezione internazionale).

1. Le controversie aventi ad oggetto l'impugnazione dei provvedimenti previsti dall'articolo 35 anche per mancato riconoscimento dei presupposti per la protezione speciale a norma dell'articolo 32, comma 3, sono regolate dalle disposizioni di cui agli articoli 737 e seguenti del codice di procedura civile, ove non diversamente disposto dal presente articolo.
2. Il ricorso e' proposto, a pena di inammissibilita', entro trenta giorni dalla notificazione del provvedimento, ovvero entro sessanta giorni se il ricorrente risiede all'estero, e puo' essere depositato anche a mezzo del servizio postale ovvero per il tramite di una rappresentanza diplomatica o consolare italiana. In tal caso l'autenticazione della sottoscrizione e l'inoltro all'autorita' giudiziaria italiana sono effettuati dai funzionari della rappresentanza e le comunicazioni relative al procedimento sono effettuate presso la medesima rappresentanza. La procura speciale al difensore e' rilasciata altresi' dinanzi all'autorita' consolare. Nei casi di cui all'articolo 28-bis, commi 1 e 2, e nei casi in cui nei confronti del ricorrente e' stato adottato un provvedimento di trattenimento ai sensi dell'articolo 6 del decreto legislativo 18 agosto 2015, n. 142, i termini previsti dal presente comma sono ridotti della meta'.

3. La proposizione del ricorso sospende l'efficacia esecutiva del provvedimento impugnato, tranne che nelle ipotesi in cui il ricorso viene proposto:

a) da parte di un soggetto nei cui confronti e' stato adottato un provvedimento di trattenimento nelle strutture di cui all'articolo 10-ter del decreto legislativo 25 luglio 1998, n. 286, ovvero nei centri di cui all'articolo 14 del medesimo decreto legislativo 25

luglio 1998, n. 286;

b) avverso il provvedimento che dichiara inammissibile la domanda di riconoscimento della protezione internazionale;

c) avverso il provvedimento di rigetto per manifesta infondatezza ai sensi dell'articolo 32, comma 1, lettera b-bis);

d) avverso il provvedimento adottato nei confronti dei soggetti di cui all'articolo 28-bis, comma 2, lettere c) *((ed e)))*.

d-bis) avverso il provvedimento relativo alla domanda di cui all'articolo 28-bis, comma 1, lettera b).

4. Nei casi previsti dal comma 3, lettere a), b), c), d) e d-bis), l'efficacia esecutiva del provvedimento impugnato puo' tuttavia essere sospesa, quando ricorrono gravi e circostanziate ragioni e assunte, ove occorra, sommarie informazioni, con decreto motivato, adottato ai sensi dell'articolo 3, comma 4-bis, del decreto-legge 17

febbraio 2017, n. 13, convertito, con modificazioni, dalla legge 13

aprile 2017, n. 46, e pronunciato entro cinque giorni dalla presentazione dell'istanza di sospensione e senza la preventiva convocazione della controparte. Il decreto con il quale e' concessa o negata la sospensione del provvedimento impugnato e' notificato, a cura della cancelleria e con le modalita' di cui al comma 6, unitamente all'istanza di sospensione. Entro cinque giorni dalla notificazione le parti possono depositare note difensive. Entro i cinque giorni successivi alla scadenza del termine di cui al periodo precedente possono essere depositate note di replica. Qualora siano state depositate note ai sensi del terzo e quarto periodo del presente comma, il giudice, con nuovo decreto, da emettersi entro i successivi cinque giorni, conferma, modifica o revoca i provvedimenti gia' emanati. Il decreto emesso a norma del presente comma non e' impugnabile. Nei casi di cui alle lettere b), c) e d), del comma 3

quando l'istanza di sospensione e' accolta, al ricorrente e' rilasciato un permesso di soggiorno per richiesta asilo.

5. La proposizione del ricorso o dell'istanza cautelare ai sensi del comma 4 non sospende l'efficacia esecutiva del provvedimento che dichiara inammissibile, per la seconda volta, la domanda di riconoscimento della protezione internazionale ai sensi dell'articolo 29, comma 1, lettera b), ovvero dichiara inammissibile la domanda di riconoscimento della protezione internazionale, ai sensi dell'articolo 29-bis.

6. Il ricorso e' notificato, a cura della cancelleria, al Ministero dell'interno, presso la commissione o la sezione che ha adottato l'atto impugnato, nonche', limitatamente ai casi di cessazione o revoca della protezione internazionale, alla Commissione nazionale per il diritto di asilo; il ricorso e' trasmesso al pubblico ministero, che, entro venti giorni, stende le sue conclusioni, a norma dell'articolo 738, secondo comma, del codice di procedura civile, rilevando

l'eventuale sussistenza di cause ostative al riconoscimento dello status di rifugiato e della protezione sussidiaria.

7. Il Ministero dell'interno, limitatamente al giudizio di primo grado, puo' stare in giudizio avvalendosi direttamente di propri dipendenti o di un rappresentante designato dal presidente della Commissione che ha adottato l'atto impugnato. Si applica, in quanto compatibile, l'articolo 417-bis, secondo comma, del codice di procedura civile. Il Ministero dell'interno puo' depositare, entro venti giorni dalla notificazione del ricorso, una nota difensiva.

8. La Commissione che ha adottato l'atto impugnato e' tenuta a rendere disponibili con le modalita' previste dalle specifiche tecniche di cui al comma 16, entro venti giorni dalla notificazione del ricorso, copia della domanda di protezione internazionale presentata, della videoregistrazione di cui all'articolo 14, comma 1, del verbale di trascrizione della videoregistrazione redatto a norma del medesimo articolo 14, comma 1, nonche' dell'intera documentazione comunque acquisita nel corso della procedura di esame di cui al CAPO III, ivi compresa l'indicazione della documentazione sulla situazione socio-politico-economica dei Paesi di provenienza dei richiedenti di cui all'articolo 8, comma 3, utilizzata.

9. Il procedimento e' trattato in camera di consiglio. Per la decisione il giudice si avvale anche delle informazioni sulla situazione socio-politico-economica del Paese di provenienza previste dall'articolo 8, comma 3 che la Commissione nazionale aggiorna costantemente e rende disponibili all'autorita' giudiziaria con modalita' previste dalle specifiche tecniche di cui al comma 16.

10. E' fissata udienza per la comparizione delle parti esclusivamente quando il giudice:
a) visionata la videoregistrazione di cui al comma 8, ritiene necessario disporre l'audizione dell'interessato;
b) ritiene indispensabile richiedere chiarimenti alle parti;
c) dispone consulenza tecnica ovvero, anche d'ufficio, l'assunzione di mezzi di prova.

11. L'udienza e' altresi' disposta quando ricorra almeno una delle seguenti ipotesi:
a) la videoregistrazione non e' disponibile;
b) l'interessato ne abbia fatto motivata richiesta nel ricorso introduttivo e il giudice, sulla base delle motivazioni esposte dal ricorrente, ritenga la trattazione del procedimento in udienza essenziale ai fini della decisione;
c) l'impugnazione si fonda su elementi di fatto non dedotti nel corso della procedura amministrativa di primo grado.

12. Il ricorrente puo' depositare una nota difensiva entro i venti giorni successivi alla scadenza del termine di cui al comma 7, terzo periodo.

13. Entro quattro mesi dalla presentazione del ricorso, il Tribunale decide, sulla base degli elementi esistenti al momento della decisione, con decreto che rigetta il ricorso ovvero riconosce al ricorrente lo status di rifugiato o di persona cui e' accordata la protezione sussidiaria. Il decreto non e' reclamabile. La sospensione degli effetti del provvedimento impugnato, di cui al comma 3, viene meno se con decreto, anche non definitivo, il ricorso e' rigettato.

La disposizione di cui al periodo precedente si applica anche relativamente agli effetti del provvedimento cautelare pronunciato a norma del comma 4. Il termine per proporre ricorso per cassazione e' di giorni trenta e decorre dalla comunicazione del decreto a cura della cancelleria, da effettuarsi anche nei confronti della parte non costituita. La procura alle liti per la proposizione del ricorso per cassazione deve essere conferita, a pena di inammissibilita' del ricorso, in data successiva alla comunicazione del decreto impugnato; a tal fine il difensore certifica la data di rilascio in suo favore della procura medesima. In caso di rigetto, la Corte di cassazione decide sull'impugnazione entro sei mesi dal deposito del ricorso.

Quando sussistono fondati motivi, il giudice che ha pronunciato il decreto impugnato puo' disporre la sospensione degli effetti del predetto decreto, con conseguente ripristino, in caso di sospensione di decreto di rigetto, della sospensione dell'efficacia esecutiva della decisione della Commissione. La sospensione di cui al periodo precedente e' disposta su istanza di parte da depositarsi entro cinque giorni dalla proposizione del ricorso per cassazione. La controparte puo' depositare una propria nota difensiva entro cinque giorni dalla comunicazione, a cura della cancelleria, dell'istanza di sospensione. Il giudice decide entro i successivi cinque giorni con decreto non impugnabile.

14. La sospensione dei termini processuali nel periodo feriale non opera nei procedimenti di cui al presente articolo.

15. La controversia e' trattata in ogni grado in via di urgenza.

16. Le specifiche tecniche di cui al comma 8 sono stabilite d'intesa tra i Ministeri della giustizia e dell'interno, con decreto direttoriale, da adottarsi entro centottanta giorni dalla data di entrata in vigore del presente articolo, pubblicato nella Gazzetta Ufficiale della Repubblica italiana e sui siti internet dei medesimi Ministeri.

17. Quando il ricorrente e' ammesso al patrocinio a spese dello Stato e l'impugnazione ha ad oggetto una decisione adottata dalla Commissione territoriale ai sensi degli articoli 29 e 32, comma 1, lettera b-bis), il giudice, quando rigetta integralmente il ricorso, indica nel decreto di pagamento adottato a norma dell'articolo 82 del decreto del Presidente della Repubblica 30 maggio 2002 n. 115, le ragioni per cui non ritiene le pretese del ricorrente manifestamente infondate ai fini di cui all'articolo 74, comma 2, del predetto decreto.

18. A decorrere dal trentesimo giorno successivo alla pubblicazione nella Gazzetta Ufficiale della Repubblica italiana del provvedimento con cui il responsabile dei sistemi informativi automatizzati del Ministero della giustizia attesta la piena funzionalita' dei sistemi con riguardo ai procedimenti di cui al presente articolo, il deposito dei provvedimenti, degli atti di parte e dei documenti relativi ai medesimi procedimenti ha luogo esclusivamente con modalita' telematiche, nel rispetto della normativa anche regolamentare concernente la sottoscrizione, la trasmissione e la ricezione dei documenti informatici. Resta salva la facolta' del ricorrente che risieda all'estero di effettuare il deposito con modalita' non telematiche. In ogni caso, il giudice puo' autorizzare il deposito con modalita' non telematiche quando i sistemi

informatici del dominio giustizia non sono funzionanti e sussiste una indifferibile urgenza. (8)

AGGIORNAMENTO (8)

Il D.L. 17 febbraio 2017, n. 13, convertito con modificazioni dalla L. 13 aprile 2017, n. 46, ha disposto (con l'art. 21, comma 1) che la presente modifica si applica alle cause e ai procedimenti giudiziari sorti dopo il centottantesimo giorno dalla data di entrata in vigore del suindicato D.L. Alle cause e ai procedimenti giudiziari introdotti anteriormente alla scadenza del termine di cui al periodo precedente si continuano ad applicare le disposizioni vigenti prima dell'entrata in vigore del medesimo D.L.
Art. 36.

((ARTICOLO ABROGATO DAL D.LGS. 18 AGOSTO 2015, N. 142))

CAPO VI - - Disposizioni finali e transitorie -

Art. 37. Riservatezza 1. Tutti i soggetti coinvolti nei procedimenti disciplinati nel presente decreto sono soggetti all'obbligo di riservatezza relativamente a tutte le informazioni ottenute nel corso del procedimento.

Art. 38. Regolamenti di attuazione 1. Con uno o piu' regolamenti da emanare ai sensi dell'articolo 17, comma 1, della legge 23 agosto 1988, n. 400, entro sei mesi dalla data di entrata in vigore del presente decreto, sentita la Conferenza unificata di cui all'articolo 8 del decreto legislativo 28 agosto 1997, n. 281, sono stabilite le modalita' di attuazione del presente decreto.

2. Fino alla data di entrata in vigore dei regolamenti di cui al comma 1, continuano a trovare applicazione in quanto compatibili le disposizioni di cui al decreto del Presidente della Repubblica 16 settembre 2004, n. 303, ed i riferimenti ivi contenuti alla domanda per il riconoscimento dello status di rifugiato, si intendono sostituiti con domanda di protezione internazionale come definita dal presente decreto.

Art. 39. Disposizioni finanziarie
1. Per le finalita' di cui all'articolo 4, comma 2, e' autorizzata la spesa di euro 239.000 per l'anno 2008.
2. Per le finalita' di cui all'articolo 4, comma 3, e' autorizzata la spesa di euro 832.000 a decorrere dall'anno 2008.
3. L'onere derivante dall'attuazione dell'articolo 16, comma 2, e' valutato in 3.200.000 euro annui a decorrere dall'anno 2008.
4. Per le esigenze di adeguamento dei centri, derivanti dall'articolo 20, comma 5, e' autorizzata la spesa di euro 8.000.000 per l'anno 2008.
5. L'onere derivante dall'attivita' di accoglienza di cui agli articoli 20, commi 2, 3 e 4, 35 e 36 e' valutato in euro 12.218.250 a decorrere dall'anno 2008 e la dotazione del Fondo nazionale per le politiche e i servizi dell'asilo di cui

all'articolo 1-septies del decreto-legge 30 dicembre 1989, n. 416, convertito, con modificazioni, dalla legge 28 febbraio 1990, n. 39, e' aumentata di 6.600.000 euro annui, a decorrere dall'anno 2008, per i servizi di accoglienza gestiti dagli enti locali. *((7))*
6. Per le finalita' di cui all'articolo 24, comma 2, e' autorizzata la spesa di euro 500.000 a decorrere dall'anno 2008.
7. All'onere derivante dai commi 1, 2, 4 e 6, pari complessivamente a 9.571.000 per l'anno 2008 e a 1.332.000 a decorrere dall'anno 2009, nonche' a quello derivante dai commi 3 e 5, valutato complessivamente in 22.018.250 euro a decorrere dall'anno 2008, si provvede a valere sulla disponibilita' del Fondo di rotazione di cui all'articolo 5
della legge 16 aprile 1987, n. 183. Il Ministro dell'economia e delle finanze e' autorizzato ad apportare, con propri decreti, le occorrenti variazioni di bilancio.
8. Il Ministero dell'economia e delle finanze provvede al monitoraggio degli oneri derivanti dai commi 3 e 5, ai fini dell'adozione dei provvedimenti correttivi di cui all'articolo 11-ter, comma 7, della legge 5 agosto 1978, n. 468. Gli eventuali decreti emanati ai sensi dell'articolo 7, comma 2, n. 2), della legge 5 agosto del 1978, n. 468, prima della data di entrata in vigore dei provvedimenti o delle misure di cui al presente comma, sono tempestivamente trasmessi alle Camere, corredati da apposite relazioni illustrative.

AGGIORNAMENTO (7)
Il D.Lgs. 18 agosto 2015, n. 142 ha disposto (con l'art. 28, comma 3) che "Il riferimento agli articoli 20, commi 2, 3 e 4, nonche' agli articoli 35 e 36, del decreto legislativo 28 gennaio 2008, n. 25, contenuto nell'articolo 39, comma 5, del medesimo decreto legislativo, deve intendersi sostituito dal riferimento, rispettivamente, agli articoli 9 e 14, comma 4, del presente decreto".
Art. 40.

Abrogazioni 1. Sono abrogate le seguenti disposizioni:
a) articoli 1, commi 4, 5 e 6, 1-bis, 1-ter, 1-quater e 1-quinquies del decreto-legge 30 dicembre 1989, n. 416, convertito, con modificazioni, dalla legge 28 febbraio 1990, n. 39;
b) il decreto del Presidente della Repubblica 16 settembre 2004, n. 303, a decorrere dalla data di entrata in vigore del regolamento di cui all'articolo 38.
Il presente decreto, munito del sigillo dello Stato, sara' inserito nella Raccolta ufficiale degli atti normativi della Repubblica italiana. E' fatto obbligo a chiunque spetti di osservarlo e di farlo osservare.
Dato a Roma, addi' 28 gennaio 2008

NAPOLITANO
Prodi, Presidente del Consiglio dei Ministri e (ad interim) Ministro della giustizia Bonino, Ministro per le politiche europee Amato, Ministro dell'interno D'Alema, Ministro degli affari esteri Padoa Schioppa, Ministro dell'economia e delle finanze Pollastrini, Ministro per i diritti e le pari opportunita' Visto, il Guardasigilli: Scotti

DECRETO LEGISLATIVO 18 agosto 2015 , n. 142 - Attuazione della direttiva 2013/33/UE recante norme relative all'accoglienza dei richiedenti protezione internazionale, nonche' della direttiva 2013/32/UE, recante procedure comuni ai fini del riconoscimento e della revoca dello status di protezione internazionale. (15G00158)

Vigente al: 19-4-2021

CAPO I - Disposizioni di attuazione della direttiva 2013/33 del Parlamento europeo e del Consiglio del 26 giugno 2013, recante norme relative all'accoglienza dei richiedenti la protezione internazionale

IL PRESIDENTE DELLA REPUBBLICA

Visti gli articoli 76 e 87 della Costituzione;
Vista la direttiva 2013/33/UE del Parlamento europeo e del Consiglio, del 26 giugno 2013, recante norme relative all'accoglienza dei richiedenti la protezione internazionale (rifusione);
Vista la direttiva 2013/32/UE del Parlamento europeo e del Consiglio, del 26 giugno 2013, recante procedure comuni ai fini del riconoscimento e della revoca dello status di protezione internazionale (rifusione);
Vista la legge 7 ottobre 2014, n. 154, recante delega al Governo per il recepimento delle direttive europee e l'attuazione di altri atti dell'Unione europea - legge di delegazione europea 2013 -
secondo semestre, che ha delegato il Governo a recepire le citate direttive 2013/33/UE e 2013/32/UE, comprese nell'elenco di cui all'allegato B della medesima legge;
Vista la legge 23 agosto 1988, n. 400, recante disciplina dell'attivita' di Governo e ordinamento della Presidenza del Consiglio dei ministri;
Visto il decreto legislativo 25 luglio 1998, n. 286, recante il testo unico delle disposizioni concernenti la disciplina dell'immigrazione e norme sulla condizione dello straniero, e successive modificazioni;
Visti gli articoli 1-sexies e 1-septies del decreto-legge 30 dicembre 1989, n. 416, convertito, con modificazioni, dalla legge 28 febbraio 1990, n. 39, e successive modificazioni;

156

Visto il decreto legislativo 30 maggio 2005, n. 140, recante attuazione della direttiva 2003/9/CE, che stabilisce norme minime relative all'accoglienza dei richiedenti asilo negli Stati membri;
Visto il decreto legislativo 19 novembre 2007, n. 251, concernente attuazione della direttiva 2004/83/CE recante norme minime sull'attribuzione, a cittadini di Paesi terzi o apolidi, della qualifica di rifugiato o di persona altrimenti bisognosa di protezione internazionale, nonche' norme minime sul contenuto della protezione riconosciuta, e successive modificazioni;
Visto il decreto legislativo 28 gennaio 2008, n. 25, concernente attuazione della direttiva 2005/85/CE recante norme minime per le procedure applicate negli Stati membri ai fini del riconoscimento e della revoca dello status di rifugiato, e successive modificazioni;
Visto il decreto del Presidente della Repubblica 31 agosto 1999, **n.** 394, e successive modificazioni, recante il regolamento di attuazione del testo unico delle disposizioni concernenti la disciplina dell'immigrazione e norme sulla condizione dello straniero, a norma dell'articolo 1, comma 6, del decreto legislativo 25 luglio 1998, **n.** 286;
Visto il decreto del Presidente della Repubblica 12 gennaio 2015, n. 21, recante il regolamento relativo alle procedure per il riconoscimento e la revoca della protezione internazionale a norma dell'articolo 38, comma 1, del decreto legislativo 28 gennaio 2008, n. 25;
Vista la preliminare deliberazione del Consiglio dei ministri, adottata nella riunione del 18 maggio 2015;
Acquisito il parere della Conferenza unificata di cui all'articolo 8 del decreto legislativo 28 agosto 1997, n. 281, espresso nella seduta del 16 luglio 2015;
Acquisiti i pareri delle competenti Commissioni della Camera dei deputati e del Senato della Repubblica;
Vista la deliberazione del Consiglio dei ministri, adottata nella riunione del 6 agosto 2015;
Sulla proposta del Presidente del Consiglio dei ministri e del Ministro dell'interno, di concerto con i Ministri degli affari esteri e della cooperazione internazionale, della giustizia, della salute, del lavoro e delle politiche sociali e dell'economia e delle finanze;

Emana

il seguente decreto legislativo:

Art. 1
Finalita' e ambito applicativo

1. Il presente decreto stabilisce le norme relative all'accoglienza dei cittadini di Paesi non appartenenti all'Unione europea e degli apolidi richiedenti protezione internazionale nel territorio nazionale, comprese le frontiere e le relative zone di transito, nonche' le acque territoriali, e dei loro familiari inclusi nella domanda di protezione internazionale.

2. Le misure di accoglienza di cui al presente decreto si applicano dal momento della manifestazione della volonta' di chiedere la protezione internazionale.

3. Le misure di accoglienza di cui al presente decreto si applicano anche ai richiedenti protezione internazionale soggetti al procedimento previsto dal regolamento (UE) n. 604/2013, del Parlamento europeo e del Consiglio, del 26 giugno 2013, che stabilisce i criteri e i meccanismi di determinazione dello Stato membro competente per l'esame di una domanda di protezione internazionale.

4. Il presente decreto non si applica nell'ipotesi in cui sono operative le misure di protezione temporanea, disposte ai sensi del decreto legislativo 7 aprile 2003, n. 85, recante attuazione della direttiva 2001/55/CE relativa alla concessione della protezione temporanea in caso di afflusso massiccio di sfollati ed alla cooperazione in ambito comunitario.

Art. 2 Definizioni

1. Ai fini del presente decreto s'intende per:

a) richiedente protezione internazionale o richiedente: lo straniero che ha presentato domanda di protezione internazionale su cui non e' stata ancora adottata una decisione definitiva ovvero ha manifestato la volonta' di chiedere tale protezione;

b) straniero: il cittadino di Stati non appartenenti all'Unione europea e l'apolide;

c) domanda di protezione internazionale o domanda: la domanda presentata ai sensi del decreto legislativo 28 gennaio 2008, n. 25, e successive modificazioni, diretta ad ottenere il riconoscimento dello status di rifugiato o lo status di protezione sussidiaria;

d) Commissione territoriale: la Commissione territoriale per il riconoscimento della protezione internazionale;

e) minore non accompagnato: lo straniero di eta' inferiore agli anni diciotto, che si trova, per qualsiasi causa, nel territorio nazionale, privo di assistenza e rappresentanza legale;

f) familiari: i seguenti soggetti appartenenti al nucleo familiare del richiedente gia' costituito prima dell'arrivo nel territorio nazionale, che si trovano nel territorio nazionale in connessione alla domanda di protezione internazionale:

1) il coniuge del richiedente;

2) i figli minori del richiedente, anche adottati o nati fuori dal matrimonio, a condizione che non siano sposati. I minori affidati o sottoposti a tutela sono equiparati ai figli;

3) il genitore o altro adulto legalmente responsabile ai sensi degli articoli 343 e seguenti del codice civile del richiedente minore non coniugato;

g) centro o struttura di accoglienza: struttura destinata all'alloggiamento collettivo di richiedenti ai sensi del presente decreto;

h) richiedente con esigenze di accoglienza particolari: il richiedente che rientra nelle categorie vulnerabili indicate nell'articolo 17 e che necessita di forme di assistenza particolari nella prestazione delle misure di accoglienza;

i) UNHCR: Alto Commissariato delle Nazioni Unite per i rifugiati.

Art. 3
Informazione

1. L'ufficio di polizia che riceve la domanda provvede ad informare il richiedente sulle condizioni di accoglienza, con la consegna all'interessato dell'opuscolo di cui all'articolo 10 del decreto legislativo 28 gennaio 2008, n. 25, e successive modificazioni.

2. L'opuscolo di cui al comma 1 e' consegnato nella prima lingua indicata dal richiedente o, se cio' non e' possibile, nella lingua che ragionevolmente si suppone che comprenda tra quelle indicate nell'articolo 10, comma 4, del decreto legislativo 25 gennaio 2008, n. 25, e successive modificazioni.

3. Le informazioni di cui al comma 1 sono fornite, ove necessario con l'ausilio di un interprete o di un mediatore culturale, anche presso i centri di accoglienza, entro un termine ragionevole, comunque non superiore a quindici giorni dalla presentazione della domanda.

4. Le informazioni di cui al presente articolo comprendono i riferimenti dell'UNHCR e delle principali organizzazioni di tutela dei richiedenti protezione internazionale.

Art. 4
Documentazione

1. Al richiedente e' rilasciato un permesso di soggiorno per richiesta asilo valido nel territorio nazionale per sei mesi, rinnovabile fino alla decisione della domanda o comunque per il tempo in cui e' autorizzato a rimanere nel territorio nazionale ai sensi dell'articolo 35-bis, commi 3 e 4, del decreto legislativo 28 gennaio 2008, n. 25. Il permesso di soggiorno costituisce documento di riconoscimento ai sensi dell'articolo 1, comma 1, lettera c), del decreto del Presidente della Repubblica 28 dicembre 2000, n. 445. (2) (6)

1-bis. Il permesso di soggiorno di cui al comma 1 non costituisce titolo per l'iscrizione anagrafica ai sensi del decreto del Presidente della Repubblica 30 maggio 1989, n. 223, e dell'articolo 6, comma 7, del decreto legislativo 25 luglio 1998, n. 286. *((6))*

2. In caso di trattenimento ai sensi dell'articolo 6, la questura rilascia al richiedente un attestato nominativo, che certifica la sua qualita' di richiedente protezione internazionale. L'attestato non certifica l'identita' del richiedente.

3. La ricevuta attestante la presentazione della richiesta di protezione internazionale rilasciata contestualmente alla verbalizzazione della domanda ai sensi dell'articolo 26, comma 2-bis, del decreto legislativo 28 gennaio 2008, n. 25, e successive modificazioni, come introdotto dal presente decreto, costituisce permesso di soggiorno provvisorio.

4. L'accesso alle misure di accoglienza e il rilascio del permesso di soggiorno di cui al comma 1, non sono subordinati alla sussistenza di requisiti ulteriori rispetto a quelli espressamente richiesti dal presente decreto.

5. La questura puo' fornire al richiedente un documento di viaggio ai sensi dell'articolo 21 della legge 21 novembre 1967, n. 1185, quando sussistono gravi ragioni umanitarie che ne rendono necessaria la presenza in un altro Stato.

AGGIORNAMENTO (2)
Il D.L. 17 febbraio 2017, n. 13, convertito con modificazioni dalla L. 13 aprile 2017, n. 46, ha disposto (con l'art. 21, comma 1) che la presente modifica si applica alle cause e ai procedimenti giudiziari sorti dopo il centottantesimo giorno dalla data di entrata in vigore del suindicato D.L. Alle cause e ai procedimenti giudiziari introdotti anteriormente alla scadenza del termine di cui al periodo precedente si continuano ad applicare le disposizioni vigenti prima dell'entrata in vigore del medesimo D.L.

AGGIORNAMENTO (6)
La Corte Costituzionale, con sentenza 9 - 31 luglio 2020, n. 186
(in G.U. 1ª s.s. 5/8/2020, n. 32), ha dichiarato "l'illegittimita' costituzionale dell'art. 4, comma 1-bis, del decreto legislativo 18
agosto 2015, n. 142 (Attuazione della direttiva 2013/33/UE recante norme relative all'accoglienza dei richiedenti protezione internazionale, nonche' della direttiva 2013/32/UE, recante procedure comuni ai fini del riconoscimento e della revoca dello status di protezione internazionale), come introdotto dall'art. 13, comma 1, lettera a), numero 2), del decreto-legge 4 ottobre 2018, n. 113
(Disposizioni urgenti in materia di protezione internazionale e immigrazione, sicurezza pubblica, nonche' misure per la funzionalita' del Ministero dell'interno e l'organizzazione e il funzionamento dell'Agenzia nazionale per l'amministrazione e la destinazione dei beni sequestrati e confiscati alla criminalita' organizzata), convertito, con modificazioni, nella legge 1° dicembre 2018, n. 132"
e "in via consequenziale, ai sensi dell'art. 27 della legge 11 marzo 1953, n. 87
(Norme sulla costituzione e sul funzionamento della Corte costituzionale), l'illegittimita' costituzionale delle restanti disposizioni dell'art. 13 del d.l. n. 113 del 2018" (le quali hanno disposto la modifica del comma 1 del presente articolo).

Art. 5
Domicilio

1. Salvo quanto previsto al comma 2, l'obbligo di comunicare alla questura il proprio domicilio o residenza e' assolto dal richiedente tramite dichiarazione da riportare nella domanda di protezione internazionale. Ogni eventuale successivo mutamento del domicilio o residenza e' comunicato dal richiedente alla medesima questura e alla questura competente per il nuovo domicilio o residenza ai fini del rinnovo del permesso di soggiorno di cui all'articolo 4, comma 1.

2. Per il richiedente trattenuto o accolto nei centri o strutture di cui *((agli articoli 6, 9 e 11))*, l'indirizzo del centro costituisce il luogo di domicilio valevole agli effetti della notifica e delle comunicazioni degli atti relativi al procedimento di esame della domanda, nonche' di ogni altro atto relativo alle procedure di trattenimento o di accoglienza di cui al presente decreto. L'indirizzo del centro ovvero il diverso domicilio di cui al comma 1 e' comunicato dalla questura alla Commissione territoriale.

3. L'accesso ai servizi previsti dal presente decreto e a quelli comunque erogati sul territorio ai sensi delle norme vigenti e' assicurato nel luogo di domicilio individuato ai sensi dei commi 1 e 2.(6)

4. Il prefetto competente in base al luogo di presentazione della domanda ovvero alla sede della struttura di accoglienza puo' stabilire, con atto scritto e motivato, comunicato al richiedente con le modalita' di cui all'articolo 6, comma 5, un luogo di domicilio o un'area geografica ove il richiedente puo' circolare.(6)

5. Ai fini dell'applicazione nei confronti del richiedente protezione internazionale dell'articolo 284 del codice di procedura penale e degli articoli 47-ter, 47-quater e 47-quinquies della legge 26 luglio 1975, n. 354, e successive modificazioni, l'autorita' giudiziaria valuta preliminarmente, sentito il prefetto competente per territorio, l'idoneita' a tal fine dei centri e delle strutture di cui *((agli articoli 6 e 9))*.

AGGIORNAMENTO (6)

Successivamente la Corte Costituzionale, con sentenza 9 - 31 luglio 2020, n. 186 (in G.U. 1ª s.s. 5/8/2020, n. 32), ha dichiarato "in via consequenziale, ai sensi dell'art. 27 della legge 11 marzo 1953, **n.** 87 (Norme sulla costituzione e sul funzionamento della Corte costituzionale), l'illegittimita' costituzionale delle restanti disposizioni dell'art. 13 del d.l. n. 113 del 2018" (le quali hanno disposto la modifica dei commi 3 e 4 del presente articolo).

Art. 5-bis

(Iscrizione anagrafica).

1. Il richiedente protezione internazionale, a cui e' stato rilasciato il permesso di soggiorno di cui all'articolo 4, comma 1, ovvero la ricevuta di cui all'articolo 4, comma 3, e' iscritto nell'anagrafe della popolazione residente, a norma del regolamento di cui al decreto del Presidente della Repubblica 30 maggio 1989, n. 223
((, in particolare degli articoli 3, 5 e 7)).

2. Per i richiedenti ospitati nei centri di cui agli articoli 9 e 11, l'iscrizione anagrafica e' effettuata ai sensi dell'articolo 5
del decreto del Presidente della Repubblica 30 maggio 1989, n. 223.
E' fatto obbligo al responsabile di dare comunicazione delle variazioni della convivenza al competente ufficio di anagrafe entro venti giorni dalla data in cui si sono verificati i fatti.

3. La comunicazione, da parte del responsabile della convivenza anagrafica, della revoca delle misure di accoglienza o dell'allontanamento non giustificato del richiedente protezione internazionale *((, ospitato nei centri di cui agli articoli 9 e 11 del presente decreto, nonche' nelle strutture del sistema di accoglienza e integrazione, di cui all'articolo 1-sexies del decreto-legge 30 dicembre 1989, n. 416, convertito, con modificazioni, dalla legge 28 febbraio 1990, n. 39,))* costituisce motivo di cancellazione anagrafica con effetto immediato.

4. Ai richiedenti protezione internazionale che hanno ottenuto l'iscrizione anagrafica, e' rilasciata, sulla base delle norme vigenti, una carta d'identita', di validita' limitata al territorio nazionale e della durata di tre anni.

AGGIORNAMENTO (6)
Successivamente la Corte Costituzionale, con sentenza 9 - 31 luglio 2020, n. 186 (in G.U. 1ª s.s. 5/8/2020, n. 32), ha dichiarato "in via consequenziale, ai sensi dell'art. 27 della legge 11 marzo 1953, **n.** 87 (Norme sulla costituzione e sul funzionamento della Corte costituzionale), l'illegittimita' costituzionale delle restanti disposizioni dell'art. 13 del d.l. n. 113 del 2018" (le quali hanno disposto l'abrogazione del presente articolo).

Art. 6
Trattenimento

1. Il richiedente non puo' essere trattenuto al solo fine di esaminare la sua domanda.
2. Il richiedente e' trattenuto, ove possibile in appositi spazi, nei centri di cui all'articolo 14 del decreto legislativo 25 luglio 1998, n. 286, sulla base di una valutazione caso per caso, quando:
a) si trova nelle condizioni previste dall'articolo 1, paragrafo F della Convenzione relativa allo status di rifugiato, firmata a Ginevra il 28 luglio 1951, ratificata con la legge 24 luglio 1954, **n.** 722, e modificata dal protocollo di New York del 31 gennaio 1967, ratificato con la legge 14 febbraio 1970, n. 95 *((, o nelle condizioni))* di cui agli articoli 12, comma 1, lettere b) e c), e 16 del decreto legislativo 19 novembre 2007, n. 251; *((7))*
a-bis) si trova nelle condizioni di cui all'articolo 29-bis del decreto legislativo 28 gennaio 2008, n. 25; (7)
b) si trova nelle condizioni di cui all'articolo 13, commi 1 e 2, lettera c), del decreto legislativo 25 luglio 1998, n. 286, e nei casi di cui all'articolo 3, comma 1, del decreto-legge 27 luglio 2005, n. 144, convertito, con modificazioni, dalla legge 31 luglio 2005, n. 155;
c) costituisce un pericolo per l'ordine e la sicurezza pubblica.
Nella valutazione della pericolosita' si tiene conto di eventuali condanne, anche con sentenza non definitiva, compresa quella adottata a seguito di applicazione della pena su richiesta ai sensi dell'articolo 444 del codice di procedura penale, per uno dei delitti indicati dall'articolo 380, commi 1 e 2, del codice di procedura penale ovvero per reati inerenti agli stupefacenti, alla liberta'

sessuale, al favoreggiamento dell'immigrazione clandestina o per reati diretti al reclutamento di persone da destinare alla prostituzione o allo sfruttamento della prostituzione o di minori da impiegare in attivita' illecite ovvero per i reati previsti dagli articoli 12, comma 1, lettera c), e 16, comma 1, lettera d-bis) del decreto legislativo 19 novembre 2007, n. 251; (7)

d) sussiste rischio di fuga del richiedente. La valutazione sulla sussistenza del rischio di fuga e' effettuata, caso per caso, quando il richiedente ha in precedenza fatto ricorso sistematicamente a dichiarazioni o attestazioni false sulle proprie generalita' al solo fine di evitare l'adozione o l'esecuzione di un provvedimento di espulsione ovvero non ha ottemperato ad uno dei provvedimenti di cui all'articolo 13, commi 5, 5.2 e 13, nonche' all'articolo 14 del decreto legislativo 25 luglio 1998, n. 286.

3. Al di fuori delle ipotesi di cui al comma 2, il richiedente che si trova in un centro di cui all'articolo 14 del decreto legislativo 25 luglio 1998, n. 286, in attesa dell'esecuzione di un provvedimento di respingimento o di espulsione ai sensi degli articoli 10, 13 e 14

del medesimo decreto legislativo, rimane nel centro quando vi sono fondati motivi per ritenere che la domanda e' stata presentata al solo scopo di ritardare o impedire l'esecuzione del respingimento o dell'espulsione.

3-bis. Salvo le ipotesi di cui ai commi 2 e 3, il richiedente puo' essere altresi' trattenuto, per il tempo strettamente necessario, e comunque non superiore a trenta giorni, in appositi locali presso le strutture di cui all'articolo 10-ter, comma 1, del decreto legislativo 25 luglio 1998, n. 286, per la determinazione o la verifica dell'identita' o della cittadinanza. Ove non sia stato possibile determinarne o verificarne l'identita' o la cittadinanza, il richiedente puo' essere trattenuto nei centri di cui all'articolo 14 del decreto legislativo 25 luglio 1998, n. 286, con le modalita' previste dal comma 5 del medesimo articolo 14, per un periodo massimo di novanta giorni *((,))* prorogabili per altri trenta giorni qualora lo straniero sia cittadino di un Paese con cui l'Italia abbia sottoscritto accordi in materia di *((rimpatri))*.

4. Lo straniero trattenuto nei centri di cui all'articolo 14 del decreto legislativo 25 luglio 1998, n. 286, riceve, a cura del gestore, le informazioni sulla possibilita' di richiedere protezione internazionale. Al richiedente trattenuto nei medesimi centri sono fornite le informazioni di cui all'articolo 10, comma 1, del decreto legislativo 28 gennaio 2008, n. 25, con la consegna dell'opuscolo informativo previsto dal medesimo articolo 10.

5. Il provvedimento con il quale il questore dispone il trattenimento o la proroga del trattenimento e' adottato per iscritto, corredato da motivazione e reca l'indicazione che il richiedente ha facolta' di presentare personalmente o a mezzo di difensore memorie o deduzioni al tribunale sede della sezione specializzata in materia di immigrazione protezione internazionale e libera circolazione dei cittadini dell'Unione europea competente alla convalida. Il provvedimento e' comunicato al richiedente nella prima lingua indicata dal richiedente o in una lingua che ragionevolmente si suppone che comprenda ai sensi dell'articolo 10, comma 4, del decreto legislativo 28 gennaio 2008, n. 25, e successive modificazioni. Si applica, per quanto compatibile, l'articolo 14 del decreto legislativo 25 luglio 1998, n. 286, comprese le misure alternative di cui

al comma 1-bis del medesimo articolo 14. La partecipazione del richiedente all'udienza per la convalida avviene, ove possibile, a distanza mediante un collegamento audiovisivo, tra l'aula d'udienza e il centro di cui all'articolo 14 del decreto legislativo 25 luglio 1998, n. 286 nel quale egli e' trattenuto. Il collegamento audiovisivo si svolge in conformita' alle specifiche tecniche stabilite con decreto direttoriale d'intesa tra i Ministeri della giustizia e dell'interno entro centottanta giorni dalla data di entrata in vigore della presente disposizione, e, in ogni caso, con modalita' tali da assicurare la contestuale, effettiva e reciproca visibilita' delle persone presenti in entrambi i luoghi e la possibilita' di udire quanto vi viene detto. E' sempre consentito al difensore, o a un suo sostituto, di essere presente nel luogo ove si trova il richiedente. Un operatore della polizia di Stato appartenente ai ruoli di cui all'articolo 39, secondo comma, della legge 1° aprile 1981, n.121, e' presente nel luogo ove si trova il richiedente e ne attesta l'identita' dando atto che non sono posti impedimenti o limitazioni all'esercizio dei diritti e delle facolta' a lui spettanti. Egli da' atto dell'osservanza delle disposizioni di cui al quinto periodo del presente comma nonche', se ha luogo l'audizione del richiedente, delle cautele adottate per assicurarne la regolarita' con riferimento al luogo ove si trova. A tal fine interpella, ove occorra, il richiedente e il suo difensore. Delle operazioni svolte e' redatto verbale a cura del medesimo operatore della polizia di Stato. Quando il trattenimento e' gia' in corso al momento della presentazione della domanda, i termini previsti dall'articolo 14, comma 5, del decreto legislativo 25 luglio 1998, **n.** 286, si sospendono e il questore trasmette gli atti al tribunale sede della sezione specializzata in materia di immigrazione protezione internazionale e libera circolazione dei cittadini dell'Unione europea per la convalida del trattenimento per un periodo massimo di ulteriori sessanta giorni, per consentire l'espletamento della procedura di esame della domanda. (2)

6. Il trattenimento o la proroga del trattenimento non possono protrarsi oltre il tempo strettamente necessario all'esame della domanda ai sensi dell'articolo 28-bis, commi 1 e 2, del decreto legislativo 28 gennaio 2008, n. 25, e successive modificazioni, come introdotto dal presente decreto, salvo che sussistano ulteriori motivi di trattenimento ai sensi dell'articolo 14 del decreto legislativo 25 luglio 1998, n. 286. Eventuali ritardi nell'espletamento delle procedure amministrative preordinate all'esame della domanda, non imputabili al richiedente, non giustificano la proroga del trattenimento.

7. Il richiedente trattenuto ai sensi dei commi 2, 3 e 3-bis, secondo periodo che presenta ricorso giurisdizionale avverso la decisione di rigetto della Commissione territoriale ai sensi dell'articolo 35-bis del decreto legislativo 28 gennaio 2008, n. 25, e successive modificazioni, rimane nel centro fino all'adozione del provvedimento di cui al comma 4 del medesimo articolo 35-bis, nonche' per tutto il tempo in cui e' autorizzato a rimanere nel territorio nazionale in conseguenza del ricorso giurisdizionale proposto. (2)

8. Ai fini di cui al comma 7, il questore chiede la proroga del trattenimento in corso per periodi ulteriori non superiori a sessanta giorni di volta in volta prorogabili da parte del tribunale in composizione monocratica, finche' permangono le condizioni di cui al comma 7. In ogni caso, la durata massima

del trattenimento ai sensi dei commi 5 e 7 non puo' superare complessivamente dodici mesi.

9. Il trattenimento e' mantenuto soltanto finche' sussistono i motivi di cui ai commi 2, 3, 3-bis e 7. In ogni caso, nei confronti del richiedente trattenuto che chiede di essere rimpatriato nel Paese di origine o provenienza e' immediatamente adottato o eseguito il provvedimento di espulsione con accompagnamento alla frontiera ai sensi dell'articolo 13, commi 4 e 5-bis, del decreto legislativo 25
luglio 1998, n. 286. La richiesta di rimpatrio equivale a ritiro della domanda di protezione internazionale.

10. Nel caso in cui il richiedente e' destinatario di un provvedimento di espulsione da eseguirsi con le modalita' di cui all'articolo 13, commi 5 e 5.2, del decreto legislativo 25 luglio 1998, n. 286, il termine per la partenza volontaria fissato ai sensi del medesimo articolo 13, comma 5, e' sospeso per il tempo occorrente all'esame della domanda. In tal caso il richiedente ha accesso alle misure di accoglienza previste dal presente decreto in presenza dei requisiti di cui all'articolo 14.

((10-bis. Nel caso in cui sussistano fondati dubbi relativi all'eta' dichiarata da un minore si applicano le disposizioni dell'articolo 19-bis, comma 2)).

AGGIORNAMENTO (2)

Il D.L. 17 febbraio 2017, n. 13, convertito con modificazioni dalla L. 13 aprile 2017, n. 46, ha disposto (con l'art. 21, comma 1) che le presenti modifiche si applicano alle cause e ai procedimenti giudiziari sorti dopo il centottantesimo giorno dalla data di entrata in vigore del suindicato D.L. Alle cause e ai procedimenti giudiziari introdotti anteriormente alla scadenza del termine di cui al periodo precedente si continuano ad applicare le disposizioni vigenti prima dell'entrata in vigore del medesimo D.L.

AGGIORNAMENTO (7)

Il D.L. 21 ottobre 2020, n. 130, convertito con modificazioni dalla L. 18 dicembre 2020, n. 173, ha disposto (con l'art. 3, comma 3) che le modifiche di cui al comma 2, lettere a), a-bis) e c) del presente articolo si applicano nel limite dei posti disponibili dei centri di permanenza per il rimpatrio o delle strutture diverse e idonee, di cui all'articolo 13, comma 5-bis del decreto legislativo 25 luglio 1998, n. 286.

Art. 7
Condizioni di trattenimento

1. Il richiedente e' trattenuto nei centri di cui all'articolo 6
con modalita' che assicurano la necessaria assistenza e il pieno rispetto della sua dignita', secondo le disposizioni di cui agli articoli 14 del testo unico e 21 del decreto del Presidente della Repubblica 31 agosto 1999, n. 394, e successive modificazioni. E' assicurata in ogni caso alle richiedenti una sistemazione separata, nonche' il rispetto delle differenze di genere. Ove possibile, e'

preservata l'unita' del nucleo familiare. E' assicurata la fruibilita' di spazi all'aria aperta.

2. E' consentito l'accesso ai centri di cui all'articolo 6, nonche' la liberta' di colloquio con i richiedenti ai rappresentanti dell'UNHCR o alle organizzazioni che operano per conto dell'UNHCR in base ad accordi con la medesima organizzazione, ai familiari, agli avvocati dei richiedenti, ai rappresentanti degli enti di tutela dei titolari di protezione internazionale con esperienza consolidata nel settore, ai ministri di culto, nonche' agli altri soggetti indicati nelle direttive del Ministro dell'interno adottate ai sensi dell'articolo 21, comma 8, del decreto del Presidente della Repubblica 31 agosto 1999, n. 394, con le modalita' specificate con le medesime direttive.

3. Per motivi di sicurezza, ordine pubblico, o comunque per ragioni connesse alla corretta gestione amministrativa dei centri di cui all'articolo 6, l'accesso ai centri puo' essere limitato, purche' non impedito completamente, secondo le direttive di cui al comma 2.

4. Il richiedente e' informato delle regole vigenti nel centro nonche' dei suoi diritti ed obblighi nella prima lingua da lui indicata o in una lingua che ragionevolmente si suppone che comprenda ai sensi dell'articolo 10, comma 4, del decreto legislativo 28

gennaio 2008, n. 25, e successive modificazioni.

5. Non possono essere trattenuti nei centri di cui all'articolo 6 i richiedenti le cui condizioni di salute *((o di vulnerabilita' ai sensi dell'articolo 17, comma 1,))* sono incompatibili con il trattenimento. Nell'ambito dei servizi socio-sanitari garantiti nei centri e' assicurata anche la verifica periodica della sussistenza di condizioni di vulnerabilita' che richiedono misure di assistenza particolari.

Art. 8
(((Sistema di accoglienza).))

((1. Il sistema di accoglienza per richiedenti protezione internazionale si basa sulla leale collaborazione tra i livelli di governo interessati, secondo le forme di coordinamento nazionale e regionale previste dall'articolo 16.

2. Le funzioni di prima assistenza sono assicurate nei centri di cui agli articoli 9 e 11, fermo restando quanto previsto dall'articolo 10-ter del decreto legislativo 25 luglio 1998, n. 286, per le procedure di soccorso e di identificazione dei cittadini stranieri irregolarmente giunti nel territorio nazionale.

3. L'accoglienza dei richiedenti protezione internazionale e' assicurata, nei limiti dei posti disponibili, nelle strutture del Sistema di accoglienza e integrazione, di cui all'articolo 1-sexies

del decreto-legge 30 dicembre 1989, n. 416, convertito, con modificazioni, dalla legge 28 febbraio 1990, n. 39.))

Art. 9
Misure di prima accoglienza

1. Per le esigenze di prima accoglienza e per l'espletamento delle operazioni necessarie alla definizione della posizione giuridica, lo straniero e' accolto nei centri governativi di prima accoglienza istituiti con decreto del Ministro dell'interno, sentita la Conferenza unificata di cui all'articolo 8 del decreto legislativo 28

agosto 1997, n. 281, secondo la programmazione e i criteri individuati dal Tavolo di coordinamento nazionale e dai Tavoli di coordinamento regionale ai sensi dell'articolo 16, che tengono conto, ai fini della migliore gestione, delle esigenze di contenimento della capienza massima.

2. La gestione dei centri di cui al comma 1 puo' essere affidata ad enti locali, anche associati, alle unioni o consorzi di comuni, ad enti pubblici o privati che operano nel settore dell'assistenza ai richiedenti asilo o agli immigrati o nel settore dell'assistenza sociale, secondo le procedure di affidamento dei contratti pubblici.

3. Le strutture allestite ai sensi del decreto-legge 30 ottobre 1995, n. 451, convertito, con modificazioni, dalla legge 29 dicembre 1995, n. 563, possono essere destinate, con decreto del Ministro dell'interno, alle finalita' di cui al presente articolo. I centri di accoglienza per richiedenti asilo gia' istituiti alla data di entrata in vigore del presente decreto svolgono le funzioni di cui al presente articolo.

4. Il prefetto, *((informato il sindaco del comune nel cui territorio e' situato il centro di prima accoglienza e))* sentito il Dipartimento per le liberta' civili e l'immigrazione del Ministero dell'interno, invia il richiedente nelle strutture di cui al comma 1.

Il richiedente e' accolto per il tempo necessario, all'espletamento delle operazioni di identificazione, ove non completate precedentemente, alla verbalizzazione della domanda ed all'avvio della procedura di esame della medesima domanda, nonche' all'accertamento delle condizioni di salute diretto anche a verificare, fin dal momento dell'ingresso nelle strutture di accoglienza, la sussistenza di situazioni di vulnerabilita' ai fini di cui all'articolo 17, comma 3.

4-bis. Espletati gli adempimenti di cui al comma 4, il richiedente e' trasferito, nei limiti dei posti disponibili, nelle strutture del Sistema di accoglienza e integrazione di cui all'articolo 1-sexies

del decreto-legge 30 dicembre 1989, n. 416, convertito, con modificazioni, dalla legge 28 febbraio 1990, n. 39, in conformita' a quanto previsto dall'articolo 8, comma 3 *((, del presente decreto))*.

Il richiedente che rientra nelle categorie di cui all'articolo 17, sulla base delle specifiche esigenze di vulnerabilita', e' trasferito nelle strutture di cui al primo periodo in via prioritaria.

((4-ter. La verifica della sussistenza di esigenze particolari e di specifiche situazioni di vulnerabilita', anche ai fini del trasferimento prioritario del richiedente di cui al comma 4-bis e dell'adozione di idonee misure di accoglienza di cui all'articolo 10, e' effettuata secondo le linee guida emanate dal Ministero della salute, d'intesa con il Ministero dell'interno e con le altre amministrazioni eventualmente interessate, da applicare nei centri di cui al presente articolo e all'articolo 11)).

5. COMMA ABROGATO DAL D.L. 4 OTTOBRE 2018, N. 113, CONVERTITO CON MODIFICAZIONI DALLA L. 1 DICEMBRE 2018, N. 132.

Art. 10
Modalita' di accoglienza

1. Nei centri di cui all'articolo 9, comma 1 *((,))* e nelle strutture di cui all'articolo 11, devono essere assicurati adeguati standard igienico-sanitari *((, abitativi e di sicurezza nonche' idonee misure di prevenzione, controllo e vigilanza relativamente alla partecipazione o alla propaganda attiva a favore di organizzazioni terroristiche internazionali))*, secondo i criteri e le modalita' stabiliti con decreto adottato dal Ministro dell'interno, di concerto con il Ministro della salute, sentita la Conferenza unificata di cui all'articolo 8 del decreto legislativo 28 agosto 1997, n. 281, che si esprime entro trenta giorni. Sono altresi' erogati, anche con modalita' di organizzazione su base territoriale, oltre alle prestazioni di accoglienza materiale, l'assistenza sanitaria, l'assistenza sociale e psicologica, la mediazione linguistico-culturale, la somministrazione di corsi di lingua italiana e i servizi di orientamento legale e al territorio, secondo le disposizioni analitiche contenute nel capitolato di gara di cui all'articolo 12. Sono inoltre assicurati il rispetto della sfera privata, comprese le differenze di genere, delle esigenze connesse all' eta', la tutela della salute fisica e mentale dei richiedenti, l'unita' dei nuclei familiari composti da coniugi e da parenti entro il primo grado, l'apprestamento delle misure necessarie per le persone portatrici di particolari esigenze ai sensi dell'articolo 17. Sono adottate misure idonee a prevenire ogni forma di violenza, anche di genere, e a garantire la sicurezza e la protezione dei richiedenti e del personale che opera presso i centri.

2. E' consentita l'uscita dal centro nelle ore diurne secondo le modalita' indicate nel regolamento di cui all'articolo 38 del decreto legislativo 28 gennaio 2008, n. 25, con obbligo di rientro nelle ore notturne. Il richiedente puo' chiedere al prefetto un permesso temporaneo di allontanamento dal centro per un periodo di tempo diverso o superiore a quello di uscita, per rilevanti motivi personali o per motivi attinenti all'esame della domanda. Il provvedimento di diniego sulla richiesta di autorizzazione all'allontanamento e' motivato e comunicato all'interessato ai sensi dell'articolo 10, comma 4, del decreto legislativo 28 gennaio 2008, n. 25, e successive modificazioni.

3. E' assicurata la facolta' di comunicare con i rappresentanti dell'UNHCR, degli enti di tutela dei titolari di protezione internazionale con esperienza consolidata nel settore, con i ministri di culto, nonche' con gli avvocati e i familiari dei richiedenti.

4. E' assicurato l'accesso ai centri dei soggetti di cui all'articolo 7, comma 2, nonche' degli altri soggetti previsti dal regolamento di cui all'articolo 38 del decreto legislativo 28 gennaio 2008, n. 25, fatte salve le limitazioni giustificate dalla necessita' di garantire la sicurezza dei locali e dei richiedenti presenti nel centro.

5. Il personale che opera nei centri e' adeguatamente formato ed ha l'obbligo di riservatezza sui dati e sulle informazioni riguardanti i richiedenti presenti nel centro.

Art. 11 Misure straordinarie di accoglienza

1. Nel caso in cui e' temporaneamente esaurita la disponibilita' di posti all'interno dei centri di cui all'articolo 9, a causa di arrivi consistenti e ravvicinati di richiedenti, l'accoglienza puo' essere disposta dal prefetto, sentito il Dipartimento per le liberta' civili e l'immigrazione del Ministero dell'interno, in strutture temporanee, appositamente allestite, previa valutazione delle condizioni di salute del richiedente, anche al fine di accertare la sussistenza di esigenze particolari di accoglienza.
2. Le strutture di cui al comma 1 soddisfano le esigenze essenziali di accoglienza nel rispetto dei principi di cui all'articolo 10, comma 1, e sono individuate dalle prefetture-uffici territoriali del Governo, previo parere dell'ente locale nel cui territorio e' situata la struttura, secondo le procedure di affidamento dei contratti pubblici. E' consentito, nei casi di estrema urgenza, il ricorso alle procedure di affidamento diretto ai sensi del decreto-legge 30 ottobre 1995, n. 451, convertito, con modificazioni, dalla legge 29 dicembre 1995, n. 563, e delle relative norme di attuazione.
3. L'accoglienza nelle strutture di cui al comma 1 e' limitata al tempo strettamente necessario al trasferimento del richiedente *((nelle strutture del Sistema di accoglienza e integrazione, di cui all'articolo 1-sexies del decreto-legge 30 dicembre 1989, n. 416, convertito, con modificazioni, dalla legge 28 febbraio 1990, n. 39.*
Il trasferimento del richiedente che rientra nelle categorie di cui all'articolo 17 e' effettuato in via prioritaria)).
4. Le operazioni di identificazione e verbalizzazione della domanda sono espletate presso la questura piu' vicina al luogo di accoglienza.

Art. 12
Condizioni materiali di accoglienza

1. Con decreto del Ministro dell'interno e' adottato lo schema di capitolato di gara d'appalto per la fornitura dei beni e dei servizi relativi al funzionamento dei centri di cui agli articoli 6, 8, comma 2, 9 e 11, in modo da assicurare livelli di accoglienza uniformi nel territorio nazionale, in relazione alle peculiarita' di ciascuna tipologia di centro.
2. Sullo schema di capitolato di cui al comma 1 sono acquisite le valutazioni del Tavolo di coordinamento nazionale di cui all'articolo 16.
3. Con il regolamento di cui all'articolo 30, sono individuate forme di partecipazione e di coinvolgimento dei richiedenti nello svolgimento della vita nelle *((strutture di cui agli articoli 9 e 11.))*

Art. 13
Allontanamento ingiustificato dai centri

1. L'allontanamento ingiustificato dalle strutture di cui agli articoli 9 e 11 comporta la revoca delle condizioni di accoglienza di cui al presente decreto, adottata con le modalita' di cui all'articolo 23, comma 1, lettera a), con gli effetti di cui all'articolo 23-bis del decreto legislativo 28 gennaio 2008, n. 25, e successive modificazioni, come introdotto dal presente decreto.

Art. 14
((Modalita' di accesso al sistema di accoglienza))

1. Il richiedente che ha formalizzato la domanda e che risulta privo di mezzi sufficienti a garantire una qualita' di vita adeguata per il sostentamento proprio e dei propri familiari, ha accesso, con i familiari, alle misure di accoglienza del ***((presente decreto))***.

2. ***((COMMA ABROGATO DAL D.L. 4 OTTOBRE 2018, N. 113, CONVERTITO CON MODIFICAZIONI DALLA L. 1 DICEMBRE 2018, N. 132))***.

3. ***((Al fine di accedere alle misure di accoglienza di cui al presente decreto, il richiedente, al momento della presentazione della domanda, dichiara di essere privo di mezzi sufficienti di sussistenza.))*** La valutazione dell'insufficienza dei mezzi di sussistenza di cui al comma 1 e' effettuata dalla prefettura -
Ufficio territoriale del Governo con riferimento all'importo annuo dell'assegno sociale.

4. Le misure di accoglienza sono assicurate per la durata del procedimento di esame della domanda da parte della Commissione territoriale per il riconoscimento della protezione internazionale di cui all'articolo 4 del decreto legislativo 28 gennaio 2008, n. 25, e successive modificazioni, e, in caso di rigetto, fino alla scadenza del termine per l'impugnazione della decisione. Salvo quanto previsto dall'articolo 6, comma 7, in caso di ricorso giurisdizionale proposto ai sensi dell'articolo 35 del decreto legislativo 28 gennaio 2008, **n.** 25, e successive modificazioni, il ricorrente, privo di mezzi sufficienti ***((...))***, usufruisce delle misure di accoglienza di cui al presente decreto per il tempo in cui e' autorizzato a rimanere nel territorio nazionale ai sensi dell'articolo 35-bis, commi 3 e 4, del decreto legislativo 28 gennaio 2008, n. 25. Nei casi di cui all'articolo 35-bis, comma 4, del decreto legislativo 28 gennaio 2008, n. 25, fino alla decisione sull'istanza di sospensione, il ricorrente rimane nella struttura o nel centro in cui si trova.(2)

5. Quando vengono meno i presupposti per il trattenimento nei centri di cui all'articolo 6, il richiedente che ha ottenuto la sospensione del provvedimento impugnato, ai sensi dell'articolo 35-bis, comma 4, del decreto legislativo 28 gennaio 2008, n. 25, e successive modificazioni, ha accoglienza nei centri o strutture di cui all'articolo 9.(2)

6. Al richiedente di cui al comma 5, e' prorogata la validita' dell'attestato nominativo di cui all'articolo 4, comma 2. Quando ricorrono le condizioni di cui all'articolo 6, comma 2, lettere a), b) e c), al medesimo richiedente possono essere imposte le misure di cui all'articolo 14, comma 1-bis, del decreto

legislativo 25 luglio 1998, n. 286. In tal caso competente alla convalida delle misure, se ne ricorrono i presupposti, e' il tribunale sede della sezione specializzata in materia di immigrazione protezione internazionale e libera circolazione dei cittadini dell'Unione europea;.(2)

AGGIORNAMENTO (2)

Il D.L. 17 febbraio 2017, n. 13, convertito con modificazioni dalla L. 13 aprile 2017, n. 46, ha disposto (con l'art. 21, comma 1) che le presenti modifiche si applicano alle cause e ai procedimenti giudiziari sorti dopo il centottantesimo giorno dalla data di entrata in vigore del suindicato D.L. Alle cause e ai procedimenti giudiziari introdotti anteriormente alla scadenza del termine di cui al periodo precedente si continuano ad applicare le disposizioni vigenti prima dell'entrata in vigore del medesimo D.L.

Art. 15
((Individuazione della struttura di accoglienza))

1. *((COMMA ABROGATO DAL D.L. 4 OTTOBRE 2018, N. 113, CONVERTITO CON MODIFICAZIONI DALLA L. 1 DICEMBRE 2018, N. 132))*.
2. *((COMMA ABROGATO DAL D.L. 4 OTTOBRE 2018, N. 113, CONVERTITO CON MODIFICAZIONI DALLA L. 1 DICEMBRE 2018, N. 132))*.
3. La prefettura - ufficio territoriale del Governo provvede all'invio del richiedente nella struttura individuata, anche avvalendosi dei mezzi di trasporto messi a disposizione dal gestore.
4. L'accoglienza e' disposta nella struttura individuata ed e' subordinata all'effettiva permanenza del richiedente in quella struttura, salvo il trasferimento in altro centro, che puo' essere disposto, per motivate ragioni, dalla prefettura - ufficio territoriale del Governo in cui ha sede la struttura di accoglienza che ospita il richiedente. Il trasferimento in un centro collocato in una provincia diversa e' disposto dal Dipartimento per le liberta' civili e l'immigrazione del Ministero dell'interno.
5. L'indirizzo della struttura di accoglienza e' comunicato, a cura della prefettura - ufficio territoriale del Governo, alla Questura, nonche' alla Commissione territoriale per il riconoscimento della protezione internazionale, ai sensi e per gli effetti di cui all'articolo 5, comma 2. E' nella facolta' del richiedente comunicare l'indirizzo della struttura al proprio difensore o consulente legale.
E' consentito l'accesso nelle medesime strutture dell'UNHCR, nonche' dei rappresentanti degli enti di tutela dei titolari di protezione internazionale al fine di prestare assistenza ai richiedenti.
6. Avverso il provvedimento di diniego delle misure di accoglienza e' ammesso ricorso al Tribunale amministrativo regionale territorialmente competente.

Art. 16
Forme di coordinamento nazionale e regionale

1. Il Tavolo di coordinamento nazionale, insediato presso il Ministero dell'interno - Dipartimento per le liberta' civili e l'immigrazione, di cui all'articolo 29, comma 3, del decreto legislativo 19 novembre 2007, n. 251, e successive modificazioni, individua le linee di indirizzo e predispone la programmazione degli interventi diretti a ottimizzare il sistema di accoglienza previsto dal presente decreto, compresi i criteri di ripartizione regionale dei posti da destinare alle finalita' di accoglienza di cui al presente decreto. I criteri di ripartizione regionale individuati dal Tavolo sono fissati d'intesa con la Conferenza unificata di cui all'articolo 8 del decreto legislativo 28 agosto 1997, n. 281.

2. Ai fini di cui al comma 1, il Tavolo predispone annualmente, salva la necessita' di un termine piu' breve, un Piano nazionale per l'accoglienza che, sulla base delle previsioni di arrivo per il periodo considerato, individua il fabbisogno dei posti da destinare alle finalita' di accoglienza di cui al presente decreto.

3. Le linee di indirizzo e la programmazione predisposti dal Tavolo di cui al comma 1 sono attuati a livello territoriale attraverso Tavoli di coordinamento regionale insediati presso le prefetture -
uffici territoriali del Governo del capoluogo di Regione, che individuano, i criteri di localizzazione delle strutture di cui agli articoli 9 e 11, nonche' i criteri di ripartizione, all'interno della Regione, dei posti da destinare alle finalita' di accoglienza di cui al presente decreto, tenuto conto dei posti gia' attivati, nel territorio di riferimento, nell'ambito del Sistema di protezione per richiedenti asilo e rifugiati di cui all'articolo 14.

4. Ai fini dello svolgimento delle funzioni di cui al presente articolo, la composizione e le modalita' operative dei Tavoli di cui ai commi 1 e 3 sono stabilite con decreto del Ministro dell'interno.

5. La partecipazione alle sedute dei Tavoli di cui ai commi 1 e 3
non da' luogo alla corresponsione di compensi, gettoni, emolumenti, indennita' o rimborsi spese comunque denominati.

Art. 17
Accoglienza di persone portatrici di esigenze particolari

1. Le misure di accoglienza previste dal presente decreto tengono conto della specifica situazione delle persone vulnerabili, quali i minori, i minori non accompagnati, i disabili, gli anziani, le donne in stato di gravidanza, i genitori singoli con figli minori, le vittime della tratta di esseri umani, le persone affette da gravi malattie o da disturbi mentali, le persone per le quali e' stato accertato che hanno subito torture, stupri o altre forme gravi di violenza psicologica, fisica o sessuale o legata all'orientamento sessuale o all'identita' di genere, le vittime di mutilazioni genitali.

2. Ai richiedenti protezione internazionale identificati come vittime della tratta di esseri umani si applica il programma unico di emersione, assistenza e integrazione sociale di cui all'articolo 18, comma 3-bis, del decreto legislativo 25 luglio 1998, n. 286.

3. Nei centri di cui all'articolo 9 sono previsti servizi speciali di accoglienza delle persone vulnerabili portatrici di esigenze particolari, individuati con il decreto ministeriale di cui all'articolo 12, assicurati anche in collaborazione con la ASL competente per territorio. Tali servizi garantiscono misure assistenziali particolari ed un adeguato supporto psicologico.

4. *((COMMA ABROGATO DAL D.L. 4 OTTOBRE 2018, N. 113, CONVERTITO CON MODIFICAZIONI DALLA L. 1 DICEMBRE 2018, N. 132))*.

5. Ove possibile, i richiedenti adulti portatori di esigenze particolari sono alloggiati insieme ai parenti adulti gia' presenti nelle strutture di accoglienza.

6. I servizi predisposti *((ai sensi del comma 3))* garantiscono una valutazione iniziale e una verifica periodica della sussistenza delle condizioni di cui al comma 1, da parte di personale qualificato.

7. La sussistenza di esigenze particolari e' comunicata dal gestore del centro alla prefettura presso cui e' insediata la Commissione territoriale competente, per l'eventuale apprestamento di garanzie procedurali particolari ai sensi dell'articolo 13, comma 2, del decreto legislativo 28 gennaio 2008, n. 25.

8. Le persone che hanno subito danni in conseguenza di torture, stupri o altri gravi atti di violenza accedono ad assistenza o cure mediche e psicologiche appropriate, secondo le linee guida di cui all'articolo 27, comma 1-bis, del decreto legislativo 19 novembre 2007, n. 251, e successive modificazioni. Il personale sanitario riceve una specifica formazione ai sensi del medesimo articolo 27, comma 1-bis, ed e' tenuto all'obbligo di riservatezza.

Art. 18
Disposizioni sui minori

1. Nell'applicazione delle misure di accoglienza previste dal presente decreto assume carattere di priorita' il superiore interesse del minore in modo da assicurare condizioni di vita adeguate alla minore eta', con riguardo alla protezione, al benessere ed allo sviluppo anche sociale del minore, conformemente a quanto previsto dall'articolo 3 della Convenzione sui diritti del fanciullo del 20 novembre 1989, ratificata dalla legge 27 maggio 1991, n. 176.

2. Per la valutazione dell'interesse superiore del minore occorre procedere all'ascolto del minore, tenendo conto della sua eta', del suo grado di maturita' e di sviluppo personale, anche al fine di conoscere le esperienze pregresse e valutare il rischio che il minore sia vittima di tratta di esseri umani, nonche' a verificare la possibilita' di ricongiungimento familiare ai sensi dell'articolo 8, paragrafo 2, del regolamento UE n. 604/2013 del Parlamento europeo e del Consiglio, del 26 giugno 2013, purche' corrisponda all'interesse superiore del minore.

((2-bis. L'assistenza affettiva e psicologica dei minori stranieri non accompagnati e' assicurata, in ogni stato e grado del procedimento, dalla presenza di persone idonee indicate dal minore, nonche' di gruppi, fondazioni, associazioni od organizzazioni non governative di comprovata

esperienza nel settore dell'assistenza ai minori stranieri e iscritti nel registro di cui all'articolo 42 del testo unico di cui al decreto legislativo 25 luglio 1998, n. 286, previo consenso del minore, e ammessi dall'autorita' giudiziaria o amministrativa che procede.

2-ter. Il minore straniero non accompagnato ha diritto di partecipare per mezzo di un suo rappresentante legale a tutti i procedimenti giurisdizionali e amministrativi che lo riguardano e di essere ascoltato nel merito. A tale fine e' assicurata la presenza di un mediatore culturale)).

3. I figli minori dei richiedenti e i richiedenti minori sono alloggiati con i genitori, i fratelli minori non coniugati o altro adulto legalmente responsabile ai sensi degli articoli 343 e seguenti del codice civile.

4. Nella predisposizione delle misure di accoglienza di cui al presente decreto sono assicurati servizi destinati alle esigenze della minore eta', comprese quelle ricreative.

5. Gli operatori che si occupano dei minori sono in possesso di idonea qualifica o comunque ricevono una specifica formazione e sono soggetti all'obbligo di riservatezza sui dati e sulle informazioni riguardanti i minori.

Art. 19
Accoglienza dei minori non accompagnati

1. Per le esigenze di soccorso e di protezione immediata, i minori non accompagnati sono accolti in strutture governative di prima accoglienza a loro destinate, istituite con decreto del Ministro dell'interno, sentita la Conferenza unificata di cui all'articolo 8
del decreto legislativo 27 agosto 1997, n. 281, per il tempo strettamente necessario, comunque non superiore a trenta giorni, all'identificazione, che si deve concludere entro dieci giorni, e all'eventuale accertamento dell'eta', nonche' a ricevere, con modalita' adeguate alla loro eta', ogni informazione sui diritti riconosciuti al minore e sulle modalita' di esercizio di tali diritti, compreso quello di chiedere la protezione internazionale. Le strutture di prima accoglienza sono attivate dal Ministero dell'interno, in accordo con l'ente locale nel cui territorio e' situata la struttura, e gestite dal Ministero dell'interno anche in convenzione con gli enti locali. Con decreto del Ministro dell'interno, di concerto con il Ministro dell'economia e delle finanze per i profili finanziari, sono fissati le modalita' di accoglienza, gli standard strutturali, in coerenza con la normativa regionale, e i servizi da erogare, in modo da assicurare un'accoglienza adeguata alla minore eta', nel rispetto dei diritti fondamentali del minore e dei principi di cui all'articolo 18.
Durante la permanenza nella struttura di prima accoglienza e' garantito un colloquio con uno psicologo dell'eta' evolutiva, ove necessario in presenza di un mediatore culturale, per accertare la situazione personale del minore, i motivi e le circostanze della partenza dal suo Paese di origine e del viaggio effettuato, nonche' le sue aspettative future. La prosecuzione dell'accoglienza del minore e' assicurata ai sensi del comma 2.

2. I minori non accompagnati sono accolti nell'ambito del Sistema di protezione per richiedenti asilo, rifugiati e minori stranieri non accompagnati, di cui all'articolo 1-sexies del decreto-legge 30
dicembre 1989, n. 416, convertito, con modificazioni, dalla legge 28
febbraio 1990, n. 39, e in particolare nei progetti specificamente destinati a tale categoria di soggetti vulnerabili. La capienza del Sistema e' commisurata alle effettive presenze dei minori non accompagnati nel territorio nazionale ed e', comunque, stabilita nei limiti delle risorse del Fondo nazionale per le politiche e i servizi dell'asilo, di cui all'articolo 1-septies del decreto-legge 30
dicembre 1989, n. 416, convertito, con modificazioni, dalla legge 28
febbraio 1990, n. 39, da riprogrammare annualmente. A tal fine gli enti locali che partecipano alla ripartizione del Fondo nazionale per le politiche e i servizi dell'asilo di cui all'articolo 1-septies del decreto-legge 30 dicembre 1989, n. 416, convertito, con modificazioni, dalla legge 28 febbraio 1990, n. 39, prevedono specifici programmi di accoglienza riservati ai minori non accompagnati.
2-bis. Nella scelta del posto, tra quelli disponibili, in cui collocare il minore, si deve tenere conto delle esigenze e delle caratteristiche dello stesso minore risultanti dal colloquio di cui all'articolo 19-bis, comma 1, in relazione alla tipologia dei servizi offerti dalla struttura di accoglienza. Le strutture nelle quali vengono accolti i minori stranieri non accompagnati devono soddisfare, nel rispetto dell'articolo 117, secondo comma, lettera m), della Costituzione, gli standard minimi dei servizi e dell'assistenza forniti dalle strutture residenziali per minorenni ed essere autorizzate o accreditate ai sensi della normativa nazionale e regionale in materia. La non conformita' alle dichiarazioni rese ai fini dell'accreditamento comporta la cancellazione della struttura di accoglienza dal Sistema.
3. In caso di temporanea indisponibilita' nelle strutture di cui ai commi 1 e 2, l'assistenza e l'accoglienza del minore sono temporaneamente assicurate dalla pubblica autorita' del Comune in cui il minore si trova, fatta salva la possibilita' di trasferimento del minore in un altro comune, secondo gli indirizzi fissati dal Tavolo di coordinamento di cui all'articolo 16, tenendo in considerazione prioritariamente il superiore interesse del minore. I Comuni che assicurano l'attivita' di accoglienza ai sensi del presente comma accedono ai contributi disposti dal Ministero dell'interno a valere sul Fondo nazionale per l'accoglienza dei minori stranieri non accompagnati di cui all'articolo 1, comma 181, della legge 23
dicembre 2014, n. 190, nel limite delle risorse del medesimo Fondo *((e comunque senza alcuna spesa o onere a carico del Comune interessato all'accoglienza dei minori stranieri non accompagnati))*.
3-bis. In presenza di arrivi consistenti e ravvicinati di minori non accompagnati, qualora l'accoglienza non possa essere assicurata dai comuni ai sensi del comma 3, e' disposta dal prefetto, ai sensi dell'articolo 11, l'attivazione di strutture ricettive temporanee esclusivamente dedicate ai minori non accompagnati, con una capienza massima di cinquanta posti per ciascuna struttura. Sono assicurati in ogni caso i servizi indicati nel decreto di cui al comma 1 del presente articolo. L'accoglienza nelle strutture ricettive

temporanee non puo' essere disposta nei confronti del minore di eta' inferiore agli anni quattordici ed e' limitata al tempo strettamente necessario al trasferimento nelle strutture di cui ai commi 2 e 3 del presente articolo. Dell'accoglienza del minore non accompagnato nelle strutture di cui al presente comma e al comma 1 del presente articolo e' data notizia, a cura del gestore della struttura, al comune in cui si trova la struttura stessa, per il coordinamento con i servizi del territorio.

4. Il minore non accompagnato non puo' essere trattenuto o accolto presso i centri di cui agli articoli 6 e 9.

5. L'autorita' di pubblica sicurezza da' immediata comunicazione della presenza di un minore non accompagnato al Procuratore della Repubblica presso il Tribunale per i minorenni e al Tribunale per i minorenni per l'apertura della tutela e la nomina del tutore ai sensi degli articoli 343 e seguenti del codice civile e delle relative disposizioni di attuazione del medesimo codice, in quanto compatibili, e per la ratifica delle misure di accoglienza predisposte, nonche' al Ministero del lavoro e delle politiche sociali, con mezzi idonei a garantirne la riservatezza, al fine di assicurare il censimento e il monitoraggio della presenza dei minori non accompagnati. Il provvedimento di nomina del tutore e gli altri provvedimenti relativi alla tutela sono adottati dal presidente del tribunale per i minorenni o da un giudice da lui delegato. Il reclamo contro tali provvedimenti si propone al collegio a norma dell'articolo 739 del codice di procedura civile. Del collegio non puo' far parte il giudice che ha emesso il provvedimento reclamato.

(4)

6. Il tutore possiede le competenze necessarie per l'esercizio delle proprie funzioni e svolge i propri compiti in conformita' al principio dell'interesse superiore del minore. Non possono essere nominati tutori individui o organizzazioni i cui interessi sono in contrasto anche potenziale con quelli del minore. Il tutore puo' essere sostituito solo in caso di necessita'.

7. Al fine di garantire il diritto all'unita' familiare e' tempestivamente avviata ogni iniziativa per l'individuazione dei familiari del minore non accompagnato richiedente protezione internazionale. Il Ministero dell'interno, sentiti il Ministero della giustizia e il Ministero degli affari esteri e della cooperazione internazionale, stipula convenzioni, sulla base delle risorse disponibili del Fondo nazionale per le politiche e i servizi dell'asilo, con organizzazioni internazionali, intergovernative e associazioni umanitarie, per l'attuazione di programmi diretti a rintracciare i familiari dei minori non accompagnati. Le ricerche ed i programmi diretti a rintracciare i familiari sono svolti nel superiore interesse dei minori e con l'obbligo della assoluta riservatezza, in modo da tutelare la sicurezza del richiedente e dei familiari.

7-bis. Nei cinque giorni successivi al colloquio di cui all'articolo 19-bis, comma 1, se non sussiste un rischio per il minore straniero non accompagnato o per i suoi familiari, previo consenso informato dello stesso minore ed esclusivamente nel suo superiore interesse, l'esercente la responsabilita' genitoriale, anche in via temporanea, invia una relazione all'ente convenzionato, che avvia immediatamente le indagini.

176

7-ter. Il risultato delle indagini di cui al comma 7 e' trasmesso al Ministero dell'interno, che e' tenuto ad informare tempestivamente il minore, l'esercente la responsabilita' genitoriale nonche' il personale qualificato che ha svolto il colloquio di cui all'articolo 19-bis, comma 1.

7-quater. Qualora siano individuati familiari idonei a prendersi cura del minore straniero non accompagnato, tale soluzione deve essere preferita al collocamento in comunita'.

AGGIORNAMENTO (4)

Il D.Lgs. 22 dicembre 2017, n. 220, ha disposto (con l'art. 4, comma 2) che "Le disposizioni di cui all'articolo 2, comma 1, lettera b), e comma 2, si applicano in relazione alle comunicazioni effettuate dopo il trentesimo giorno dalla data di entrata in vigore del presente decreto; le disposizioni di cui all'articolo 2, comma 1, lettera c), numero 2), si applicano in relazione agli esami socio-sanitari disposti dopo la data di entrata in vigore del presente decreto".

Art. 19-bis

(Identificazione dei minori stranieri non accompagnati).

1. Nel momento in cui il minore straniero non accompagnato e' entrato in contatto o e' stato segnalato alle autorita' di polizia, ai servizi sociali o ad altri rappresentanti dell'ente locale o all'autorita' giudiziaria, il personale qualificato della struttura di prima accoglienza svolge, sotto la direzione dei servizi dell'ente locale competente e coadiuvato, ove possibile, da organizzazioni, enti o associazioni con comprovata e specifica esperienza nella tutela dei minori, un colloquio con il minore, volto ad approfondire la sua storia personale e familiare e a far emergere ogni altro elemento utile alla sua protezione, secondo la procedura stabilita con decreto del Presidente del Consiglio dei ministri da adottare entro centoventi giorni dalla data di entrata in vigore della presente disposizione. Al colloquio e' garantita la presenza di un mediatore culturale.

2. Nei casi di dubbi fondati relativi all'eta' dichiarata dal minore si applicano le disposizioni dei commi 3 e seguenti. In ogni caso, nelle more dell'esito delle procedure di identificazione, l'accoglienza del minore e' garantita dalle apposite strutture di prima accoglienza per minori previste dalla legge; si applicano, ove ne ricorrano i presupposti, le disposizioni dell'articolo 4 del decreto legislativo 4 marzo 2014, n. 24.

3. L'identita' di un minore straniero non accompagnato e' accertata dalle autorita' di pubblica sicurezza, coadiuvate da mediatori culturali, alla presenza del tutore o del tutore provvisorio se gia' nominato, solo dopo che e' stata garantita allo stesso minore un'immediata assistenza umanitaria. Qualora sussista un dubbio circa l'eta' dichiarata, questa e' accertata in via principale attraverso un documento anagrafico, anche avvalendosi della collaborazione delle autorita' diplomatico-consolari. L'intervento della rappresentanza diplomatico-consolare non deve essere richiesto nei casi in cui il presunto minore abbia espresso la volonta' di chiedere protezione internazionale ovvero

177

quando una possibile esigenza di protezione internazionale emerga a seguito del colloquio previsto dal comma 1.

Tale intervento non e' altresi' esperibile qualora da esso possano derivare pericoli di persecuzione e nei casi in cui il minore dichiari di non volersi avvalere dell'intervento dell'autorita' diplomatico-consolare. Il Ministero degli affari esteri e della cooperazione internazionale e il Ministero dell'interno promuovono le opportune iniziative, d'intesa con gli Stati interessati, al fine di accelerare il compimento degli accertamenti di cui al presente comma.

((3-bis. Le autorita' di pubblica sicurezza consultano, ai fini dell'accertamento dell'eta' dichiarata, il sistema informativo nazionale dei minori stranieri non accompagnati istituito presso il Ministero del lavoro e delle politiche sociali nonche' le altre banche dati pubbliche che contengono dati pertinenti, secondo le modalita' di accesso per esse previste.))

4. Qualora permangano dubbi fondati in merito all'eta' dichiarata da un minore straniero non accompagnato, la Procura della Repubblica presso il tribunale per i minorenni puo' disporre esami socio-sanitari volti all'accertamento della stessa.

5. Lo straniero e' informato, con l'ausilio di un mediatore culturale, in una lingua che possa capire e in conformita' al suo grado di maturita' e di alfabetizzazione, del fatto che la sua eta' puo' essere determinata mediante l'ausilio di esami socio-sanitari, del tipo di esami a cui deve essere sottoposto, dei possibili risultati attesi e delle eventuali conseguenze di tali risultati, nonche' di quelle derivanti dal suo eventuale rifiuto di sottoporsi a tali esami. Tali informazioni devono essere fornite altresi' alla persona che, anche temporaneamente, esercita i poteri tutelari nei confronti del presunto minore.

6. L'accertamento socio-sanitario dell'eta' deve essere svolto in un ambiente idoneo con un approccio multidisciplinare da professionisti adeguatamente formati e, ove necessario, in presenza di un mediatore culturale, utilizzando modalita' meno invasive possibili e rispettose dell'eta' presunta, del sesso e dell'integrita' fisica e psichica della persona. Non devono essere eseguiti esami socio-sanitari che possano compromettere lo stato psico-fisico della persona.

7. Il risultato dell'accertamento socio-sanitario e' comunicato allo straniero, in modo congruente con la sua eta', con la sua maturita' e con il suo livello di alfabetizzazione, in una lingua che possa comprendere, all'esercente la responsabilita' genitoriale e all'autorita' giudiziaria che ha disposto l'accertamento. Nella relazione finale deve essere sempre indicato il margine di errore.

8. Qualora, anche dopo l'accertamento socio-sanitario, permangano dubbi sulla minore eta', questa si presume ad ogni effetto di legge.

9. Il provvedimento di attribuzione dell'eta' *((e' emesso dal tribunale per i minorenni ed))* e' notificato allo straniero e, contestualmente, all'esercente i poteri tutelari, ove nominato, e puo' essere impugnato in sede di reclamo ai sensi *((dell'articolo 739))* del codice di procedura civile. In caso di impugnazione, il giudice decide in via d'urgenza entro dieci giorni; ogni procedimento amministrativo e penale conseguente all'identificazione come maggiorenne e' sospeso fino alla decisione. Il provvedimento e' altresi' comunicato alle autorita' di polizia ai fini del completamento delle procedure di

identificazione *((ed al Ministero del lavoro e delle politiche sociali ai fini dell'inserimento dei dati nel sistema informativo nazionale dei minori stranieri non accompagnati)). ((4))*

AGGIORNAMENTO (4)

Il D.Lgs. 22 dicembre 2017, n. 220, ha disposto (con l'art. 4, comma 2) che "Le disposizioni di cui all'articolo 2, comma 1, lettera b), e comma 2, si applicano in relazione alle comunicazioni effettuate dopo il trentesimo giorno dalla data di entrata in vigore del presente decreto; le disposizioni di cui all'articolo 2, comma 1, lettera c), numero 2), si applicano in relazione agli esami socio-sanitari disposti dopo la data di entrata in vigore del presente decreto".

Art. 20
Monitoraggio e controllo

1. *((Il Dipartimento per le liberta' civili))* e l'immigrazione del Ministero dell'interno svolge, anche tramite le prefetture - uffici territoriali del Governo, attivita' di controllo e monitoraggio della gestione delle strutture di accoglienza previste dal presente decreto. Le prefetture possono a tal fine avvalersi anche dei servizi sociali del comune.

2. L'attivita' di cui al comma 1 ha per oggetto la verifica della qualita' dei servizi erogati e il rispetto dei livelli di assistenza e accoglienza fissati con i decreti ministeriali di cui all'articolo 21, comma 8, del decreto del Presidente della Repubblica 31 agosto 1999, n. 394, e successive modificazioni, *((e all'articolo 12,))* con particolare riguardo ai servizi destinati alle categorie vulnerabili e ai minori, nonche' le modalita' di affidamento dei servizi di accoglienza previsti dall'articolo 14 a soggetti attuatori da parte degli enti locali che partecipano alla ripartizione delle risorse del Fondo di cui all'articolo 1-septies del decreto-legge 30 dicembre 1989, n. 416, convertito, con modificazioni, dalla legge 28 febbraio 1990, n. 39.

3. Ai fini dello svolgimento delle attivita' di cui ai commi 1 e 2, il Dipartimento per le liberta' civili e l'immigrazione del Ministero dell'interno puo' avvalersi di qualificate figure professionali, selezionate anche tra funzionari della pubblica amministrazione in posizione di collocamento a riposo, fermo restando quanto disposto dall'articolo 5, comma 9, del decreto-legge 6 luglio 2012, n. 95, convertito, con modificazioni, dalla legge 7 agosto 2012, n. 135, e successive modificazioni, ovvero di competenti organizzazioni internazionali o intergovernative. Ai relativi oneri si provvede con le risorse del medesimo Dipartimento per le liberta' civili e l'immigrazione disponibili a legislazione vigente, comprese le risorse a tal fine destinate nell'ambito dei fondi europei.

4. Degli esiti dell'attivita' di cui ai commi 1 e 2, e' dato atto nella relazione di cui all'articolo 6, comma 2-bis, del decreto-legge 22 agosto 2014, n. 119, convertito, con modificazioni, dalla legge 17
ottobre 2014, n. 146.

Art. 21

Assistenza sanitaria e istruzione dei minori

1. I richiedenti hanno accesso all'assistenza sanitaria secondo quanto previsto dall'articolo 34 del decreto legislativo 25 luglio 1998, n. 286, fermo restando l'applicazione dell'articolo 35 del medesimo decreto legislativo nelle more dell'iscrizione al servizio sanitario nazionale.
2. I minori richiedenti protezione internazionale o i minori figli di richiedenti protezione internazionale sono soggetti all'obbligo scolastico, ai sensi dell'articolo 38 del decreto legislativo 25
luglio 1998, n. 286, e accedono ai corsi e alle iniziative per l'apprendimento della lingua italiana di cui al comma 2 del medesimo articolo.

Art. 22
Lavoro e formazione professionale

1. Il permesso di soggiorno per richiesta asilo di cui all'articolo 4 consente di svolgere attivita' lavorativa, trascorsi sessanta giorni dalla presentazione della domanda, se il procedimento di esame della domanda non e' concluso ed il ritardo non puo' essere attribuito al richiedente.
2. Il permesso di soggiorno di cui al comma 1 non puo' essere convertito in permesso di soggiorno per motivi di lavoro.
3. *((COMMA ABROGATO DAL D.L. 4 OTTOBRE 2018, N. 113, CONVERTITO CON MODIFICAZIONI DALLA L. 1 DICEMBRE 2018, N. 132))*.

Art. 22-bis

(Partecipazione dei richiedenti protezione internazionale ad attivita' di utilita' sociale).

1. I prefetti promuovono, d'intesa con i Comuni e con le regioni e le province autonome, anche nell'ambito dell'attivita' dei Consigli territoriali per l'immigrazione di cui all'articolo 3, comma 6, del decreto legislativo 25 luglio 1998, n. 286, e successive modificazioni, ogni iniziativa utile all'implementazione dell'impiego *((di richiedenti protezione internazionale e))* di titolari di protezione internazionale, su base volontaria, in attivita' di utilita' sociale in favore delle collettivita' locali, nel quadro delle disposizioni normative vigenti.
2. Ai fini di cui al comma 1, i prefetti promuovono la diffusione delle buone prassi e di strategie congiunte con i Comuni, con le regioni e le province autonome e le organizzazioni del terzo settore, anche attraverso la stipula di appositi protocolli di intesa.
3. Per il coinvolgimento *((dei richiedenti protezione internazionale e))* dei titolari di protezione internazionale nelle attivita' di cui al comma 1, i Comuni, le regioni e le province autonome possono predisporre, anche in collaborazione con le organizzazioni del terzo settore, appositi progetti da finanziare con risorse europee destinate al settore dell'immigrazione e dell'asilo.

I progetti presentati dai Comuni, dalle regioni e dalle province autonome che prestano i servizi di accoglienza di cui all'articolo 1-sexies del decreto-legge 30 dicembre 1989, n. 416, convertito, con modificazioni, dalla legge 28 febbraio 1990, n. 39, sono esaminati con priorita' ai fini dell'assegnazione delle risorse di cui al presente comma.

Art. 23
Revoca delle condizioni di accoglienza

1. Il prefetto della provincia in cui hanno sede le strutture *((di cui agli articoli 9 e 11))*, dispone, con proprio motivato decreto, la revoca delle misure d'accoglienza in caso di:
a) mancata presentazione presso la struttura individuata ovvero abbandono del centro di accoglienza da parte del richiedente, senza preventiva motivata comunicazione alla prefettura - ufficio territoriale del Governo competente;
b) mancata presentazione del richiedente all'audizione davanti all'organo di esame della domanda;
c) presentazione di una domanda reiterata ai sensi dell'articolo 29 del decreto legislativo 28 gennaio 2008, n. 25, e successive modificazioni;
d) accertamento della disponibilita' da parte del richiedente di mezzi economici sufficienti;
e) violazione grave o ripetuta delle regole delle strutture in cui e' accolto da parte del richiedente asilo, compreso il danneggiamento doloso di beni mobili o immobili, ovvero comportamenti gravemente violenti.
2. Nell'adozione del provvedimento di revoca si tiene conto della situazione del richiedente con particolare riferimento alle condizioni di cui all'articolo 17.
3. Nell'ipotesi di cui al comma 1, lettera a), il gestore del centro e' tenuto a comunicare, immediatamente, alla prefettura -
ufficio territoriale del Governo la mancata presentazione o l'abbandono della struttura da parte del richiedente. Se il richiedente asilo e' rintracciato o si presenta volontariamente alle Forze dell'ordine o al centro di assegnazione, il prefetto territorialmente competente dispone, con provvedimento motivato, sulla base degli elementi addotti dal richiedente, l'eventuale ripristino delle misure di accoglienza. Il ripristino e' disposto soltanto se la mancata presentazione o l'abbandono sono stati causati da forza maggiore o caso fortuito o comunque da gravi motivi personali.
4. Nell'ipotesi di cui al comma 1, lettera e), il gestore del centro trasmette alla prefettura - ufficio territoriale del Governo una relazione sui fatti che possono dare luogo all'eventuale revoca, entro tre giorni dal loro verificarsi.
5. Il provvedimento di revoca delle misure di accoglienza ha effetto dal momento della sua comunicazione, ai sensi dell'articolo 5, comma 2. Il provvedimento e' comunicato altresi' al gestore del centro. Avverso il provvedimento di revoca e' ammesso ricorso al Tribunale amministrativo regionale competente.
6. Nell'ipotesi di revoca, disposta ai sensi del comma 1, lettera d), il richiedente e' tenuto a rimborsare i costi sostenuti per le misure di cui ha indebitamente usufruito.

7. Quando la sussistenza dei presupposti per la valutazione di pericolosita' del richiedente ai sensi dell'articolo 6, comma 2, emerge successivamente all'invio nelle strutture *((di cui agli articoli 9 e 11))*, il prefetto dispone la revoca delle misure di accoglienza ai sensi del presente articolo e ne da' comunicazione al questore per l'adozione dei provvedimenti di cui all'articolo 6.

Art. 24
Abrogazioni

1. Sono o restano abrogati gli articoli 1, 2, 3, 4, 5, 6, 7, 8, 9, 10, 11, 12, 14 e 15 del decreto legislativo 30 maggio 2005, n. 140.
CAPO II - Disposizioni di attuazione della Direttiva 2013/32/UE del Parlamento europeo e del Consiglio del 26 giugno 2013 recante procedure comuni ai fini del riconoscimento e della revoca dello status di protezione internazionale **Art.** 25
Modifiche al decreto legislativo 28 gennaio 2008, n. 25
1. Al decreto legislativo 28 gennaio 2008, n. 25, sono apportate le seguenti modificazioni:
a) all'articolo 1, dopo le parole: "territorio nazionale" sono inserite le seguenti: "comprese le frontiere, e le relative zone di transito, nonche' le acque territoriali";
b) all'articolo 2:
1) dopo la lettera h) e' inserita la seguente:
"h-bis) «persone vulnerabili»: minori; minori non accompagnati; disabili, anziani, donne in stato di gravidanza, genitori singoli con figli minori, vittime della tratta di esseri umani, persone affette da gravi malattie o da disturbi mentali;
persone per le quali e' accertato che hanno subito torture, stupri o altre forme gravi di violenza psicologica, fisica o sessuale, vittime di mutilazioni genitali;";
2) dopo la lettera i) e' inserita la seguente:
"i-bis) «EASO»: european asylum support office/ufficio europeo di sostegno per l'asilo, istituito dal regolamento (UE) **n.** 439/2010 del Parlamento europeo e del Consiglio, del 19 maggio 2010.";
3) la lettera m) e' soppressa;
c) all'articolo 4:
1) al comma 3, il secondo e il terzo periodo sono sostituiti dai seguenti: "In situazioni di urgenza, il Ministro dell'interno nomina il rappresentante dell'ente locale su indicazione dell'Associazione nazionale dei comuni italiani (ANCI) e ne da' tempestiva comunicazione alla Conferenza Stato-citta' ed autonomie locali. Il decreto di nomina dei componenti della Commissione e' adottato previa valutazione dell'insussistenza di motivi di incompatibilita' derivanti da situazioni di conflitto di interessi, diretto o indiretto, anche potenziale. Per ciascun componente sono nominati uno o piu' componenti supplenti. I componenti effettivi e i componenti supplenti sono designati in base alle esperienze o formazione acquisite nel settore dell'immigrazione e dell'asilo o in quello della tutela dei diritti umani.";
2) dopo il comma 3-bis, e' inserito il seguente:

"3-ter. La Commissione nazionale per il diritto di asilo cura la predisposizione di corsi di formazione per componente delle Commissioni territoriali, anche mediante convenzioni stipulate dal Ministero dell'interno con le Universita' degli studi. I componenti che hanno partecipato ai corsi di cui al presente comma non partecipano ai corsi di formazione iniziale di cui all'articolo 15, comma 1.";

3) al comma 5, il primo, il secondo e il terzo periodo sono sostituiti dai seguenti: "La competenza delle Commissioni territoriali e' determinata sulla base della circoscrizione territoriale in cui e' presentata la domanda ai sensi dell'articolo 26, comma 1. Nel caso di richiedenti presenti in una struttura di accoglienza governativa o in una struttura del sistema di protezione di cui all'articolo 1-sexies del decreto-legge 30 dicembre 1989, **n.** 416, convertito, con modificazioni, dalla legge 28 febbraio 1990, **n.** 39, ovvero trattenuti in un centro di cui all'articolo 14 del decreto legislativo 25 luglio 1998, n. 286, la competenza e' determinata in base alla circoscrizione territoriale in cui sono collocati la struttura di accoglienza o il centro. Nel caso in cui nel corso della procedura si rende necessario il trasferimento del richiedente, la competenza all'esame della domanda e' assunta dalla Commissione nella cui circoscrizione territoriale sono collocati la struttura ovvero il centro di nuova destinazione.";

d) all'articolo 5:

1) al comma 1, e' aggiunto, in fine, il seguente periodo: "La Commissione costituisce punto nazionale di contatto per lo scambio di informazioni con la Commissione europea e con le competenti autorita' degli altri Stati membri.";

2) dopo il comma 1, sono inseriti i seguenti:

"1-bis. Nell'esercizio dei compiti di indirizzo e coordinamento di cui al comma 1, la Commissione nazionale puo' individuare periodicamente i Paesi di provenienza dei richiedenti o parte di tali Paesi ai fini dell'articolo 12, commi 2 e 2-bis.

1-ter. La Commissione nazionale adotta un codice di condotta per i componenti delle Commissioni territoriali, per gli interpreti e per il personale di supporto delle medesime Commissioni e pubblica annualmente un rapporto sulle attivita' svolte dalla medesima Commissione e dalle Commissioni territoriali.";

e) all'articolo 6:

1) al comma 2, e' aggiunto, in fine, il seguente periodo: "La domanda puo' essere presentata direttamente dal minore, tramite il genitore.";

2) al comma 3, e' aggiunto, in fine, il seguente periodo: "La domanda del minore non accompagnato puo' essere altresi' presentata direttamente dal tutore sulla base di una valutazione individuale della situazione personale del minore.";

f) all'articolo 7:

1) il comma 1 e' sostituito dal seguente:

"1. Il richiedente e' autorizzato a rimanere nel territorio dello Stato fino alla decisione della Commissione territoriale ai sensi dell'articolo 32.";

g) all'articolo 8:

1) al comma 2, dopo il primo periodo e' aggiunto il seguente:

"La Commissione territoriale accerta in primo luogo se sussistono le condizioni per il riconoscimento dello status di rifugiato ai sensi dell'articolo 11 del decreto legislativo 19 novembre 2007, n. 251, e successivamente se sussistono le condizioni per il riconoscimento dello status di protezione sussidiaria ai sensi dell'articolo 17 del medesimo decreto legislativo.";

2) al comma 3, dopo le parole: "dall'ACNUR" sono inserite le seguenti: "dall'EASO,";

3) dopo il comma 3, e' aggiunto il seguente:

"3-bis. Ove necessario ai fini dell'esame della domanda, la Commissione territoriale puo' consultare esperti su aspetti particolari come quelli di ordine sanitario, culturale, religioso, di genere o inerenti ai minori. La Commissione, sulla base degli elementi forniti dal richiedente, puo' altresi' disporre, previo consenso del richiedente, visite mediche dirette ad accertare gli esiti di persecuzioni o danni gravi subiti effettuate secondo le linee guida di cui all'articolo 27, comma 1-bis, del decreto legislativo 19 novembre 2007, n. 251, e successive modificazioni. Se la Commissione non dispone una visita medica, il richiedente puo' effettuare la visita medica a proprie spese e sottoporne i risultati alla Commissione medesima ai fini dell'esame della domanda.";

h) all'articolo 10:

1) dopo il comma 1, e' inserito il seguente:

"1-bis. Il personale dell'ufficio di polizia di cui al comma 1 riceve una formazione adeguata ai propri compiti e responsabilita'.";

2) al comma 2, lettera a), le parole: "protezione internazionale;" sono sostituite dalle seguenti: "protezione internazionale, comprese le conseguenze dell'allontanamento ingiustificato dai centri;";

3) al comma 2, lettera d), le parole: "protezione internazionale." sono sostituite dalle seguenti: "protezione internazionale, nonche' informazioni sul servizio di cui al comma 2-bis.";

4) dopo il comma 2, e' inserito il seguente:

"2-bis. Al fine di garantire al richiedente un servizio gratuito di informazione sulla procedura di esame della domanda da parte delle Commissioni territoriali, nonche' sulle procedure di revoca e sulle modalita' di impugnazione delle decisioni in sede giurisdizionale, il Ministero dell'interno stipula apposite convenzioni con l'UNHCR o con enti di tutela dei titolari di protezione internazionale con esperienza consolidata nel settore, anche ad integrazione dei servizi di informazione assicurati dal gestore nelle strutture di accoglienza previste dal presente decreto.";

5) al comma 4, e' aggiunto, in fine, il seguente periodo: "Ove necessario, si provvede alla traduzione della documentazione prodotta dal richiedente in ogni fase della procedura.";

i) dopo l'articolo 10, e' inserito il seguente:

«Art. 10-bis (Informazione e servizi di accoglienza ai valichi di frontiera). - 1. Le informazioni di cui all'articolo 10, comma 1, sono fornite allo straniero che manifesta la volonta' di chiedere protezione internazionale ai valichi di frontiera e nelle relative zone di transito nell'ambito dei servizi di accoglienza previsti dall'articolo 11, comma 6, del decreto legislativo 25 luglio 1998, n. 286.

2. E' assicurato l'accesso ai valichi di frontiera dei rappresentanti dell'UNHCR e degli enti di tutela dei titolari di protezione internazionale con esperienza consolidata nel settore. Per motivi di sicurezza, ordine pubblico o comunque per

ragioni connesse alla gestione amministrativa, l'accesso puo' essere limitato, purche' non impedito completamente.»

l) all'articolo 12, dopo il comma 2, e' inserito il seguente:

"2-bis. Fuori dei casi previsti dal comma 2, la Commissione territoriale puo' omettere l'audizione del richiedente proveniente da uno dei Paesi individuati ai sensi dell'articolo 5, comma 1-bis, quando ritiene di avere sufficienti motivi per riconoscere lo status

di protezione sussidiaria sulla base degli elementi in suo possesso.

In tal caso, la Commissione prima di adottare la decisione formale comunica all'interessato che ha facolta' di chiedere, entro tre giorni dalla comunicazione, di essere ammesso al colloquio e che in mancanza di tale richiesta la Commissione adotta la decisione.";

m) all'articolo 13:

1) dopo il comma 1, e' inserito il seguente:

"1-bis. Nel corso del colloquio, al richiedente e' assicurata la possibilita' di esporre in maniera esauriente gli elementi addotti a fondamento della domanda ai sensi dell'articolo 3 del decreto legislativo 19 novembre 2007, n. 251.";

2) il comma 3 e' sostituito dal seguente:

"3. Il colloquio del minore si svolge innanzi ad un componente della Commissione con specifica formazione, alla presenza del genitore che esercita la responsabilita' genitoriale o del tutore, nonche' del personale di cui al comma 2. In presenza di giustificati motivi, la Commissione territoriale puo' procedere nuovamente all'ascolto del minore anche senza la presenza del genitore o del tutore, fermo restando la presenza del personale di cui al comma 2, se lo ritiene necessario in relazione alla situazione personale del minore e al suo grado di maturita' e di sviluppo, nell'esclusivo interesse del minore.";

3) al comma 4, le parole: "al colloquio." sono sostituite dalle seguenti: "al colloquio e puo' chiedere di prendere visione del verbale e di acquisirne copia.";

n) all'articolo 14:

1) il comma 1 e' sostituito dal seguente:

"1. Dell'audizione e' redatto verbale di cui viene data lettura al richiedente in una lingua a lui comprensibile e, in ogni caso, tramite interprete. Il verbale e' confermato e sottoscritto dall'interessato e contiene le informazioni di cui all'articolo 3, comma 2, del decreto legislativo 19 novembre 2007, n. 251. Il richiedente riceve copia del verbale e ha facolta' di formulare osservazioni che sono riportate in calce al verbale, anche per rilevare eventuali errori di traduzione o di trascrizione. La Commissione territoriale adotta idonee misure per garantire la riservatezza dei dati che riguardano l'identita' e le dichiarazioni dei richiedenti.";

2) dopo il comma 2, e' aggiunto il seguente:

"2-bis. Il colloquio puo' essere registrato con mezzi meccanici. La registrazione puo' essere acquisita in sede di ricorso giurisdizionale avverso la decisione della Commissione territoriale.

Ove la registrazione sia trascritta, non e' richiesta la sottoscrizione del verbale di cui al comma 1 da parte del richiedente.";

o) l'articolo 20 e' abrogato;

p) l'articolo 21 e' abrogato;

q) l'articolo 22 e' abrogato;

r) dopo l'articolo 23, e' inserito il seguente:

«**Art.** 23-bis (Allontanamento ingiustificato). - 1. Nel caso in cui il richiedente si allontana senza giustificato motivo dalle strutture di accoglienza ovvero si sottrae alla misura del trattenimento nei centri di cui all'articolo 14 del decreto legislativo 25 luglio 1998, n. 286, senza aver sostenuto il colloquio di cui all'articolo 12, la Commissione territoriale sospende l'esame della domanda. 2. Il richiedente puo' chiedere per una sola volta la riapertura del procedimento sospeso ai sensi del comma 1, entro dodici mesi dalla sospensione. Trascorso tale termine, la Commissione territoriale dichiara l'estinzione del procedimento. La domanda presentata dal richiedente successivamente alla dichiarazione di estinzione del procedimento e' sottoposta ad esame preliminare ai sensi dell'articolo 29, comma 1-bis. In sede di esame preliminare sono valutati i motivi addotti a sostegno dell'ammissibilita' della domanda comprese le ragioni dell'allontanamento.»;

s) all'articolo 26:

1) dopo il comma 2, e' inserito il seguente:

"2-bis. Il verbale di cui al comma 2 e' redatto entro tre giorni lavorativi dalla manifestazione della volonta' di chiedere la protezione ovvero entro sei giorni lavorativi nel caso in cui la volonta' e' manifestata all'Ufficio di polizia di frontiera. I

termini sono prorogati di dieci giorni lavorativi in presenza di un elevato numero di domande in conseguenza di arrivi consistenti e ravvicinati di richiedenti.";

2) il comma 4 e' abrogato;

3) al comma 5, le parole: "del codice civile, ed informa il Comitato per i minori stranieri" fino alla fine del comma, sono sostituite dalle seguenti: "del codice civile. Il giudice tutelare nelle quarantottore successive alla comunicazione della questura provvede alla nomina del tutore. Il tutore prende immediato contatto con il minore per informarlo della propria nomina e con la questura per la conferma della domanda ai fini dell'ulteriore corso del procedimento di esame della domanda.";

4) al comma 6, l'ultimo periodo e' soppresso;

t) all'articolo 27:

1) al comma 3, e' aggiunto, in fine, il seguente periodo: "In tal caso, la procedura di esame della domanda e' conclusa entro sei mesi. Il termine e' prorogato di ulteriori nove mesi quando:

a) l'esame della domanda richiede la valutazione di questioni complesse in fatto o in diritto;

b) in presenza di un numero elevato di domande presentate simultaneamente;

c) il ritardo e' da attribuire all'inosservanza da parte del richiedente degli obblighi di cooperazione di cui all'articolo 11.";

2) dopo il comma 3, e' aggiunto il seguente:

"3-bis. In casi eccezionali, debitamente motivati, il termine di nove mesi di cui al comma 3 puo' essere ulteriormente prorogato di tre mesi ove necessario per assicurare un esame adeguato e completo della domanda.";

u) all'articolo 28:

1) al comma 1, le lettere b) e c) sono sostituite dalle seguenti:
"b) la domanda e' presentata da un richiedente appartenente a categorie di persone vulnerabili, in particolare da un minore non accompagnato, ovvero che necessita di garanzie procedurali particolari;
c) la domanda e' presentata da un richiedente per il quale e' stato disposto il trattenimento nei centri di cui all'articolo 14 del decreto legislativo 25 luglio 1998, n. 286;";
2) dopo la lettera c) e' aggiunta la seguente:
"c-bis) la domanda e' esaminata ai sensi dell'articolo 12, comma 2-bis.";
3) dopo il comma 1, e' inserito il seguente:
"1-bis. Ai fini dell'attuazione delle disposizioni di cui al comma 1 e all'articolo 28-bis, il Presidente della Commissione territoriale, sulla base della documentazione in atti, individua i casi di procedura prioritaria o accelerata.";
4) il comma 2 e' abrogato;
v) dopo l'articolo 28, e' inserito il seguente:
«**Art.** 28-bis (Procedure accelerate). - 1. Nel caso previsto dall'articolo 28, comma 1, lettera c), appena ricevuta la domanda, la questura provvede immediatamente alla trasmissione della documentazione necessaria alla Commissione territoriale che, entro sette giorni dalla data di ricezione della documentazione, provvede all'audizione. La decisione e' adottata entro i successivi due giorni.
2. I termini di cui al comma 1, sono raddoppiati quando:
a) la domanda e' manifestamente infondata in quanto il richiedente ha sollevato esclusivamente questioni che non hanno alcuna attinenza con i presupposti per il riconoscimento della protezione internazionale ai sensi del decreto legislativo 19
novembre 2007, n. 251;
b) la domanda e' reiterata ai sensi dell'articolo 29, comma 1, lettera b);
c) quando il richiedente presenta la domanda, dopo essere stato fermato per avere eluso o tentato di eludere i controlli di frontiera ovvero dopo essere stato fermato in condizioni di soggiorno irregolare, al solo scopo di ritardare o impedire l'adozione o l'esecuzione di un provvedimento di espulsione o respingimento.
3. I termini di cui ai commi 1 e 2 possono essere superati ove necessario per assicurare un esame adeguato e completo della domanda, fatti salvi i termini massimi previsti dall'articolo 27, commi 3 e 3-bis. Nei casi di cui al comma 1, i termini di cui all'articolo 27, commi 3 e 3-bis, sono ridotti ad un terzo.»
z) all'articolo 29, dopo il comma 1, e' aggiunto il seguente:
"1-bis. Nei casi di cui al comma 1, la domanda e' sottoposta ad esame preliminare da parte del Presidente della Commisione, diretto ad accertare se emergono o sono stati addotti, da parte del richiedente, nuovi elementi, rilevanti ai fini del riconoscimento della protezione internazionale. Nell'ipotesi di cui al comma 1, lettera a), il Presidente della Commissione procede anche all'audizione del richiedente sui motivi addotti a sostegno dell'ammissibilita' della domanda nel suo caso specifico.
Nell'ipotesi di cui al comma 1, lettera b), la Commissione, prima di adottare la decisione di inammissibilita' comunica al richiedente che ha facolta' di

presentare, entro tre giorni dalla comunicazione, osservazioni a sostegno dell'ammissibilita' della domanda e che, in mancanza di tali osservazioni, la Commissione adotta la decisione.";
aa) all'articolo 30, dopo il comma 1, e' aggiunto il seguente:
"1-bis. Quando e' accertata la competenza dell'Italia all'esame della domanda di cui al comma 1, i termini di cui all'articolo 27
decorrono dal momento in cui e' accertata la competenza e il richiedente e' preso in carico ai sensi del regolamento UE **n.** 604/2013.";
bb) all'articolo 32:
1) al comma 1, lettera b), le parole: ", ovvero il richiedente provenga da un Paese di origine sicuro e non abbia addotto i gravi motivi di cui al comma 2" sono soppresse;
2) al comma 1, la lettera b-bis) e' sostituita dalla seguente:
"b-bis) rigetta la domanda per manifesta infondatezza nei casi di cui all'articolo 28-bis, comma 2, lettera a).";
3) il comma 2 e' abrogato;
4) al comma 4, il secondo periodo e' sostituito dal seguente:
"A tale fine, alla scadenza del termine per l'impugnazione, si provvede ai sensi dell'articolo 13, commi 4 e 5 del decreto legislativo 25 luglio 1998, n. 286, salvo gli effetti dell'articolo 19, commi 4 e 5, del decreto legislativo 1° settembre 2011, n. 150.";
cc) all'articolo 35, dopo il comma 2, e' aggiunto il seguente:
"2-bis. I provvedimenti comunicati alla Commissione nazionale ovvero alle Commissioni territoriali ai sensi dell'articolo 19, comma 9-bis, del decreto legislativo 1° settembre 2011, n. 150, sono tempestivamente trasmessi dalle medesime Commissioni territoriali o nazionali al questore del luogo di domicilio del ricorrente, risultante agli atti della Commissione, per gli adempimenti conseguenti.";
dd) l'articolo 36 e' abrogato.

Art. 26
Disposizioni di aggiornamento

1. Nel decreto legislativo 28 gennaio 2008, n. 25, le parole:
"regolamento (CE) n. 343/2003, del Consiglio, del 18 febbraio 2003,"
ovunque presenti, sono sostituite dalle seguenti: "regolamento (UE)
n. 604//2013 del Parlamento europeo e del Consiglio, del 26 giugno 2013".
2. Nel decreto legislativo 28 gennaio 2008, n. 25, la parola:
"ACNUR" ovunque presente, e' sostituita dalla seguente: "UNHCR".

Art. 27
Modifiche al decreto legislativo
1° settembre 2011, n. 150
1. All'articolo 19 del decreto legislativo 1° settembre 2011, **n.** 150, sono apportate le seguenti modificazioni:
a) al comma 2:

1) al primo periodo, dopo le parole: "protezione internazionale" sono aggiunte le seguenti: "o la sezione";
2) al secondo periodo, dopo le parole: "la Commissione territoriale" sono inserite le seguenti: "o la sezione";
3) l'ultimo periodo e' sostituito dal seguente: "Nel caso di ricorrenti presenti in una struttura di accoglienza governativa o in una struttura del sistema di protezione di cui all'articolo 1-sexies
del decreto-legge 30 dicembre 1989, n. 416, convertito, con modificazioni, dalla legge 28 febbraio 1990, n. 39, ovvero trattenuti in un centro di cui all'articolo 14 del decreto legislativo 25 luglio 1998, n. 286, e' competente il tribunale in composizione monocratica, che ha sede nel capoluogo di distretto di corte di appello in cui ha sede la struttura ovvero il centro.";
b) al comma 3, il quarto periodo e' sostituito dal seguente: "Nei casi di cui all'articolo 28-bis, comma 2, del decreto legislativo 28
gennaio 2008, n. 25, e nei casi in cui nei confronti del ricorrente e' stato adottato un provvedimento di trattenimento nei centri di cui all'articolo 14 del decreto legislativo 25 luglio 1998, n. 286, i termini previsti dal presente comma sono ridotti della meta'.";
c) il comma 4 e' sostituito dal seguente:
"4. La proposizione del ricorso sospende l'efficacia esecutiva del provvedimento impugnato, tranne che nelle ipotesi in cui il ricorso viene proposto:
a) da parte di un soggetto nei cui confronti e' stato adottato un provvedimento di trattenimento in un centro di cui all'articolo 14 del decreto legislativo 25 luglio 1998, n. 286;
b) avverso il provvedimento che dichiara inammissibile la domanda di riconoscimento della protezione internazionale;
c) avverso il provvedimento di rigetto per manifesta infondatezza ai sensi dell'articolo 32, comma 1, lettera b-bis), del decreto legislativo 28 gennaio 2008, n. 25, e successive modificazioni;
d) avverso il provvedimento adottato nei confronti dei soggetti di cui all'articolo 28-bis, comma 2, lettera c), del decreto legislativo 28 gennaio 2008, n. 25, e successive modificazioni.";
d) al comma 5, il secondo periodo e' sostituito dai seguenti:
"L'ordinanza di cui all'articolo 5, comma 1, e' adottata entro 5
giorni dalla presentazione dell'istanza di sospensione. Nei casi di cui alle lettere b), c) e d), del comma 4, quando l'istanza di sospensione e' accolta, al ricorrente e' rilasciato un permesso di soggiorno per richiesta asilo.";
e) dopo il comma 5, e' inserito il seguente:
"5-bis. La proposizione del ricorso o dell'istanza cautelare ai sensi del comma 5 non sospende l'efficacia esecutiva del provvedimento che dichiara, per la seconda volta, inammissibile la domanda di riconoscimento della protezione internazionale ai sensi dell'articolo 29, comma 1, lettera b), del decreto legislativo 28
gennaio 2008, n. 25, e successive modificazioni.";
f) il comma 9 e' sostituito dal seguente:

"9. Entro sei mesi dalla presentazione del ricorso, il Tribunale decide, sulla base degli elementi esistenti al momento della decisione, con ordinanza che rigetta il ricorso ovvero riconosce al ricorrente lo status di rifugiato o di persona cui e' accordata la protezione sussidiaria. In caso di rigetto, la Corte d'Appello decide sulla impugnazione entro sei mesi dal deposito del ricorso. Entro lo stesso termine, la Corte di Cassazione decide sulla impugnazione del provvedimento di rigetto pronunciato dalla Corte d'Appello.";
g) dopo il comma 9 e' inserito il seguente:
"9-bis. L'ordinanza di cui al comma 9, nonche' i provvedimenti di cui all'articolo 5 sono comunicati alle parti a cura della cancelleria.".
CAPO III - Disposizioni finali **Art.** 28
Norma finale

1. Il riferimento all'articolo 5, commi 2 e 7, del decreto legislativo 30 maggio 2005, n. 140, contenuto nell'articolo 13, comma 1, del medesimo decreto legislativo, deve intendersi sostituito dal riferimento all'articolo 14, commi 1 e 4, del presente decreto.
2. Il riferimento all'articolo 6, comma 4, del decreto legislativo 30 maggio 2005, n. 140, contenuto nell'articolo 13, comma 2, del medesimo decreto legislativo, deve intendersi sostituito dal riferimento all'articolo 15, comma 3, del presente decreto.
3. Il riferimento agli articoli 20, commi 2, 3 e 4, nonche' agli articoli 35 e 36, del decreto legislativo 28 gennaio 2008, n. 25, contenuto nell'articolo 39, comma 5, del medesimo decreto legislativo, deve intendersi sostituito dal riferimento, rispettivamente, agli articoli 9 e 14, comma 4, del presente decreto.

Art. 29
Clausola di invarianza finanziaria

1. All'attuazione del presente decreto si provvede nei limiti degli stanziamenti di bilancio allo scopo previsti a legislazione vigente e comunque senza nuovi o maggiori oneri a carico della finanza pubblica.

Art. 30
Disposizioni di attuazione

1. Entro sei mesi dalla data di entrata in vigore del presente decreto, con regolamento da emanare ai sensi dell'articolo 17, comma 1, della legge 23 agosto 1988, n. 400, sentita la Conferenza unificata di cui all'articolo 8 del decreto legislativo 28 agosto 1997, n. 281, sono apportate al regolamento di cui all'articolo 38
del decreto legislativo 28 gennaio 2008, n. 25, le modifiche occorrenti all'attuazione del presente decreto.
Il presente decreto, munito del sigillo dello Stato, sara' inserito nella Raccolta ufficiale degli atti normativi della Repubblica italiana. E' fatto obbligo a chiunque spetti di osservarlo e di farlo osservare.
Dato a Palermo, addi' 18 agosto 2015

MATTARELLA

Renzi, Presidente del Consiglio dei ministri

Alfano, Ministro dell'interno

Gentiloni Silveri, Ministro degli affari esteri e della cooperazione internazionale

Orlando, Ministro della giustizia

Lorenzin, Ministro della salute

Poletti, Ministro del lavoro e delle politiche sociali

Padoan, Ministro dell'economia e delle finanze

DECRETO-LEGGE 21 ottobre 2020 , n. 130

Disposizioni urgenti in materia di immigrazione, protezione internazionale e complementare, modifiche agli articoli 131-bis, 391-bis, 391-ter e 588 del codice penale, nonche' misure in materia di divieto di accesso agli esercizi pubblici ed ai locali di pubblico trattenimento, di contrasto all'utilizzo distorto del web e di disciplina del Garante nazionale dei diritti delle persone private della liberta' personale. (20G00154)

Vigente al: 19-4-2021

IL PRESIDENTE DELLA REPUBBLICA

Visti gli articoli 77 e 87 della Costituzione;

Vista la legge 23 agosto 1988, n. 400, recante disciplina dell'attivita' di governo e ordinamento della Presidenza del Consiglio dei ministri;

Ritenuta la straordinaria necessita' e urgenza di garantire la corretta applicazione delle disposizioni in materia di immigrazione, nel rispetto dei principi costituzionali e internazionali vigenti in materia;

Ravvisata, altresi', la straordinaria necessita' ed urgenza di modificare alcune norme in materia di riconoscimento della protezione internazionale e della protezione complementare e di riarticolare il sistema di prima assistenza e di accoglienza dei richiedenti ed i titolari di protezione internazionale, per i beneficiari di protezione complementare e per minori stranieri non accompagnati;

Ravvisata la straordinaria necessita' e urgenza di introdurre norme in materia di iscrizione anagrafica dello straniero e di cittadinanza;

Ritenuta inoltre la straordinaria necessita' ed urgenza di introdurre disposizioni in materia di diritto penale;

Considerata, inoltre, la straordinaria necessita' ed urgenza di rafforzare la capacita' preventiva delle misure di divieto di accesso agli esercizi pubblici e ai locali di pubblico trattenimento nell'attuale quadro delle attivita' di prevenzione in materia di tutela della sicurezza e dell'incolumita' pubblica;

Ritenuta la straordinaria necessita' ed urgenza di implementare le misure di prevenzione e contrasto al traffico di stupefacenti via internet;

Visto il codice penale, approvato con regio decreto 19 ottobre 1930, n. 1398;

Visto il codice della navigazione, approvato con regio decreto 30 marzo 1942, n. 327;

Visto il decreto legislativo 25 luglio 1998, n. 286, recante il testo unico delle disposizioni concernenti la disciplina dell'immigrazione e norme sulla condizione dello straniero;

Visto il decreto legislativo 19 novembre 2007, n. 251, recante attuazione della direttiva 2004/83/CE recante norme minime sull'attribuzione, a cittadini di Paesi terzi o apolidi, della qualifica del rifugiato o di persona altrimenti bisognosa di protezione internazionale, nonche' norme minime sul contenuto della protezione riconosciuta;

Visto il decreto legislativo 28 gennaio 2008, n. 25, recante attuazione della direttiva 2005/85/CE recante norme minime per le procedure applicate negli Stati membri ai fini del riconoscimento e della revoca dello status di rifugiato;
Visto il decreto legislativo 18 agosto 2015, n.142, recante attuazione della direttiva 2013/33/UE recante norme relative all'accoglienza dei richiedenti protezione internazionale, nonche' della direttiva 2013/32/UE, recante procedure comuni ai fini del riconoscimento e della revoca dello status di protezione internazionale;
Visto il decreto-legge 4 ottobre 2018, n. 113, convertito, con modificazioni, dalla legge 1° dicembre 2018, n. 132, recante disposizioni urgenti in materia di protezione internazionale e immigrazione, sicurezza pubblica, nonche' misure per la funzionalita' del Ministero dell'interno e l'organizzazione e il funzionamento dell'Agenzia nazionale per l'amministrazione e la destinazione dei beni sequestrati e confiscati alla criminalita' organizzata;
Visto il decreto-legge 14 giugno 2019, n. 53, convertito, con modificazioni, dalla legge 8 agosto 2019, n. 77, recante disposizioni urgenti in materia di ordine e sicurezza pubblica;
Vista la deliberazione del Consiglio dei ministri, adottata nella riunione del 5 ottobre 2020;
Sulla proposta del Presidente del Consiglio dei ministri e del Ministro dell'interno, di concerto con i Ministri della giustizia, degli affari esteri e della cooperazione internazionale, della difesa, della salute, dello sviluppo economico e dell'economia e delle finanze;

Emana
il seguente decreto-legge:

Art. 1

Disposizioni in materia di permesso di soggiorno e controlli di frontiera

1. Al decreto legislativo 25 luglio 1998, n. 286, sono apportate le seguenti modificazioni:
((0a) all'articolo 3, comma 4, quarto periodo, le parole: ", entro il 30 novembre, nel limite delle quote stabilite nell'ultimo decreto emanato" sono soppresse));
((a) all'articolo 5:
1) dopo il comma 1 e' inserito il seguente:
"1-bis. Nei casi di cui all'articolo 38-bis, possono soggiornare nel territorio dello Stato gli studenti stranieri che sono entrati secondo le modalita' e alle condizioni previste dall'articolo 4 e che sono in possesso del visto per motivi di studio rilasciato per l'intera durata del corso di studio e della relativa dichiarazione di presenza";
2) al comma 6, dopo le parole: "Stati contraenti" sono aggiunte le seguenti: ", fatto salvo il rispetto degli obblighi costituzionali o internazionali dello Stato italiano"));

b) all'articolo 6, dopo il comma 1, e' inserito il seguente:

«*((1-bis.))* Sono convertibili in permesso di soggiorno per motivi di lavoro, ove ne ricorrano i requisiti, i seguenti permessi di soggiorno:

a) permesso di soggiorno per protezione speciale, di cui all'articolo 32, comma 3, del decreto legislativo 28 gennaio 2008, n. 25, ad eccezione dei casi per i quali siano state applicate le cause di diniego ed esclusione della protezione internazionale, di cui agli articoli 10, comma 2, 12, comma 1, lettere b) e c), *((e 16))* del decreto legislativo 19 novembre 2007, n. 251;

b) permesso di soggiorno per calamita', di cui all'articolo 20-bis;

c) permesso di soggiorno per residenza elettiva, di cui all'articolo 11, comma 1, lettera c-quater), del decreto del Presidente della Repubblica 31 agosto 1999, n. 394;

d) permesso di soggiorno per acquisto della cittadinanza o dello stato di apolide, di cui all'articolo 11, comma 1, lettera c), del decreto del Presidente della Repubblica 31 agosto 1999, n. 394, ad eccezione dei casi in cui lo straniero era precedentemente in possesso di un permesso *((per richiesta di asilo))*;

e) permesso di soggiorno per attivita' sportiva, di cui all'articolo 27, comma 1, lettera p);

f) permesso di soggiorno per lavoro di tipo artistico, di cui all'articolo 27, comma 1, lettere m), n) ed o);

g) permesso di soggiorno per motivi religiosi, di cui all'articolo 5, comma 2;

h) permesso di soggiorno *((per assistenza di minori))*, di cui all'articolo 31, comma 3.

((h-bis) permesso di soggiorno per cure mediche, di cui all'articolo 19, comma 2, lettera d-bis)))»;

c) all'articolo 11, il comma 1-ter e' abrogato;

d) all'articolo 12, i commi 6-bis, 6-ter e 6-quater sono abrogati;

e) all'articolo 19:

((01) al comma 1, dopo la parola: "sesso," sono inserite le seguenti: "di orientamento sessuale, di identita' di genere,"));

1) il comma 1.1 e' sostituito dal seguente:

«1.1. Non sono ammessi il respingimento o l'espulsione o l'estradizione di una persona verso uno Stato qualora esistano fondati motivi di ritenere che essa rischi di essere sottoposta a tortura o a trattamenti inumani o degradanti *((o qualora ricorrano gli obblighi di cui all'articolo 5, comma 6))*. Nella valutazione di tali motivi si tiene conto anche dell'esistenza, in tale Stato, di violazioni sistematiche e gravi di diritti umani. Non sono altresi' ammessi il respingimento o l'espulsione di una persona verso uno Stato qualora esistano fondati motivi di ritenere che l'allontanamento dal territorio nazionale comporti una violazione del diritto al rispetto della *((sua))* vita privata e familiare, a meno che esso *((sia necessario per ragioni di sicurezza nazionale, di ordine e sicurezza pubblica nonche' di protezione della salute nel rispetto della Convenzione relativa allo statuto dei rifugiati, firmata a Ginevra il 28 luglio 1951, resa esecutiva dalla legge 24*

luglio 1954, n. 722, e della Carta dei diritti fondamentali dell'Unione europea)). Ai fini della valutazione del rischio di violazione di cui al periodo precedente, si tiene conto della natura e della effettivita' dei vincoli familiari dell'interessato, del suo effettivo inserimento sociale in Italia, della durata del suo soggiorno nel territorio nazionale nonche' dell'esistenza di legami familiari, culturali o sociali con il suo Paese d'origine.»;

2) dopo il comma 1.1 e' inserito il seguente:

«1.2. Nelle ipotesi di rigetto della domanda di protezione internazionale, ove ricorrano i requisiti di cui ai commi 1 e 1.1., la Commissione territoriale trasmette gli atti al Questore per il rilascio di un permesso di soggiorno per protezione speciale. Nel caso in cui sia presentata una domanda di rilascio di un permesso di soggiorno, ove ricorrano i requisiti di cui ai commi 1 e 1.1, il Questore, previo parere della Commissione territoriale per il riconoscimento della protezione internazionale, rilascia un permesso di soggiorno per protezione speciale.»;

((3) al comma 2, lettera d-bis):

3.1) al primo periodo, le parole: "condizioni di salute di particolare gravita'" sono sostituite dalle seguenti: "gravi condizioni psicofisiche o derivanti da gravi patologie";

3.2) al secondo periodo, le parole: "di salute di particolare gravita'" sono sostituite dalle seguenti: "di cui al periodo precedente" e sono aggiunte, in fine, le seguenti parole: "e convertibile in permesso di soggiorno per motivi di lavoro"));

f) all'articolo 20-bis:

1) al comma 1, le parole «contingente ed eccezionale» sono sostituite dalla seguente: «grave»;

2) al comma 2, le parole «per un periodo ulteriore di sei mesi» sono soppresse, la parola «eccezionale» e' sostituita dalla seguente: «grave» le parole «, ma non puo' essere convertito in permesso di soggiorno per motivi di lavoro» sono soppresse;

((g) all'articolo 27-ter:

1) al comma 9-bis, le parole: "In presenza dei requisiti reddituali di cui all'articolo 29, comma 3, lettera b), e fermo restando il rispetto dell'obbligo di cui all'articolo 34, comma 3, lo" sono sostituite dalla seguente: "Lo";

2) al comma 9-ter, le parole: ", oltre alla documentazione relativa al possesso dei requisiti reddituali e al rispetto dell'obbligo di cui all'articolo 34, comma 3," sono soppresse));

h) all'articolo 32, comma 1-bis, sono aggiunti, infine i seguenti periodi: «Il mancato rilascio del parere richiesto non puo' legittimare il rifiuto del rinnovo del permesso di soggiorno. Si applica l'articolo 20, commi 1, 2 e 3, della legge 7 agosto 1990, **n.** 241.»;

i) all'articolo 36, il comma 3 e' sostituito dal seguente:

«3. Il permesso di soggiorno per cure mediche ha una durata pari alla durata presunta del trattamento terapeutico, e' rinnovabile finche' durano le necessita' terapeutiche documentate e consente lo svolgimento di attivita' lavorativa.»;

((i-bis) dopo l'articolo 38 e' inserito il seguente:

"Art. 38-bis (Disposizioni in materia di soggiorni di breve durata per gli studenti delle filiazioni in Italia di universita' e istituti superiori di insegnamento a livello universitario stranieri). - 1. Le disposizioni della legge

28 maggio 2007, n. 68, si applicano agli studenti delle filiazioni in Italia di universita' e istituti superiori di insegnamento a livello universitario di cui all'articolo 2 della legge 14 gennaio 1999, n. 4, nel caso in cui il soggiorno in Italia dei predetti studenti non sia superiore a centocinquanta giorni. Si applicano le disposizioni dell'articolo 6, comma 8, del presente testo unico.
2. Nei casi di cui al comma 1, la dichiarazione di presenza e' accompagnata da una dichiarazione di garanzia del legale rappresentante della filiazione o di un suo delegato, che si obbliga a comunicare entro quarantotto ore al questore territorialmente competente ogni variazione relativa alla presenza dello studente durante il suo soggiorno per motivi di studio. Le violazioni delle disposizioni del presente comma sono soggette alla sanzione amministrativa di cui all'articolo 7, comma 2-bis")).
((2. Fermo restando quanto previsto dall'articolo 83 del codice della navigazione, per motivi di ordine e sicurezza pubblica, in conformita' alle previsioni della Convenzione delle Nazioni Unite sul diritto del mare, con allegati e atto finale, fatta a Montego Bay il 10 dicembre 1982, resa esecutiva dalla legge 2 dicembre 1994, n. 689, il Ministro dell'interno, di concerto con il Ministro della difesa e con il Ministro delle infrastrutture e dei trasporti, previa informazione al Presidente del Consiglio dei ministri, puo' limitare o vietare il transito e la sosta di navi nel mare territoriale, salvo che si tratti di naviglio militare o di navi in servizio governativo non commerciale. Le disposizioni del presente comma non trovano comunque applicazione nell'ipotesi di operazioni di soccorso immediatamente comunicate al centro di coordinamento competente per il soccorso marittimo e allo Stato di bandiera ed effettuate nel rispetto delle indicazioni della competente autorita' per la ricerca e il soccorso in mare, emesse sulla base degli obblighi derivanti dalle convenzioni internazionali in materia di diritto del mare, della Convenzione europea per la salvaguardia dei diritti dell'uomo e delle liberta' fondamentali e delle norme nazionali, internazionali ed europee in materia di diritto di asilo, fermo restando quanto previsto dal Protocollo addizionale della Convenzione delle Nazioni Unite contro la criminalita' transnazionale organizzata per combattere il traffico illecito di migranti via terra, via mare e via aria, reso esecutivo dalla legge 16 marzo 2006, n. 146. Nei casi di inosservanza del divieto o del limite di navigazione stabilito ai sensi del primo periodo, si applica l'articolo 1102 del codice della navigazione e la multa e' da euro 10.000 ad euro 50.000)).

Art. 1-bis *(((Modifiche all'articolo 12 del testo unico di cui al decreto legislativo 25 luglio 1998, n. 286, in materia di assegnazione di beni sequestrati o confiscati).))*

((1. All'articolo 12 del testo unico delle disposizioni concernenti la disciplina dell'immigrazione e norme sulla condizione dello straniero, di cui al decreto legislativo 25 luglio 1998, n. 286, sono apportate le seguenti modificazioni:
a) al comma 8, primo periodo, sono aggiunte, in fine, le seguenti parole: "o a enti del Terzo settore, disciplinati dal codice del Terzo settore, di cui al decreto legislativo 3 luglio 2017, n. 117, che ne abbiano fatto espressamente richiesta

per fini di interesse generale o per finalita' sociali o culturali, i quali provvedono con oneri a proprio carico allo smaltimento delle imbarcazioni eventualmente loro affidate, previa autorizzazione dell'autorita' giudiziaria competente. Fino all'operativita' del Registro unico nazionale del Terzo settore, istituito dall'articolo 45 del citato codice di cui al decreto legislativo n. 117 del 2017, si considerano enti del Terzo settore gli enti di cui all'articolo 104, comma 1, del medesimo codice";

b) al comma 8-quinquies:

1) al primo periodo, dopo la parola: "assegnati" sono inserite le seguenti: "in via prioritaria" e dopo le parole: "o trasferiti all'ente" sono inserite le seguenti: "o, in subordine, agli enti del Terzo settore di cui al comma 8";

2) dopo il primo periodo e' inserito il seguente: "Resta fermo che gli enti del Terzo settore di cui al comma 8 provvedono con oneri a proprio carico allo smaltimento delle imbarcazioni eventualmente loro trasferite, previa autorizzazione dell'autorita' giudiziaria competente")).

Art. 2 Disposizioni in materia di procedure per il riconoscimento della protezione internazionale

1. Al decreto legislativo 28 gennaio 2008, n. 25, sono apportate le seguenti modificazioni:

((0a) all'articolo 12, comma 1, dopo le parole: "dispongono l'audizione dell'interessato" sono inserite le seguenti: ", ove possibile, utilizzando le risorse umane, strumentali e finanziarie disponibili a legislazione vigente, anche mediante collegamenti audiovisivi a distanza, nel rispetto delle esigenze di riservatezza dei dati che riguardano l'identita' e le dichiarazioni del richiedente, fermo restando quanto previsto dagli articoli 13 e 14,"));

((a) l'articolo 28 e' sostituito dal seguente:

"Art. 28 (Esame prioritario). - 1. Il presidente della Commissione territoriale, previo esame preliminare delle domande, determina i casi di trattazione prioritaria, secondo i criteri enumerati al comma 2, e quelli per i quali applicare la procedura accelerata, ai sensi dell'articolo 28-bis. La Commissione territoriale informa tempestivamente il richiedente delle determinazioni procedurali assunte ai sensi del periodo precedente.

2. La domanda e' esaminata in via prioritaria, conformemente ai principi fondamentali e alle garanzie di cui al capo II, quando:

a) ad una prima valutazione, e' verosimilmente fondata;

b) e' presentata da un richiedente appartenente a categorie di persone vulnerabili, in particolare da un minore non accompagnato, ovvero che necessita di garanzie procedurali particolari;

c) e' esaminata ai sensi dell'articolo 12, comma 2-bis"));

b) l'articolo 28-bis e' sostituito dal seguente:

«**Art.** 28-bis (Procedure accelerate). - 1. La Questura provvede senza ritardo alla trasmissione della documentazione necessaria alla Commissione territoriale che adotta la decisione entro cinque giorni nei casi di:

a) domanda reiterata ai sensi dell'articolo 29, comma 1, lettera b);

b) domanda presentata da richiedente sottoposto a procedimento penale per uno dei reati di cui agli articoli 12, comma 1, lettera c), e 16, comma 1, lettera d-bis), del decreto legislativo 19 novembre 2007, n. 251, e quando ricorrono le condizioni di cui all'articolo 6, comma 2, lettere a), b) e c), del decreto legislativo 18 agosto 2015, n. 142, *((o il richiedente e' stato condannato))* anche con sentenza non definitiva per uno dei predetti reati, previa audizione del richiedente.

2. La Questura provvede senza ritardo alla trasmissione della documentazione necessaria alla Commissione territoriale che, entro sette giorni dalla data di ricezione della documentazione, provvede all'audizione e decide entro i successivi due giorni, nei seguenti casi:

a) richiedente per il quale e' stato disposto il trattenimento nelle strutture di cui all'articolo 10-ter del decreto legislativo 25 luglio 1998, n. 286, ovvero nei centri di cui all'articolo 14 del decreto legislativo 25 luglio 1998, n. 286, qualora non ricorrano le condizioni di cui al comma 1, lettera b);

b) domanda di protezione internazionale presentata da un richiedente direttamente alla frontiera o nelle zone di transito di cui al comma 4, dopo essere stato fermato per avere eluso o tentato di eludere i relativi controlli. In tali casi la procedura puo' essere svolta direttamente alla frontiera o nelle zone di transito;

c) richiedente proveniente da un Paese designato di origine sicura, ai sensi dell'articolo 2-bis;

d) domanda manifestamente infondata, ai sensi dell'articolo 28-ter;

e) richiedente che presenti la domanda, dopo essere stato fermato in condizioni di soggiorno irregolare, al solo scopo di ritardare o impedire l'esecuzione di un provvedimento di espulsione o respingimento.

3. Lo Stato italiano puo' dichiararsi competente all'esame delle domande di cui al comma 2, lettera a), ai sensi del regolamento (UE) n. 604/2013 del Parlamento europeo e del Consiglio, del 26 giugno 2013.

4. Ai fini di cui al comma 2, lettera b), le zone di frontiera o di transito sono individuate con decreto del Ministro dell'interno. Con il medesimo decreto possono essere istituite fino a cinque ulteriori sezioni delle Commissioni territoriali di cui all'articolo 4, comma 2, per l'esame delle domande di cui al suddetto comma.

5. I termini di cui al presente articolo possono essere superati ove necessario per assicurare un esame adeguato e completo della domanda, fatti salvi i termini massimi previsti dall'articolo 27, commi 3 e 3-bis. Nei casi di cui al comma 1, lettera b), e al comma 2, lettera a), i termini di cui all'articolo 27, commi 3 e 3-bis, sono ridotti ad un terzo.

6. Le procedure di cui al presente articolo non si applicano ai minori non accompagnati *((e agli stranieri portatori di esigenze particolari ai sensi dell'articolo 17 del decreto legislativo 18 agosto 2015, n. 142)).*»;

c) all'articolo 28-ter, dopo il comma 1 e' aggiunto il seguente:

«1-bis. Le disposizioni di cui al comma 1 non si applicano ai richiedenti portatori di esigenze particolari indicate nell'articolo 17 del decreto legislativo 18 agosto 2015, n. 142.»;

((d) l'articolo 29-bis e' sostituito dal seguente:
"Art. 29-bis (Domanda reiterata in fase di esecuzione di un provvedimento di allontanamento). - 1. Se lo straniero presenta una prima domanda reiterata nella fase di esecuzione di un provvedimento che ne comporterebbe l'imminente allontanamento dal territorio nazionale, la domanda e' trasmessa con immediatezza al presidente della Commissione territoriale competente, che procede all'esame preliminare entro tre giorni, valutati anche i rischi di respingimento diretti e indiretti, e contestualmente ne dichiara l'inammissibilita' ove non siano stati addotti nuovi elementi, ai sensi dell'articolo 29, comma 1, lettera b)"));

e) all'articolo 32:
1) il comma 1-bis e' abrogato;
2) al comma 3:
2.1 al primo periodo, la parola «annuale» e' sostituita dalla seguente: «biennale»;
2.2 al secondo periodo, le parole «ma non puo' essere convertito in permesso di soggiorno per motivi di lavoro» sono sostituite dalle seguenti: «, fatto salvo quanto previsto in ordine alla convertibilita' dall'articolo 6, comma 1-bis, del decreto legislativo 25 luglio 1998, n. 286»;
3) dopo il comma 3, sono inseriti i seguenti:
«3.1. Nelle ipotesi di rigetto della domanda di protezione internazionale, ove ricorrano i requisiti di cui all'articolo 19, comma 2, lettera d-bis), del decreto legislativo 25 luglio 1998, **n.** 286, la Commissione territoriale trasmette gli atti al Questore per il rilascio del permesso di soggiorno ivi previsto.
3.2. Nei casi in cui la domanda di protezione internazionale non e' accolta e nel corso del procedimento emergono i presupposti di cui all'articolo 31, comma 3, del decreto legislativo 25 luglio 1998, **n.** 286, la Commissione territoriale ne informa il Procuratore della Repubblica presso il Tribunale per i minorenni competente, per l'eventuale attivazione delle misure di assistenza in favore del minore.»;
f) all'articolo 35-bis:
1) al comma 2, quarto periodo, le parole «comma 2» sono sostituite dalle seguenti: «commi 1 e 2»;
2) al comma 3:
2.1 alla lettera d), le parole «commi 1-ter e 2, lettera c)»
sono sostituite dalle seguenti: «comma 2, lettere c) *((ed e)))*»;
2.2 dopo la lettera d) e' aggiunta la seguente: «d-bis)
avverso il provvedimento relativo alla domanda di cui all'articolo 28-bis, comma 1, lettera b).»;
3) al comma 4, il primo periodo e' sostituito dal seguente:
«Nei casi previsti dal comma 3, lettere a), b), c), d) e d-bis), l'efficacia esecutiva del provvedimento impugnato puo' tuttavia essere sospesa, quando ricorrono gravi e circostanziate ragioni e assunte, ove occorra, sommarie informazioni,

con decreto motivato, adottato ai sensi dell'articolo 3, comma 4-bis, del decreto-legge 17
febbraio 2017, n. 13, convertito, con modificazioni, dalla legge 13
aprile 2017, n. 46, e pronunciato entro cinque giorni dalla presentazione dell'istanza di sospensione e senza la preventiva convocazione della controparte.»;
4) il comma 5 e' sostituito dal seguente: «5. La proposizione del ricorso o dell'istanza cautelare ai sensi del comma 4 non sospende l'efficacia esecutiva del provvedimento che dichiara inammissibile, per la seconda volta, la domanda di riconoscimento della protezione internazionale ai sensi dell'articolo 29, comma 1, lettera b), ovvero dichiara inammissibile la domanda di riconoscimento della protezione internazionale, ai sensi dell'articolo 29-bis.».

Art. 3 Disposizioni in materia di trattenimento e modifiche al decreto legislativo 18 agosto 2015, n. 142

1. Al decreto legislativo 25 luglio 1998, n. 286, sono apportate le seguenti modificazioni:
a) all'articolo 10-ter, comma 3, e' aggiunto, in fine, il seguente periodo: «Lo straniero e' tempestivamente informato dei diritti e delle facolta' derivanti dal procedimento di convalida del decreto di trattenimento in una lingua da lui conosciuta, ovvero, ove non sia possibile, in lingua francese, inglese o spagnola.»;
b) all'articolo 13, comma 5-bis, dopo il dodicesimo periodo, e' inserito il seguente: «Si applicano le disposizioni di cui all'articolo 14, comma 2.»;
c) all'articolo 14, sono apportate le seguenti modificazioni:
1) al comma 1, dopo il primo periodo, e' inserito il seguente:
«A tal fine effettua richiesta di assegnazione del posto alla Direzione centrale dell'immigrazione e della polizia delle frontiere del Dipartimento della pubblica sicurezza del Ministero dell'interno, di cui all'articolo 35 della legge 30 luglio 2002, n. 189.»;
2) dopo il comma 1, e' inserito il seguente: «1.1. Il trattenimento dello straniero di cui non e' possibile eseguire con immediatezza l'espulsione o il respingimento alla frontiera e' disposto con priorita' per coloro che siano considerati una minaccia per l'ordine e la sicurezza pubblica o che siano stati condannati, anche con sentenza non definitiva, per i reati di cui all'articolo 4, comma 3, terzo periodo, e all'articolo 5, comma 5-bis, nonche' per coloro che siano cittadini di Paesi terzi con i quali sono vigenti accordi di cooperazione o altre intese in materia di rimpatrio, o che provengano da essi.»;
3) al comma 5:
a) al quinto periodo le parole «centottanta giorni» sono sostituite dalle seguenti: «novanta giorni ed e' prorogabile per altri trenta giorni qualora lo straniero sia cittadino di un Paese con cui l'Italia abbia sottoscritto accordi in materia di rimpatri»;
b) al sesto periodo la parola «centottanta» e' sostituita dalla seguente: «novanta» e dopo le parole «trenta giorni» sono inserite le seguenti: «((,

prorogabile)) per altri trenta giorni qualora lo straniero sia cittadino di un Paese con cui l'Italia abbia sottoscritto accordi in materia di rimpatri».

2. Al decreto legislativo 18 agosto 2015, n. 142, sono apportate le seguenti modificazioni:

a) l'articolo 5-bis e' sostituito dal seguente:

«**Art.** 5-bis (Iscrizione anagrafica). - 1. Il richiedente protezione internazionale, a cui e' stato rilasciato il permesso di soggiorno di cui all'articolo 4, comma 1, ovvero la ricevuta di cui all'articolo 4, comma 3, e' iscritto nell'anagrafe della popolazione residente, a norma del regolamento di cui al decreto del Presidente della Repubblica 30 maggio 1989, n. 223 *((, in particolare degli articoli 3, 5 e 7))*.

2. Per i richiedenti ospitati nei centri di cui agli articoli 9 e 11, l'iscrizione anagrafica e' effettuata ai sensi dell'articolo 5 del decreto del Presidente della Repubblica 30 maggio 1989, n. 223.

E' fatto obbligo al responsabile di dare comunicazione delle variazioni della convivenza al competente ufficio di anagrafe entro venti giorni dalla data in cui si sono verificati i fatti.

3. La comunicazione, da parte del responsabile della convivenza anagrafica, della revoca delle misure di accoglienza o dell'allontanamento non giustificato del richiedente protezione internazionale *((, ospitato nei centri di cui agli articoli 9 e 11 del presente decreto, nonche' nelle strutture del sistema di accoglienza e integrazione, di cui all'articolo 1-sexies del decreto-legge 30 dicembre 1989, n. 416, convertito, con modificazioni, dalla legge 28 febbraio 1990, n. 39,))* costituisce motivo di cancellazione anagrafica con effetto immediato.

4. Ai richiedenti protezione internazionale che hanno ottenuto l'iscrizione anagrafica, e' rilasciata, sulla base delle norme vigenti, una carta d'identita', di validita' limitata al territorio nazionale e della durata di tre anni.»;

b) all'articolo 6:

1) al comma 2:

1.1 alla lettera a), dopo le parole: «legge 14 febbraio 1970, n. 95», sono inserite le seguenti: «*((, o nelle condizioni))* di cui agli articoli 12, comma 1, lettere b) e c), e 16 del decreto legislativo 19 novembre 2007, n. 251»;

1.2 dopo la lettera a) e' inserita la seguente:

«a-bis) si trova nelle condizioni di cui all'articolo 29-bis del decreto legislativo 28 gennaio 2008, n. 25;»;

1.3 alla lettera c), dopo le parole «attivita' illecite» sono aggiunte le seguenti: «ovvero per i reati previsti dagli articoli 12, comma 1, lettera c), e 16, comma 1, lettera d-bis) del decreto legislativo 19 novembre 2007, n. 251;»;

2) al comma 3-bis), le parole: «centottanta giorni» sono sostituite dalle seguenti: «novanta giorni *((,))* prorogabili per altri trenta giorni qualora lo straniero sia cittadino di un Paese con cui l'Italia abbia sottoscritto accordi in materia di *((rimpatri))*»;

3) al comma 6, primo periodo, le parole «commi 1 e 3» sono sostituite dalle seguenti: «commi 1 e 2».

((3-bis) dopo il comma 10 e' aggiunto il seguente:

"10-bis. Nel caso in cui sussistano fondati dubbi relativi all'eta' dichiarata da un minore si applicano le disposizioni dell'articolo 19-bis, comma 2")).
((b-bis) all'articolo 9, dopo il comma 4-bis e' aggiunto il seguente:
"4-ter. La verifica della sussistenza di esigenze particolari e di specifiche situazioni di vulnerabilita', anche ai fini del trasferimento prioritario del richiedente di cui al comma 4-bis e dell'adozione di idonee misure di accoglienza di cui all'articolo 10, e' effettuata secondo le linee guida emanate dal Ministero della salute, d'intesa con il Ministero dell'interno e con le altre amministrazioni eventualmente interessate, da applicare nei centri di cui al presente articolo e all'articolo 11")).

3. Le disposizioni di cui al comma 2, lettera b), numero 1) si applicano nel limite dei posti disponibili dei centri di permanenza per il rimpatrio o delle strutture diverse e idonee, di cui all'articolo 13, comma 5-bis del decreto legislativo 25 luglio 1998, n. 286.

4. All'articolo 14, del decreto legislativo 25 luglio 1998, n. 286:

a) il comma 2 e' sostituito dal seguente:

«2. Lo straniero e' trattenuto nel centro, presso cui sono assicurati adeguati standard igienico-sanitari e abitativi, con modalita' tali da assicurare la necessaria informazione relativa al suo status, l'assistenza e il pieno rispetto della sua dignita', secondo quanto disposto dall'articolo 21, comma 8, del decreto del Presidente della Repubblica 31 agosto 1999, n. 394. Oltre a quanto previsto dall'articolo 2, comma 6, e' assicurata in ogni caso la liberta' di corrispondenza anche telefonica con l'esterno.»;

b) dopo il comma 2, e' inserito il seguente:

«*((2-bis.))* Lo straniero trattenuto puo' rivolgere istanze o reclami orali o scritti, anche in busta chiusa, al *((Garante nazionale))* e ai garanti regionali o locali dei diritti delle persone *((...))* private della liberta' personale.».

5. All'articolo 7, comma 5, del decreto-legge 23 dicembre 2013, **n.** 146, convertito, con modificazioni, dalla legge 21 febbraio 2014, **n.** 10, dopo la lettera f) e' inserita la seguente:

«f-bis) formula specifiche raccomandazioni all'amministrazione interessata, se accerta la fondatezza delle istanze e dei reclami proposti dai soggetti trattenuti nelle strutture di cui alla lettera e). L'amministrazione interessata, in caso di diniego, comunica il dissenso motivato nel termine di trenta giorni;».

Art. 4 Disposizioni in materia di accoglienza dei richiedenti protezione internazionale e dei titolari di protezione

1. Al decreto legislativo 18 agosto 2015, n. 142, sono apportate le seguenti modificazioni:

a) l'articolo 8 e' sostituito dal seguente:

«**Art.** 8 (Sistema di accoglienza). - 1. Il sistema di accoglienza per richiedenti protezione internazionale si basa sulla leale collaborazione tra i livelli di governo interessati, secondo le forme di coordinamento nazionale e regionale previste dall'articolo 16.

2. Le funzioni di prima assistenza sono assicurate nei centri di cui agli articoli 9 e 11, fermo restando quanto previsto dall'articolo 10-ter del decreto legislativo

25 luglio 1998, n. 286, per le procedure di soccorso e di identificazione dei cittadini stranieri irregolarmente giunti nel territorio nazionale.
3. L'accoglienza dei richiedenti protezione internazionale e' assicurata, nei limiti dei posti disponibili, nelle strutture del Sistema di accoglienza e integrazione, di cui all'articolo 1-sexies del decreto-legge 30 dicembre 1989, n. 416, convertito, con modificazioni, dalla legge 28 febbraio 1990, n. 39.»;
b) all'articolo 9:
1) al comma 1, sono aggiunte, in fine, le seguenti parole: «, che tengono conto, ai fini della migliore gestione, delle esigenze di contenimento della capienza massima»;
((1-bis) al comma 4, dopo le parole: "Il prefetto," sono inserite le seguenti: "informato il sindaco del comune nel cui territorio e' situato il centro di prima accoglienza e"));
2) dopo il comma 4, e' inserito il seguente: «4-bis. Espletati gli adempimenti di cui al comma 4, il richiedente e' trasferito, nei limiti dei posti disponibili, nelle strutture del Sistema di accoglienza e integrazione di cui all'articolo 1-sexies del decreto-legge 30 dicembre 1989, n. 416, convertito, con modificazioni, dalla legge 28 febbraio 1990, n. 39, in conformita' a quanto previsto dall'articolo 8, comma 3 *((, del presente decreto))*.
Il richiedente che rientra nelle categorie di cui all'articolo 17, sulla base delle specifiche esigenze di vulnerabilita', e' trasferito nelle strutture di cui al primo periodo in via prioritaria.»;
c) all'articolo 10, il comma 1 e' sostituito dal seguente: «1.
Nei centri di cui all'articolo 9, comma 1 *((,))* e nelle strutture di cui all'articolo 11, devono essere assicurati adeguati standard igienico-sanitari *((, abitativi e di sicurezza nonche' idonee misure di prevenzione, controllo e vigilanza relativamente alla partecipazione o alla propaganda attiva a favore di organizzazioni terroristiche internazionali))*, secondo i criteri e le modalita' stabiliti con decreto adottato dal Ministro dell'interno, di concerto con il Ministro della salute, sentita la Conferenza unificata di cui all'articolo 8 del decreto legislativo 28 agosto 1997, n. 281, che si esprime entro trenta giorni. Sono altresi' erogati, anche con modalita' di organizzazione su base territoriale, oltre alle prestazioni di accoglienza materiale, l'assistenza sanitaria, l'assistenza sociale e psicologica, la mediazione linguistico-culturale, la somministrazione di corsi di lingua italiana e i servizi di orientamento legale e al territorio, secondo le disposizioni analitiche contenute nel capitolato di gara di cui all'articolo 12. Sono inoltre assicurati il rispetto della sfera privata, comprese le differenze di genere, delle esigenze connesse all' eta', la tutela della salute fisica e mentale dei richiedenti, l'unita' dei nuclei familiari composti da coniugi e da parenti entro il primo grado, l'apprestamento delle misure necessarie per le persone portatrici di particolari esigenze ai sensi dell'articolo 17.
Sono adottate misure idonee a prevenire ogni forma di violenza, anche di genere, e a garantire la sicurezza e la protezione dei richiedenti e del personale che opera presso i centri.»;

203

d) all'articolo 11, comma 3, le parole «nei centri di cui all'articolo 9» sono sostituite dalle seguenti: «nelle strutture del Sistema di accoglienza e integrazione, di cui all'articolo 1-sexies

del decreto-legge 30 dicembre 1989, n. 416, convertito, con modificazioni, dalla legge 28 febbraio 1990, n. 39. Il trasferimento del richiedente che rientra nelle categorie di cui all'articolo 17 e' effettuato in via prioritaria»;

((e) all'articolo 22-bis:

1) al comma 1, dopo la parola: "impiego" sono inserite le seguenti: "di richiedenti protezione internazionale e";

2) al comma 3, dopo la parola: "coinvolgimento" sono inserite le seguenti: "dei richiedenti protezione internazionale e".))

2. Le attivita' di cui al comma 1, lettere b), *((numero 1), e c),))* sono svolte con le risorse umane, finanziarie e strumentali disponibili a legislazione vigente, senza nuovi o maggiori oneri a carico della finanza pubblica.

3. All'articolo 1-sexies del decreto-legge 30 dicembre 1989, **n.** 416, convertito, con modificazioni, dalla legge 28 febbraio 1990, **n.** 39, sono apportate le seguenti modificazioni:

a) la rubrica dell'articolo e' sostituita dalla seguente:

«(Sistema di accoglienza e integrazione)»;

b) il comma 1 e' sostituito dai seguenti:

«1. Gli enti locali che prestano servizi di accoglienza per i titolari di protezione internazionale e per i minori stranieri non accompagnati, che beneficiano del sostegno finanziario di cui al comma 2, possono accogliere nell'ambito dei medesimi servizi, nei limiti dei posti disponibili, anche i richiedenti protezione internazionale e, qualora non accedano a sistemi di protezione specificamente dedicati, i titolari dei permessi di soggiorno per:

((a) protezione speciale, di cui agli articoli 19, commi 1 e 1.1, del decreto legislativo 25 luglio 1998, n. 286, ad eccezione dei casi per i quali siano state applicate le cause di esclusione della protezione internazionale, di cui agli articoli 10, comma 2, 12, comma 1, lettere b) e c), e 16 del decreto legislativo 19 novembre 2007, n. 251;

a-bis) cure mediche, di cui all'articolo 19, comma 2, lettera d-bis), del decreto legislativo 25 luglio 1998, n. 286));

b) protezione sociale, di cui all'articolo 18 del decreto legislativo n. 286 del 1998;

c) violenza domestica, di cui all'articolo 18-bis del decreto legislativo n. 286 del 1998;

d) calamita', di cui all'articolo 20-bis del decreto legislativo n. 286 del 1998;

e) particolare sfruttamento lavorativo, di cui all'articolo 22, comma 12-quater *((,))* del decreto legislativo n. 286 del 1998;

f) atti di particolare valore civile, di cui all'articolo 42-bis

del decreto legislativo n. 286 del 1998;

g) casi speciali, di cui all'articolo 1, comma 9, *((del decreto-legge))* 4 ottobre 2018, n. 113, convertito, con modificazioni, dalla legge 1° dicembre 2018, n. 132.

1-bis. Possono essere altresi' accolti, nell'ambito dei servizi di cui al *((comma 1))*, gli stranieri affidati ai servizi sociali, al compimento della maggiore eta', con le modalita' di cui all'articolo 13, comma 2, della legge 7 aprile 2017, n. 47.

((1-ter. L'accoglienza dei titolari dei permessi di soggiorno indicati alla lettera b) del comma 1 avviene con le modalita' previste dalla normativa nazionale e internazionale in vigore per le categorie vulnerabili, con particolare riferimento alla Convenzione del Consiglio d'Europa sulla prevenzione e la lotta contro la violenza nei confronti delle donne e la violenza domestica, fatta a Istanbul l'11 maggio 2011, ratificata ai sensi della legge 27 giugno 2013, n. 77, e in collegamento con i percorsi di protezione dedicati alle vittime di tratta e di violenza domestica))»;

c) dopo il comma 2, e' inserito il seguente: «*((2-bis.))*
Nell'ambito dei progetti di cui al comma 2, sono previsti:
a) servizi di primo livello, cui accedono i richiedenti protezione internazionale, tra i quali si comprendono, oltre alle prestazioni di accoglienza materiale, l'assistenza sanitaria, l'assistenza sociale e psicologica, la mediazione linguistico-culturale, la somministrazione di corsi di lingua italiana e i servizi di orientamento legale e al territorio;
b) servizi di secondo livello, finalizzati all'integrazione, tra cui si comprendono, oltre quelli previsti al primo livello, l'orientamento al lavoro e la formazione professionale, cui accedono le ulteriori categorie di beneficiari, di cui al comma 1.».

4. La definizione di «Sistema di protezione per titolari di protezione internazionale e per minori stranieri non accompagnati», di cui all'articolo 1-sexies del decreto-legge 30 dicembre 1989, n. 416, convertito, con modificazioni, dalla legge 28 febbraio 1990, n. 39, ovunque presente, in disposizioni di legge o di regolamento, si intende sostituita dalla seguente: «Sistema di accoglienza e di integrazione».

5. Alla legge 5 febbraio 1992, n. 91, l'articolo 9-ter e' sostituito dal seguente:
«*((Art. 9-ter. -))* 1. Il termine di definizione dei procedimenti di cui agli articoli 5 e 9 e' fissato in *((ventiquattro mesi prorogabili fino al massimo di trentasei mesi))* dalla data di presentazione della domanda.».

6. Il termine *((di cui all'articolo 9-ter della legge 5 febbraio 1992, n. 91, come sostituito dal comma 5 del presente articolo,))*
trova applicazione per le domande di cittadinanza presentate dalla data di entrata in vigore della legge di conversione del presente decreto.

7. L'articolo 14, comma 2, del decreto-legge 4 ottobre 2018, n. 113, convertito, con modificazioni, dalla legge 1° dicembre 2018, n. 132, e' abrogato.

Art. 5 Supporto a percorsi di integrazione

1. Per i beneficiari di misure di accoglienza nel Sistema di accoglienza e integrazione, di cui all'articolo 1-sexies del decreto-legge 30 dicembre 1989, n. 416, convertito, con modificazioni, dalla legge 28 febbraio 1990, n. 39, alla scadenza del periodo di accoglienza previsto dalle norme sul funzionamento del medesimo Sistema, sono avviati ulteriori percorsi di integrazione, a cura delle

205

Amministrazioni competenti e nei limiti delle risorse umane, strumentali e finanziarie disponibili a legislazione vigente nei rispettivi bilanci.

2. Per il perseguimento delle finalita' di cui al *((comma 1))*, per il biennio 2020-2021, il Piano nazionale di cui all'articolo 29, comma 3, del decreto legislativo 19 novembre 2007, n. 251, individua le linee di intervento per realizzare forme di effettiva inclusione sociale volte a favorire l'autonomia individuale dei cittadini stranieri beneficiari di protezione internazionale, con particolare riguardo a:

((a) formazione linguistica finalizzata alla conoscenza della lingua italiana almeno di livello A1 del Quadro comune europeo di riferimento per la conoscenza delle lingue;

b) conoscenza dei diritti e dei doveri fondamentali sanciti nella Costituzione della Repubblica italiana;

b-bis) orientamento ai servizi pubblici essenziali;

c) orientamento all'inserimento lavorativo)).

3. Il Tavolo di coordinamento nazionale di cui all'articolo 29, comma 3, del decreto legislativo 19 novembre 2007, n. 251, formula proposte in relazione alle iniziative da avviare, in tema di integrazione dei titolari di protezione internazionale.

Art. 6
Disposizioni in materia di delitti commessi nei centri di permanenza per i rimpatri

1. All'articolo 14 del decreto legislativo 25 luglio 1998, n. 286, dopo il comma 7 sono inseriti i seguenti:
«7-bis. Nei casi di delitti commessi con violenza alle persone o alle cose in occasione o a causa del trattenimento in uno dei centri di cui al presente articolo o durante la permanenza in una delle strutture di cui all'articolo 10-ter, per i quali e' obbligatorio o facoltativo l'arresto ai sensi degli articoli 380 e 381 del codice di procedura penale, quando non e' possibile procedere immediatamente all'arresto per ragioni di sicurezza o incolumita' pubblica, si considera in stato di flagranza ai sensi dell'articolo 382 del codice di procedura penale colui il quale, anche sulla base di documentazione video o fotografica, *((risulta essere autore))* del fatto e l'arresto e' consentito entro quarantotto ore dal fatto.
7-ter. Per i delitti indicati nel comma 7-bis si procede sempre con giudizio direttissimo, salvo che siano necessarie speciali indagini.».

Art. 7
Modifica dell'articolo 131-bis del codice penale

1. All'articolo 131-bis, secondo comma, secondo periodo, del codice penale, approvato con regio decreto 19 ottobre 1930, n. 1398, le parole «di un pubblico ufficiale nell'esercizio delle proprie funzioni» sono sostituite dalle seguenti: «di un ufficiale o agente di pubblica sicurezza o di un ufficiale o agente di polizia

giudiziaria nell'esercizio *((delle proprie funzioni, e))* nell'ipotesi di cui all'articolo 343».

Art. 8 *((Modifiche))* all'articolo 391-bis del codice penale

1. All'articolo 391-bis del codice penale sono apportate le seguenti modificazioni:
a) la rubrica e' sostituita dalla seguente: «Agevolazione delle comunicazioni dei detenuti sottoposti alle restrizioni di cui all'articolo 41-bis della legge 26 luglio 1975, n. 354. Comunicazioni in elusione delle prescrizioni»;
b) al primo comma le parole «da uno a quattro anni» sono sostituite dalle seguenti: «da due a sei anni»;
c) al secondo comma le parole «da due a cinque anni» sono sostituite dalle seguenti: «da tre a sette anni»;
d) dopo il secondo comma e' aggiunto il seguente: «La pena prevista dal primo comma si applica anche al detenuto sottoposto alle restrizioni di cui all'articolo 41-bis della legge 26 luglio 1975, **n.** 354*((,))* il quale comunica con altri in elusione delle prescrizioni all'uopo imposte.».

Art. 9 Introduzione nel codice penale dell'articolo 391-ter in materia di contrasto all'introduzione e all'utilizzo di dispositivi di comunicazione in carcere

1. Dopo l'articolo 391-bis del codice penale e' inserito il seguente:
«**Art.** 391-ter (Accesso indebito a dispositivi idonei alla comunicazione da parte di soggetti detenuti). - *((Fuori dei casi))*
previsti dall'articolo 391-bis, chiunque indebitamente procura a un detenuto un apparecchio telefonico o altro dispositivo idoneo ad effettuare comunicazioni o comunque consente a costui l'uso indebito dei predetti strumenti o introduce in un istituto penitenziario uno dei predetti strumenti *((al fine di renderlo))* disponibile a una persona detenuta e' punito con la pena della reclusione da uno a quattro anni.
Si applica la pena della reclusione da due a cinque anni se il fatto e' commesso da un pubblico ufficiale, da un incaricato di pubblico servizio ovvero da un soggetto che esercita la professione forense.
Salvo che il fatto costituisca piu' grave reato, la pena prevista dal primo comma si applica anche al detenuto che indebitamente riceve o utilizza un apparecchio telefonico o altro dispositivo idoneo ad effettuare comunicazioni.».

Art. 10

*((Modifiche all'))*articolo 588 del codice penale

1. All'articolo 588 del codice penale:
a) al primo comma la parola «309» e' sostituita dalla seguente:
«*((2.000))*»;

b) al secondo comma le parole «da tre mesi a cinque anni» sono sostituite dalle seguenti: «da sei mesi a sei anni».

Art. 11

Disposizioni in materia di divieto di accesso agli esercizi pubblici e ai locali di pubblico trattenimento

1. Al decreto-legge 20 febbraio 2017, n. 14, convertito, con modificazioni, dalla legge 18 aprile 2017, n. 48, sono apportate le seguenti modificazioni:
a) all'articolo 13:
1) il comma 1 e' sostituito dal seguente:
«1. Nei confronti delle persone che abbiano riportato una o piu' denunzie *((o siano state condannate))* anche con sentenza non definitiva nel corso degli ultimi tre anni per la vendita o la cessione di sostanze stupefacenti o psicotrope, di cui all'articolo 73 del testo unico di cui al decreto del Presidente della Repubblica 9 ottobre 1990, n. 309, per fatti commessi all'interno o nelle immediate vicinanze di scuole, plessi scolastici, sedi universitarie, locali pubblici o aperti al pubblico, ovvero in uno dei pubblici esercizi di cui all'articolo 5 della legge 25 agosto 1991, n. 287, il Questore, valutati gli elementi derivanti dai provvedimenti dell'Autorita' giudiziaria e sulla base degli accertamenti di polizia, puo' disporre, per ragioni di sicurezza, il divieto di accesso agli stessi locali o a esercizi analoghi, specificamente indicati, ovvero di stazionamento nelle immediate vicinanze degli stessi.»;
2) il comma 6 e' sostituito dal seguente: «*((6. La violazione dei divieti))* e delle prescrizioni di cui ai commi 1 e 3 e' punita con la reclusione da sei mesi a due anni e con la multa da 8.000 a 20.000 euro.».
b) all'articolo 13-bis:
1) il comma 1 e' sostituito dai seguenti:
«1. Fuori dei casi di cui all'articolo 13, nei confronti delle persone denunciate, negli ultimi tre anni, per reati commessi in occasione di gravi disordini avvenuti in pubblici esercizi o in locali di pubblico trattenimento ovvero nelle immediate vicinanze degli stessi, o per delitti non colposi contro la persona o il patrimonio ovvero aggravati ai sensi dell'articolo 604-ter del codice penale, qualora dalla condotta possa derivare un pericolo per la sicurezza, il Questore puo' disporre il divieto di accesso a pubblici esercizi o locali di pubblico trattenimento specificamente individuati in ragione dei luoghi in cui sono stati commessi i predetti reati ovvero delle persone con le quali l'interessato si associa, specificamente indicati. Il Questore puo' altresi' disporre, per motivi di sicurezza, la misura di cui al presente comma anche nei confronti dei soggetti condannati, anche con sentenza non definitiva, per taluno dei predetti reati.
1-bis. Il Questore puo' disporre il divieto di accesso ai pubblici esercizi o ai locali di pubblico trattenimento presenti nel territorio dell'intera provincia nei confronti delle persone che, per i reati di cui al comma 1, sono state poste in stato di arresto o di fermo convalidato dall'autorita' giudiziaria, ovvero condannate, anche con sentenza non definitiva.

1-ter. In ogni caso, la misura disposta dal Questore, ai sensi dei commi 1 e 1-bis, ricomprende anche il divieto di stazionamento nelle immediate vicinanze dei pubblici esercizi e dei locali di pubblico trattenimento ai quali e' vietato l'accesso.»;

2) al comma 2, le parole «al comma 1» sono sostituite dalle seguenti: «ai commi 1 e 1-bis»;

3) al comma 3, le parole «al comma 1» sono sostituite dalle seguenti: «ai commi 1 e 1-bis»;

4) al comma 4, le parole «dal comma 1» sono sostituite dalle seguenti: «dai commi 1 e 1-bis»;

5) al comma 6, le parole «del divieto» sono sostituite dalle seguenti: «dei divieti e delle prescrizioni» e le parole «da sei mesi ad un anno e con la multa da 5.000 a 20.000 euro» sono sostituite dalle seguenti: «da sei mesi a due anni e con la multa da 8.000 a 20.000 euro».

Art. 12

Ulteriori modalita' per il contrasto al traffico di stupefacenti via internet

1. Al fine di *((rafforzare))* le misure di prevenzione e contrasto dei reati di cui al Titolo VIII del testo unico di cui al decreto del Presidente della Repubblica 9 ottobre 1990, n. 309, commessi mediante l'impiego di sistemi informatici o mezzi di comunicazione telematica ovvero utilizzando reti di telecomunicazione disponibili al pubblico, l'organo del Ministero dell'interno per la sicurezza delle telecomunicazioni, di cui all'articolo 14, comma 2, della legge 3 agosto 1998, n. 269, forma un elenco costantemente aggiornato dei siti web che, sulla base di elementi oggettivi, devono ritenersi utilizzati per l'effettuazione sulla rete internet di uno o piu' reati di cui al presente comma. A tal fine, ferme restando le iniziative e le determinazioni dell'autorita' giudiziaria, l'organo per la sicurezza delle telecomunicazioni, su richiesta dell'articolazione del Dipartimento della pubblica sicurezza di cui *((all'articolo 1 della))* legge 15 gennaio 1991, n. 16, provvede all'inserimento nell'elenco ed a notificare ai fornitori di connettivita' alla rete internet i siti web per i quali deve essere inibito l'accesso.

2. I fornitori di connettivita' alla rete internet provvedono, entro il termine di sette giorni, a impedire l'accesso ai siti segnalati, avvalendosi degli strumenti di filtraggio e delle relative soluzioni tecnologiche conformi ai requisiti individuati dal decreto del Ministro delle comunicazioni 8 gennaio 2007, recante requisiti tecnici degli strumenti di filtraggio che i fornitori di connettivita' alla rete Internet devono utilizzare, al fine di impedire, con le modalita' previste dalle leggi vigenti, l'accesso ai siti segnalati dal Centro nazionale per il contrasto alla pedopornografia, pubblicato nella Gazzetta Ufficiale n. 23 del 29 gennaio 2007.

3. La violazione degli obblighi di cui al comma 2, salvo che il fatto costituisca reato, e' punita con una sanzione amministrativa pecuniaria da euro 50.000 a euro 250.000. All'irrogazione della sanzione provvedono gli Ispettorati territoriali del Ministero dello sviluppo economico, a seguito delle

comunicazioni da parte dell'organo del Ministero dell'interno per la sicurezza delle telecomunicazioni di cui al comma 1, che ha accertato la violazione. Non si applica il pagamento in misura ridotta di cui ((all'articolo 16 della)) legge 24 novembre 1981, n. 689.

4. I proventi derivanti dalle sanzioni amministrative pecuniarie ((irrogate ai sensi del comma 3)) sono versati ad apposito capitolo dell'entrata del bilancio dello Stato, per essere ((riassegnati)), in egual misura, con decreto del Ministero dell'economia e delle finanze, ai pertinenti capitoli dello stato di previsione del Ministero dell'interno e del Ministero dello sviluppo economico destinati al finanziamento delle spese connesse all'acquisizione dei beni e servizi necessari all'attuazione delle disposizioni di cui al comma 1 e al comma 3.

Art. 13

Modifiche urgenti alla disciplina sul Garante nazionale dei diritti delle persone private della liberta' personale

1. All'articolo 7 del decreto-legge 23 dicembre 2013, n. 146, convertito, con modificazioni, dalla legge 21 febbraio 2014, n. 10, sono apportate le seguenti modificazioni:
a) alla rubrica e al comma 1 le parole «detenute o» sono soppresse;
b) dopo il comma 1 e' aggiunto il seguente: «1-bis. Il Garante nazionale opera quale meccanismo nazionale di prevenzione ai sensi dell'articolo 3 del Protocollo opzionale alla Convenzione ((contro la tortura)) e altre pene o trattamenti crudeli, inumani o degradanti, adottato il 18 dicembre 2002 con Risoluzione A/RES/57/199
dall'Assemblea Generale delle Nazioni Unite e ((ratificato ai sensi della legge)) 9 novembre 2012, n. 195, ed esercita i poteri, gode delle garanzie e adempie gli obblighi di cui agli articoli 4 e da 17
a 23 del predetto Protocollo.»;
((c) dopo il comma 5 e' inserito il seguente:
"5.1. Il Garante nazionale puo' delegare i garanti territoriali per l'esercizio delle proprie funzioni relativamente alle strutture sanitarie, sociosanitarie e assistenziali, alle comunita' terapeutiche e di accoglienza, per adulti e per minori, nonche' alle strutture di cui alla lettera e) del comma 5, quando particolari circostanze lo richiedano. La delega ha una durata massima di sei mesi")).
((c-bis) al comma 5-bis e' aggiunto, in fine, il seguente periodo: "Nell'ambito delle funzioni attribuite dall'articolo 4 del regolamento di cui al decreto del Presidente del Consiglio dei ministri 10 aprile 2019, n. 89, e con le modalita' ivi previste, il Garante nazionale adotta i piani annuali di spesa, in coerenza e nei limiti dell'autorizzazione di spesa di cui al presente comma, modulando le voci di spesa in base a criteri oggettivi e funzionali alle necessita' dell'ufficio, nell'ambito delle determinazioni adottate ai sensi dei commi 3, 4 e 5 del presente articolo")).

2. In deroga a quanto previsto dall'articolo 7, comma 2, primo periodo, del decreto-legge 23 dicembre 2013, n. 146, convertito, con modificazioni, dalla legge 21 febbraio 2014, n. 10, il Garante nazionale in carica alla data di entrata in vigore del presente decreto e' prorogato per un periodo di due anni oltre la scadenza naturale.

Art. 14 Clausola di invarianza finanziaria

1. Dal presente decreto non devono derivare nuovi o maggiori oneri a carico della finanza pubblica. Le amministrazioni interessate provvedono all'attuazione delle attivita' previste dal presente decreto con l'utilizzo delle risorse umane, strumentali e finanziarie disponibili a legislazione vigente.
2. Nell'ambito del Sistema di cui all'articolo 1-sexies del decreto-legge 30 dicembre 1989, n. 416, convertito con modificazioni dalla legge 28 febbraio 1990, n. 39, l'eventuale rideterminazione del numero dei posti a disposizione e' disposta d'intesa con il Ministero dell'economia e delle finanze relativamente alla conseguente verifica della necessaria sussistenza delle disponibilita' finanziarie a legislazione vigente, nel rispetto delle previsioni di cui al comma 1.
3. L'invarianza della spesa e' assicurata, ove necessario, anche mediante variazioni compensative tra gli stanziamenti dei capitoli di bilancio iscritti nello stato di previsione del Ministero dell'interno, nell'ambito del pertinente Programma relativo alle spese per la gestione dei flussi migratori di cui *((all'unita' di voto))* 5.1, da adottare *((ai sensi dell'articolo 33, comma 4, della legge 31 dicembre 2009, n. 196))*.

Art. 15 Disposizioni transitorie
1. Le disposizioni di cui all'articolo 1, comma 1, lettere a), e) ed f) si applicano anche ai procedimenti pendenti alla data di entrata in vigore del presente decreto avanti alle commissioni territoriali, al questore e alle sezioni specializzate dei tribunali, con esclusione dell'ipotesi prevista dall'articolo 384, *((secondo comma,))* del codice di procedura *((civile.))*
2. Le disposizioni di cui all'articolo 2, comma 1, lettere a), b, c), d) ed e) si applicano anche ai procedimenti pendenti alla data di entrata in vigore del presente decreto avanti alle commissioni territoriali.

Art. 16 Entrata in vigore
1. Il presente decreto entra in vigore il giorno successivo a quello della sua pubblicazione nella Gazzetta Ufficiale della Repubblica italiana e sara' presentato alle Camere per la conversione in legge.
Il presente decreto, munito del sigillo dello Stato, sara' inserito nella Raccolta ufficiale degli atti normativi della Repubblica italiana. E' fatto obbligo a chiunque spetti di osservarlo e di farlo osservare.

Dato a Roma, addi' 21 ottobre 2020

MATTARELLA

Conte, Presidente del Consiglio dei ministri

Lamorgese, Ministro dell'interno

Bonafede, Ministro della giustizia

Di Maio, Ministro degli affari esteri e della cooperazione internazionale

Guerini, Ministro della difesa

Speranza, Ministro della salute

Patuanelli, Ministro dello sviluppo economico

Gualtieri, Ministro dell'economia e delle finanze

Visto, il Guardasigilli: Bonafede

Printed by Amazon Italia Logistica S.r.l.
Torrazza Piemonte (TO), Italy

60029983R00127